Gestión de Bases de Datos

2ª Edición

LUIS HUESO IBÁÑEZ

Ra-Ma®

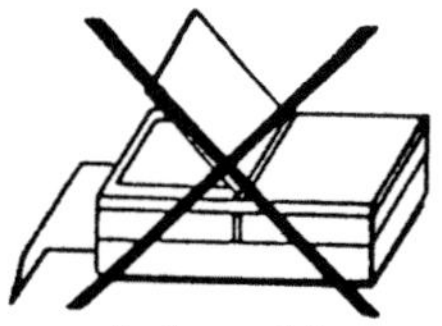

GESTIÓN DE BASES DE DATOS. 2ª EDICIÓN

Editado por:
RA-MA Editorial
Calle Jarama, 3A, Polígono Industrial Igarsa
28860 PARACUELLOS DE JARAMA, Madrid
Teléfono: 91 658 42 80
Fax: 91 662 81 39
Correo electrónico: editorial@ra-ma.com
Internet: **www.ra-ma.es** y **www.ra-ma.com**
ISBN: 978-84-9964-158-4
Depósito Legal: M-22603-2012
Maquetación: Antonio García Tomé
Diseño de Portada: Antonio García Tomé
Filmación e Impresión: Closas-Orcoyen, S.L.
Impreso en España en junio de 2012

A mis alumnos del
IES Sierra de Guara de Huesca

Índice

INTRODUCCIÓN **9**

CAPÍTULO 1. SISTEMAS DE ALMACENAMIENTO DE LA INFORMACIÓN **11**

1.1 ALMACENAMIENTO DE LA INFORMACIÓN 12
1.2 SISTEMAS DE ARCHIVOS 13
1.2.1 Organización primaria de archivos 14
1.2.2 Métodos de Acceso 15
1.3 SISTEMAS DE BASES DE DATOS 21
1.3.1 Arquitectura de sistemas de bases de datos 23
1.3.2 Modelos de datos 24
1.3.3 Tipos de modelos 24
1.4 SISTEMAS GESTORES DE BASES DE DATOS 27
1.4.1 Definición y objetivos 27
1.4.2 Funciones del Sistema Gestor de Base de Datos (SGBD) 28
1.4.3 Componentes de un SGBD 30
1.4.4 Usuarios de los SGBD 32
1.4.5 Modelo ANSI/X3/SPARC 33
1.4.6 Tipos de SGBD 33
1.4.7 Sistemas gestores de base de datos comerciales y libres 35

RESUMEN DEL CAPÍTULO 36
EJERCICIOS PROPUESTOS 37
TEST DE CONOCIMIENTOS 37

CAPÍTULO 2. DISEÑO CONCEPTUAL Y LÓGICO DE BASES DE DATOS **39**

2.1 EL MODELO ENTIDAD/INTERRELACIÓN 41
2.1.1 Elementos del modelo entidad/interrelación 41
2.1.2 Modelo entidad relación extendido: Jerarquías 54
2.2 EL MODELO RELACIONAL 58
2.2.1 Terminología del modelo relacional 58
2.2.2 Restricciones en el modelo 60
2.2.3 El grafo relacional 63
2.3 OBTENCIÓN DEL MODELO LÓGICO DE DATOS (RELACIONAL) A PARTIR DEL MODELO CONCEPTUAL O MER 67
2.3.1 Reglas de transformación 67
2.4 NORMALIZACIÓN 71
2.4.1 Dependencias funcionales 72
2.4.2 Formas normales 73
2.5 CONCEPTOS DEL MODELO ORIENTADO A OBJETOS 80
2.5.1 El modelo estándar ODMG 81
2.5.2 Diseño de bases de objetos: El lenguaje UML 84

RESUMEN DEL CAPÍTULO 88
EJERCICIOS PROPUESTOS 89
TEST DE CONOCIMIENTOS 90

CAPÍTULO 3. DISEÑO FÍSICO DE BASES DE DATOS 91
3.1 MANIPULACIÓN DE BASES DE DATOS 92
3.2 MANIPULACIÓN DE TABLAS 93
3.2.1 Creación de tablas 94
3.2.2 Eliminación de tablas 96
3.2.3 Consulta de tablas 97
3.2.4 Definición de atributos. Tipos de datos 97

RESUMEN DEL CAPÍTULO 105
EJERCICIOS PROPUESTOS 106
TEST DE CONOCIMIENTOS 106

CAPÍTULO 4. REALIZACIÓN DE CONSULTAS 109
4.1 INTRODUCCIÓN DE LA SENTENCIA SELECT EN MYSQL 110
4.2 BASE DE DATOS DE EJEMPLO 112
4.3 CONSULTAS BÁSICAS 114
4.3.1 Cláusula *ORDER BY* 115
4.3.2 Cláusula *DISTINCT* 116
4.3.3 Cláusula *LIMIT* 117
4.3.4 Expresiones 117
4.3.5 Funciones propias de MySQL 119
4.3.6 Cláusula *WHERE* 120
4.3.7 Predicados en *SQL* 121
4.3.8 Funciones de agregado 127
4.3.9 Cláusula *GROUP BY*. Consultas con agrupamiento de filas 129
4.3.10 Cláusula *HAVING* 129
4.4 SUBCONSULTAS 131
4.4.1 Consultas correlacionadas 133
4.5 CONSULTAS SOBRE VARIAS TABLAS 136
4.5.1 Operaciones de reunión (JOIN) 137
4.5.2 Operaciones de unión/intersección/diferencia 139

RESUMEN DEL CAPÍTULO 141
EJERCICIOS PROPUESTOS 141
TEST DE CONOCIMIENTOS 142

CAPÍTULO 5. EDICIÓN DE DATOS 143
5.1 INSERCIÓN DE REGISTROS 144
5.1.1 Cláusula *INSERT* 144
5.1.2 Cláusula *REPLACE* 146
5.2 MODIFICACIÓN DE REGISTROS 147
5.3 BORRADO DE REGISTROS 148
5.4 BORRADOS Y MODIFICACIONES E INTEGRIDAD REFERENCIAL 150
5.5 TRANSACCIONES 152

5.6 POLÍTICAS DE BLOQUEO DE TABLAS 156
5.6.1 Comandos de bloqueo de tablas 157
5.6.2 Tipos de bloqueo 157
5.6.3 Adquisición-liberación de un bloqueo 157
5.6.4 Bloqueos y transacciones 158
5.6.5 Inserciones concurrentes 160
RESUMEN DEL CAPÍTULO 162
EJERCICIOS PROPUESTOS 162
TEST DE CONOCIMIENTOS 163
CAPÍTULO 6. OTROS OBJETOS DE LA BASE DE DATOS 165
6.1 VISTAS 166
6.1.1 Ventajas de las vistas 166
6.1.2 Vistas en MySQL 167
6.2 ENLACES A OTRAS BASES DE DATOS 170
6.2.1 Enlaces entre tablas de distintos gestores 170
6.2.2 Vínculos a bases de datos remotas 172
6.3 SINÓNIMOS 176
6.3.1 Sinónimos públicos/privados 176
RESUMEN DEL CAPÍTULO 177
EJERCICIOS PROPUESTOS 178
TEST DE CONOCIMIENTOS 178
CAPÍTULO 7. OPTIMIZACIÓN DE CONSULTAS 181
7.1 ÍNDICES 182
7.1.1 Tipos de Índices 183
7.1.2 Índices en MySQL 184
7.1.3 Gestión de índices 186
7.1.4 Procesamiento de consultas 189
7.1.5 Optimización de consultas e índices 190
7.2 SUGERENCIAS DE EJECUCIÓN DE CONSULTAS 206
RESUMEN DEL CAPÍTULO 208
EJERCICIOS PROPUESTOS 209
TEST DE CONOCIMIENTOS 209
CAPÍTULO 8. CONSTRUCCIÓN DE GUIONES 211
8.1 LENGUAJES DE PROGRAMACIÓN Y BASES DE DATOS 212
8.2 PROCEDIMIENTOS Y FUNCIONES ALMACENADOS EN MYSQL 213
8.2.1 Sintaxis y ejemplos de rutinas almacenadas 214
8.2.2 Parámetros y variables 218
8.2.3 Instrucciones condicionales 222
8.2.4 Instrucciones repetitivas o *loops* 225
8.2.5 SQL en rutinas: cursores 227
8.2.6 Gestión rutinas almacenadas 233
8.2.7 Manejo de errores 234

RESUMEN DEL CAPÍTULO ... 238
EJERCICIOS PROPUESTOS ... 238
TEST DE CONOCIMIENTOS ... 239

CAPÍTULO 9. GESTIÓN DE LA SEGURIDAD DE LOS DATOS ... 241
9.1 TIPOS DE FALLOS ... 242
9.2 COPIAS DE SEGURIDAD DE BASES DE DATOS ... 243
9.2.1 Tipos de copias de seguridad ... 243
9.2.2 Copias de seguridad en MySQL ... 243
9.2.3 Exportación/importación de datos ... 249
9.2.4 Uso de MySQL Workbench para gestión de copias, recuperación y exportación e importación de datos ... 254
RESUMEN DEL CAPÍTULO ... 259
EJERCICIOS PROPUESTOS ... 259
TEST DE CONOCIMIENTOS ... 260

CAPÍTULO 10. BASES DE DATOS DISTRIBUIDAS ... 261
10.1 CONCEPTOS DE BASES DE DATOS DISTRIBUIDAS ... 262
10.1.1 Introducción ... 262
10.1.2 Arquitectura de un DDBMS ... 263
10.1.3 Fragmentación, replicación y distribución de datos ... 264
10.1.4 Tipos de sistemas de bases distribuidas ... 266
10.2 REPLICACIÓN EN MYSQL ... 266
10.2.1 Introducción a la replicación en MySQL ... 267
10.2.2 Arquitectura y configuración ... 267
10.2.3 Implementación de la replicación en MySQL ... 269
10.2.4 Administración y mantenimiento ... 272
10.3 BALANCEO DE CARGA Y ALTA DISPONIBILIDAD ... 274
10.3.1 Fundamentos ... 274
10.3.2 *MySQL Cluster* ... 275
10.3.3 Organización de los datos ... 277
10.3.4 Instalación y configuración ... 278
RESUMEN DEL CAPÍTULO ... 285
EJERCICIOS PROPUESTOS ... 285
TEST DE CONOCIMIENTOS ... 286

APÉNDICE A. INSTALACIÓN Y PRIMEROS PASOS CON MYSQL WORKBENCH Y ORACLE DATABASE DEVELOPER ... 287
A.1 MYSQL WORKBENCH ... 288
A.2 INSTALACIÓN ORACLE EXPRESS EDITION 11G Y ORACLE DATABASE DEVELOPER ... 290
A.3 ARRANQUE DE ORACLE ... 293
A.4 INSTALAR Y PRIMEROS PASOS CON SQL DEVELOPER ... 293

APÉNDICE B. LENGUAJE DE PROGRAMACIÓN PL/SQL EN ORACLE ... 295

MATERIAL ADICIONAL ... 311

ÍNDICE ALFABÉTICO ... 313

Introducción

La creciente necesidad de gestionar la información en toda clase de sistemas, desde una empresa que vende productos en su web hasta una gran multinacional con millones de clientes en todo el mundo, pasando por aplicaciones científicas que trabajan con experimentos con miles de parámetros y mediciones, ha potenciado el desarrollo desde hace más de cuatro décadas, tanto de distintas técnicas de diseño y modelado como de software de sistemas de bases de datos.

En la presente obra pretendemos cubrir con cierto detalle los distintos modelos de datos predominantes en el mercado, así como los sistemas de software de bases de datos que permiten su implementación física.

En el Capítulo 1 describimos, de manera introductoria, los sistemas de almacenamiento existentes y tipos de estructuras de archivo utilizados.

En el segundo hacemos una revisión sobre el proceso de desarrollo en el diseño de bases de datos, desde su concepción mediante un modelo conceptual hasta su transformación en un modelo lógico relacional. Incluimos en esta parte una introducción a la teoría de la normalización que nos permite optimizar nuestros diseños.

En el Capítulo 3 aprenderemos a convertir nuestros diseños lógicos en realidades físicas mediante las técnicas de diseño físico de bases de datos y el lenguaje SQL en su parte DDL (*Data Definition Language*).

A continuación, en el Capítulo 4 hablaremos sobre la manipulación de datos para la obtención de información, uno de los aspectos clave en el uso de bases de datos.

Como veremos, una de las funciones principales de las bases de datos y sistemas gestores es el de permitir la extracción de información relevante mediante potentes consultas de datos. Además, debemos conocer las técnicas de inserción, modificación y eliminación de información mediante el lenguaje de manipulación de SQL. Es de lo que trata el Capítulo 5.

En el Capítulo 6 tratamos los objetos de las bases de datos que nos permiten abstraernos de las tablas y restringir una parte de los datos mediante el uso de vistas, enlaces y sinónimos con el objeto de filtrar los datos a aplicaciones y usuarios, así como de añadir una capa de seguridad.

En el Capítulo 7 tratamos la optimización de consultas como proceso clave para el funcionamiento correcto de nuestros sistemas de bases de datos.

Una de las capacidades más importantes de un desarrollador de bases de datos es la de mejorar su funcionalidad y facilitar el trabajo al resto de usuarios. En este sentido disponemos en los gestores actuales de herramientas que permiten programar ciertas tareas adecuándolas a nuestras necesidades. Esto se trata en el Capítulo 8.

Un aspecto también muy importante es la seguridad de los datos, tratada en el Capítulo 9, en el que hablamos de aspectos como las copias de seguridad en sus diferentes variantes (remotas, incrementales, automatizadas, etc.).

Por último, en el Capítulo 10 hablamos de un nuevo paradigma como es el de bases de datos distribuidas, según el cual ya no dependemos de un solo equipo o servidor para albergar nuestros datos, sino que estos se distribuyen según ciertas reglas en varios equipos. En este sentido existen diferentes técnicas, como la replicación y sistemas de *clustering* que veremos aplicado al resto de bases MySQL.

Todo ello con numerosos ejemplos y complementado con una serie de apéndices que amplían y completan los conceptos explicados.

1 Sistemas de almacenamiento de la información

OBJETIVOS DEL CAPÍTULO

- ✓ Conocer características principales y tipos de ficheros.
- ✓ Entender el origen de las bases de datos como alternativa a los sistemas de ficheros.
- ✓ Describir los componentes y funciones principales de un Sistema Gestor de Bases de Datos (SGBD).
- ✓ Conocer las diferencias entre SGBD libres y comerciales.
- ✓ Introducir los conceptos relacionados con bases de datos distribuidas.

1.1 ALMACENAMIENTO DE LA INFORMACIÓN

Todas las aplicaciones informáticas trabajan en última instancia con datos o información que deben ser almacenados en un medio físico como discos duros, memorias *flash* o DVD. Estos medios forman una jerarquía que distingue entre tres niveles de almacenamiento, primario, secundario e intermedio.

Almacenamiento primario

Se refiere a aquellos medios sobre los que la CPU del ordenador puede acceder directamente, y por tanto más rápidamente. Son la memoria principal o memoria RAM y las memorias caché de primer y segundo nivel, más pequeñas pero más rápidas.

Almacenamiento secundario

Se refiere a dispositivos más lentos pero de mayor capacidad como los discos ópticos y magnéticos o las cintas. Para acceder a los datos la CPU debe copiarlos previamente en el almacenamiento primario.

El almacenamiento secundario de más amplio uso es el disco aunque las cintas se usan sobre todo para copias de seguridad por su estabilidad, capacidad y durabilidad.

En un disco duro normalmente agrupa varios discos ópticos cada uno de los cuales se divide en pistas o círculos concéntricos, en ellas se almacena la información. La agrupación de pistas de todos los discos se denomina cilindro. Es importante que los datos que se suelen acceder juntos estén en el mismo cilindro ya que se leen con mayor rapidez.

Cada pista, al contener gran cantidad de información, se subdivide en bloques o sectores de tamaño fijo determinado por el sistema operativo al inicializarlo con un sistema de archivos dado. Los bloques, también llamados páginas, suelen tener un tamaño entre 512 y 4096 *bytes*.

La transferencia de información entre memoria y disco tiene lugar en unidades de bloque. Cuando produce una orden de lectura se copia uno o varios bloques en el llamado *buffer* de la memoria (área reservada de la memoria principal), si se necesita efectuar una escritura se copia el bloque correspondiente al bloque del disco.

Los discos son dispositivos de acceso aleatorio ya que podemos acceder a cualquier bloque de información solamente conociendo su dirección física en el disco, sin necesidad de recorrerlos todos.

Así mismo, las cintas son dispositivos de acceso secuencial dado que los bloques se almacenan de manera contigua y para acceder a uno de ellos necesitamos leer todos los anteriores.

Almacenamiento intermedio

Cuando se necesita transferir varios bloques de disco a memoria principal y se conocen todas las direcciones de bloque es posible reservar varias áreas de almacenamiento intermedio o *buffers* dentro de la memoria principal para agilizar la transferencia. De este modo mientras la CPU procesa datos de un *buffer* puede leer o escribir en otro. El uso de este tipo de almacenamiento es muy común en sistemas de bases de datos.

1.2 SISTEMAS DE ARCHIVOS

En esta sección estudiaremos someramente los conceptos relacionados con archivos tanto en lo relativo a su contenido como a su organización lógica y física.

Registros

La información se almacena en forma de registros que son colecciones de valores o elementos de información relacionados cada uno de los cuales corresponde a un campo del registro. Por ejemplo, un registro de alumno incluiría campos como el nombre, fecha de nacimiento o teléfono cuyos valores para cada alumno forman cada registro. A su vez, cada campo tiene un tipo de dato que especifica el tipo de valores que puede tomar. Estos tipos suelen corresponderse con los de los lenguajes de programación. Así en nuestro ejemplo tendríamos que para el nombre del alumno usaríamos un tipo carácter o *char*, para la fecha de nacimiento un tipo de fecha y para la edad un tipo numérico entero o *int*. Además, cada campo tiene un tamaño determinado en *bytes* que puede ser fijo o variable según los requisitos de la aplicación.

La unión de estos campos y sus tipos determina el tipo o formato del registro.

Archivos

Podemos definir un fichero informático como un conjunto de registros, grabados sobre un soporte que pueda ser leído por el ordenador.

Estos registros pueden tener longitud fija si todos los registros son iguales en tamaño o variable si los registros son de distinto tipo o si, aún siendo iguales en formato tienen campos de tamaño variable u opcionales (campos que no necesariamente tienen un valor para cada registro, por ejemplo, teléfono en el tipo de registro de alumno podría ser un campo opcional).

Los archivos de registros de longitud fija son más fáciles de manipular por parte de los programas, sin embargo desperdician espacio en disco. Por el contrario, para el caso de longitud variable los programas son más complejos ya que los registros no ocupan posiciones fijas, sino que depende del valor de cada campo.

Normalmente los registros de un archivo se asignan a uno o varios bloques en el sistema de almacenamiento para su manipulación por parte de los programas. El método de asignación elegido y el sistema de almacenamiento de los registros determinarán la eficiencia de este proceso.

Los ficheros son importantes porque son la unidad básica de información utilizada por cualquier programa, incluidos los sistemas gestores de bases de datos. Todos los datos son, en última instancia gestionados mediante ficheros utilizando cuatro operaciones básicas: consulta o lectura, inserción, modificación y borrado. Cualquier operación más compleja (como búsqueda, ordenación, etc.) es combinación de dos o más operaciones básicas.

1.2.1 ORGANIZACIÓN PRIMARIA DE ARCHIVOS

El término organización de ficheros se aplica a la forma en que se colocan los datos contenidos en los registros de cada fichero sobre el soporte informático (disco, cinta...) durante su grabación.

Existen dos formas básicas de organización de ficheros: secuencial y relativa. En la organización secuencial los registros se van grabando unos a continuación de los otros, en el orden que se van dando de alta, mientras que en la organización relativa los registros se graban en las posiciones que les corresponda según el valor que guarden en el campo denominado clave que permite identificar el registro dentro del fichero.

Organización Secuencial

Es el tipo más básico de organización. Los registros se colocan secuencialmente uno a continuación del otro y los registros nuevos se añaden al final del fichero.

La inserción es muy eficiente ya que siempre se hace en el último bloque disponible, sin embargo la búsqueda de datos resulta más complicada ya que se requiere una búsqueda lineal, bloque por bloque hasta llegar al registro buscado.

En cuanto al borrado de datos es muy ineficiente ya que al eliminar registros y no ocupar el espacio liberado quedan huecos en los bloques que, salvo que se elimine el fichero, no serán reutilizados. Aunque hay técnicas para aprovechar estos espacios lo mejor es reorganizar el fichero periódicamente de modo que se empaqueten los registros eliminando los borrados.

La modificación es más complicada ya que implica la búsqueda del registro y su reescritura. Esto es especialmente problemático en el caso de usar registros de longitud variable ya que puede ocurrir que el nuevo registro no quepa en el bloque, en cuyo caso se debe eliminar del bloque y añadirlo al final del fichero como si fuese una inserción.

Para el caso de archivos de registros de longitud fija el acceso a un registro por su posición dentro del archivo es muy sencillo ya que de este modo el *i-ésimo* registro se encontrará en el bloque resultado de obtener la parte entera de *i/fbl* (siendo *fbl* el factor de bloque o número de registros por bloque) y dentro de ese bloque será el registro número *i mod fbl* (la función módulo *mod* devuelve el resto de dividir *i* entre *fbl*).

Con el fin de mejorar las prestaciones de la organización secuencial surgen una serie de organizaciones que son una variante de esta y que pueden ser utilizados con soportes direccionables. Las más empleadas son:

- **La organización secuencial indexada**

  Los registros con los datos se graban en un fichero secuencialmente, pero se pueden recuperar con acceso directo gracias a la utilización de un fichero adicional, llamado índice, que contiene información de la posición que ocupa cada registro en el fichero de datos.

- **La organización secuencial encadenada**

  Permite tener los registros ordenados según un orden lógico diferente del orden físico en el que están grabados gracias a la utilización de unos campos adicionales llamados punteros.

Organización Relativa

En este tipo de archivos los registros se graban en orden según el valor de uno de sus campos llamado campo de ordenación. Normalmente se usa un campo especial denominado **campo clave** cuyos valores son distintos para cada registro.

En estos archivos la lectura es muy eficiente cuando se hace en orden según el campo de ordenación ya que el siguiente registro se encontrará a continuación del actual en el mismo bloque o en el siguiente si es el último. Por el mismo motivo las búsquedas son muy rápidas siempre que la condición de búsqueda incluya el campo de ordenación ya que en tal caso pude usarse la técnica de búsqueda binaria.

Este sistema no ofrece ventajas cuando se trata de acceder a registros de manera aleatoria o de manera ordenada según un campo distinto al de ordenación en cuyo caso deberemos usar un archivo adicional para ir almacenando los registros ordenados.

La inserción también es costosa ya que debe mantenerse el orden lo que puede implicar desplazamiento de registros para insertar uno nuevo en el orden apropiado. En cuanto a la eliminación es menos costosa si se usan registros marcados y se reorganiza el archivo periódicamente.

La modificación no ofrece problemas si no afecta al campo de ordenación salvo que el registro sea de tamaño variable y no quepa en el bloque con los nuevos valores. Si se quiere modificar el campo de ordenación deberá reinsertarse en la posición correspondiente según el valor de dicho campo.

Dispersión

En este sistema se elige un campo, llamado campo de **dispersión**. Al valor de ese campo se le aplica una función llamada función de *aleatorización* o de dispersión que, tomando como entrada dicho valor devuelve un número que será la dirección del bloque de disco en que se almacenará el registro.

Las técnicas de dispersión o *hashing* se utilizan para acelerar el acceso a los registros cuando se busca un único registro según el llamado campo de dispersión. Normalmente este campo suele ser el campo clave.

Existen numerosas funciones de dispersión y su eficacia radica en que distribuyan los registros lo más posible minimizando el número de colisiones (producida cuando dos valores distintos del campo de dispersión producen el mismo valor de dispersión). Para estas situaciones se deben implementar medidas de corrección como usar una segunda función, buscar la siguiente posición vacía dentro del bloque o usar técnicas de encadenamiento de registros.

1.2.2 MÉTODOS DE ACCESO

El método de acceso se refiere al procedimiento seguido para acceder a uno o más registros determinados de un fichero. Una de las operaciones más costosas y frecuentes es la búsqueda de información por lo cual se usan sistemas que permiten mejorar su eficiencia. Estos sistemas se basan en el uso de **índices** que son estructuras de datos que relacionan valores de un campo (normalmente el campo clave) de un registro con su dirección de memoria.

Hay varios tipos de índices y su uso depende del tipo de organización que estemos usando.

Son similares a los índices analíticos de cualquier libro de texto, o sea son como una lista en orden alfabético de los términos de un libro incluyendo la página o páginas en que se encuentra.

En el caso de ficheros se suele usar un campo como campo de indización. Así, los valores de ese campo junto con las direcciones de los bloques en que se encuentra se usan para crear el índice que además estará ordenado según el campo de indización. De este modo las búsquedas serán mucho más rápidas al poder usar la técnica de búsqueda binaria. Al ser el archivo de índices mucho más pequeño que el de registros estas operaciones serán mucho más rápidas.

Hay varios tipos de índices, los primarios son índices sobre el campo clave de ordenación del fichero (campos cuyo valor no se repite en ningún otro registro) en ficheros ordenados físicamente por un campo.

En el caso en que el campo de ordenación no sea el campo clave, es decir, que pueda haber valores repetidos, hablamos de índice de agrupamiento.

Por último, cuando el campo de indización no es el de ordenación se habla de índice secundario.

Veremos estos tres tipos de índices en la siguiente sección.

Índices primarios

Un índice primario es un archivo ordenado cuyos registros, de longitud fija, tienen dos campos, el campo clave de ordenamiento del fichero de datos y un apuntador a un bloque de disco. Por cada entrada o registro de índice hay un valor del campo clave y un apuntador al bloque que lo contiene. Así, cada entrada de índice apunta a un grupo de registros (bloque) del fichero de datos.

En la siguiente figura vemos un ejemplo gráfico en el que se ha indizado un fichero de registros con datos de jugadores de una liga de baloncesto según el campo clave *id_jugador* que identifica a cada jugador por un número secuencial.

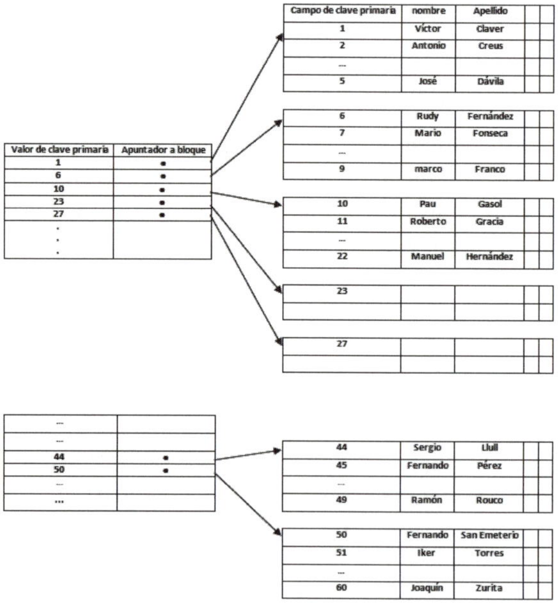

Figura 1.1. *Índice primario según el campo clave que es también el de ordenación del archivo*

Se observa que cada registro del índice apunta a cada grupo de registros de datos de modo que no todos los identificadores aparecen en el índice, sino solamente los primeros de cada bloque.

Estos índices se consideran no densos en el sentido de que cada entrada se asocia con varios registros de datos. En los índices densos esta relación es uno a uno.

Los ficheros de índices primarios son mucho más pequeños que los ficheros de datos a los que apuntan dado que solo contienen dos campos de datos y una entrada por bloque.

Índices de agrupamiento

Cuando los registros de un archivo están ordenados físicamente según un campo no clave (no tiene un valor distinto para cada registro de datos), este campo se denomina campo de agrupamiento. Podemos crear un índice sobre este campo llamado índice de agrupamiento para acelerar la obtención de registros con el mismo valor en dicho campo.

Este tipo de índice es un fichero formado por el campo de agrupamiento y un apuntador a bloque. Hay una entrada de índice por cada valor distinto del campo de agrupamiento y contiene un apuntador al primer bloque con ese valor en el campo.

Normalmente se reservan bloques para cada valor distinto del campo de agrupamiento para facilitar las inserciones. Si se precisa más de un bloque para un mismo valor se van enlazando bloques adicionales mediante apuntadores de bloque.

En la figura siguiente observamos un ejemplo en el que se crea un índice de agrupamiento sobre un fichero de jugadores usando el campo *num_equipo* (número de equipo) como campo de agrupamiento.

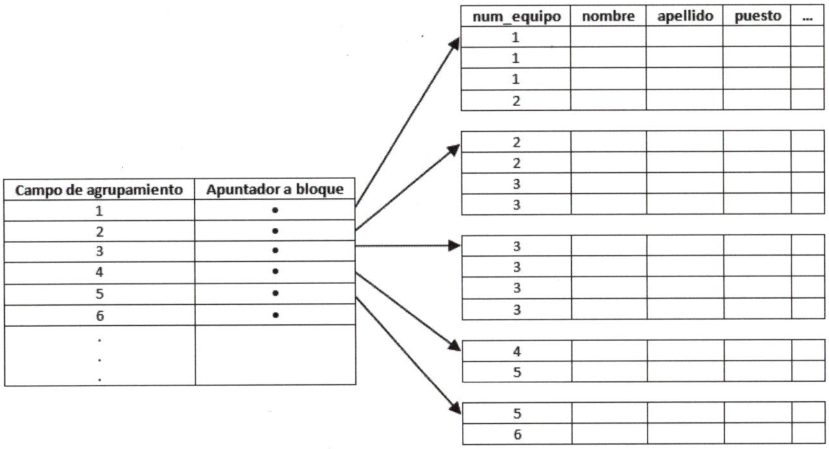

Figura 1.2. *Índice de agrupamiento según el campo de ordenamiento num_equipo*

En este caso el índice es sobre un campo que no es clave, se puede repetir, como es el número de equipo de los jugadores.

Hay una entrada de índice por cada equipo que apunta al bloque en que se encuentra dicho equipo.

Índices secundarios

Son también archivos ordenados con dos campos. El primero es del mismo tipo que alguno de los campos clave distintos del de ordenamiento del archivo de datos y el segundo es un apuntador a bloque. Puede haber varios índices secundarios sobre varios campos de un mismo archivo de datos.

Distinguimos entre índices secundarios sobre campos clave, en cuyo caso hablamos de claves secundarias y sobre campos no clave. En el primer caso hay una entrada de índice por cada registro de datos con lo cual tenemos un índice denso.

En la siguiente figura observamos un ejemplo de este tipo de índices para el caso de una clave secundaria como puede ser el DNI de cada jugador.

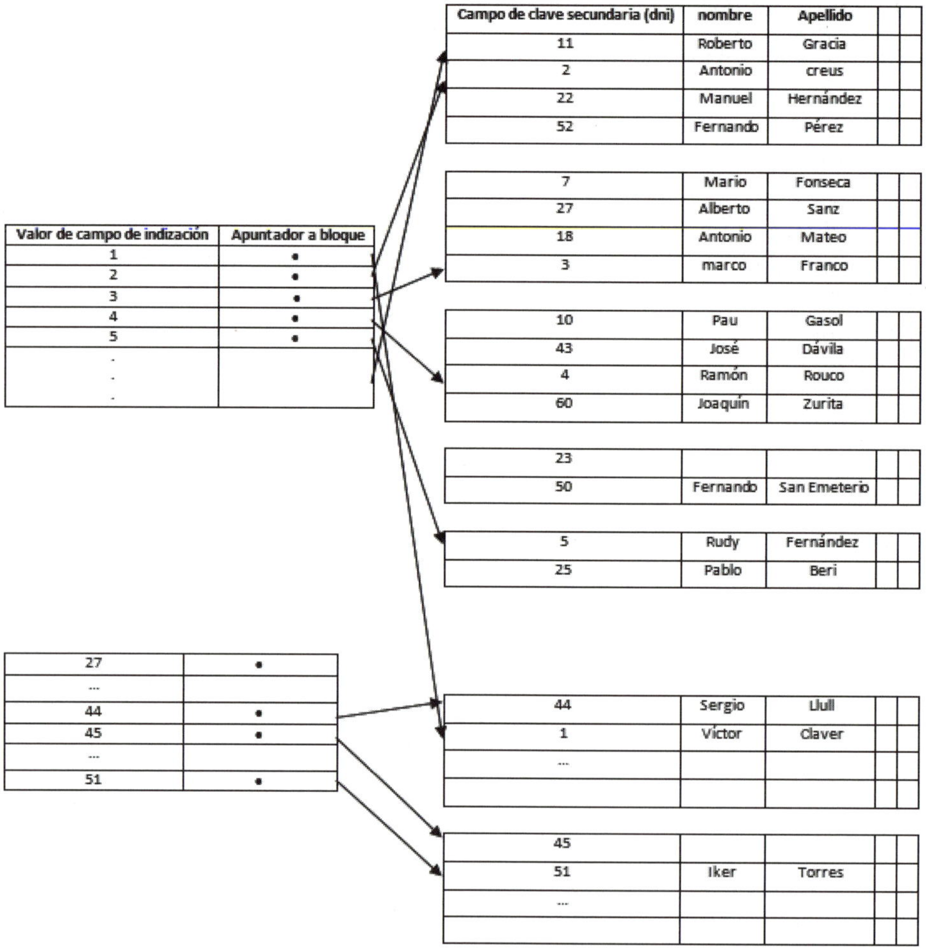

Figura 1.3. *Índice de agrupamiento según un campo clave que no determina el ordenamiento del archivo*

En general este tipo de índices requiere más espacio de almacenamiento debido al mayor número de entradas. Sin embargo mejoran mucho las búsquedas debido a que, al estar ordenado, una búsqueda binaria reduce el tiempo de búsqueda respecto a una lineal en el archivo de datos que no está ordenado.

En las siguientes tablas mostramos un resumen de lo visto hasta ahora:

Tabla 1.1 Tipos de índices

	Campo de ordenación	Campo de no ordenación
Campo clave	Índice primario	Índice secundario
Campo no clave	Índice de agrupamiento	Índice secundario (no clave)

Tabla 1.2 Propiedades de los tipos de índices

	Número de entradas de índice	Denso/no denso
Primario	Número de bloques del archivo de datos	No denso
De agrupamiento	Número de valores distintos del campo índice	No denso
Secundario clave	Número de registros del archivo de datos	Denso
Secundario no clave	Número de registros o número de valores distintos del campo índice	Denso/no denso

En este último caso indicamos además si el índice es denso, es decir, si hay o no una correspondencia uno a uno por cada entrada de índice (una entrada por cada registro de datos).

Otros tipos de índice

Existen estructuras de índice más complejas que quedan fuera del alcance de este libro. A modo de ilustración comentaremos algunos de ellos.

- **Índices multinivel**

  Como hemos visto una de las principales ventajas de los índices es la mejora sustancial de las búsquedas de registros de datos. Esta mejora se debe principalmente al hecho de que estén ordenados y se pueda hacer una búsqueda binaria. Estas búsquedas tienen un coste de $log_2 b$ accesos a bloque para localizar un registro. Sin embargo, se puede mejorar todavía más restringiendo el número de bloques de índice a leer usando para ello un archivo de índice sobre el fichero de índices inicial creando así un índice de dos niveles. Esto se puede extender a más niveles dando lugar a índices multinivel. En ellos el número de accesos es de $log_n b$ donde n es el factor de bloques del índice.

- **Arboles B y B+**

  Son estructuras de árbol muy utilizadas en programación y en índices de bases de datos. En este caso un árbol es un fichero en el que hay nodos (padres) que apuntan a otros nodos (hijos) los cuales a su vez tienen apuntadores a otros nodos y así sucesivamente con tantos nodos como entradas de índice requeridas.

  Los nodos hijo no pueden apuntar a nodos padre de modo que se forma una estructura con un nodo raíz, sin padre y, finalmente, los nodos hoja o nodos sin hijos.

  Estos nodos almacenan apuntadores a nodos hijo, apuntadores a registros de datos y valores de campos de los registros de datos y la estructura que forman hace muy eficiente la búsqueda de datos.

- **Índices *hash***

  Es posible crear estructuras de acceso de tipo índice usando técnicas de dispersión vistas en la sección anterior. En este caso cada entrada de índice se organiza como un archivo de dispersión y contiene registros formados por el valor de dispersión y un apuntador al bloque de datos. Así, el acceso a una de ellas requiere aplicar la función hash correspondiente al valor buscado y obtener así el valor del apuntador.

- **Índices lógicos**

  Hasta ahora hemos supuesto que las entradas de índice contienen un valor lógico (el valor del campo) y un valor físico o apuntador que especifica la dirección física del registro o bloque de datos. Esto tiene la desventaja de que si los registros de datos cambian con frecuencia de lugar físico debe actualizarse el índice en consonancia lo que puede resultar muy costoso en términos computacionales.

Para solucionar esto se usan índices lógicos en los que cada entrada está formada por un valor de indización secundario y el valor del campo clave que determina la organización primaria del archivo. De este modo, la búsqueda de un registro de datos según un valor de índice secundario permitirá obtener el valor correspondiente al campo de ordenación del archivo y realizar la búsqueda directamente en el archivo de datos.

ACTIVIDADES 1.1

- Investigue y explique con sus palabras en qué consiste el método de búsqueda binaria en ficheros.
- Realice un ejemplo de búsqueda secuencial y binaria en clase suponiendo que tiene que acceder a un valor dentro de un conjunto ordenado de valores. Compute y compare el número de lecturas en ambos procesos para varios valores de búsqueda.
- ¿Cuántos índices primarios y de agrupamiento puede tener un fichero ordenado?
- Comente ventajas e inconvenientes respecto a la actualización de datos en ficheros con organización tipo *hash*.
- Si tenemos un archivo de datos de 2.000 jugadores con tamaño fijo de 80 *bytes* y un disco de tamaño de bloque igual a 1.024 *bytes*, determine el número de bloques requerido y el coste de una búsqueda binaria en cuanto a número necesario de accesos a bloques para encontrar un registro de datos.
- Suponga que en el ejercicio anterior creamos un índice formado por la clave primaria (5 *bytes*) y un apuntador de 4 *bytes*. ¿Cuántas entradas de índice tendremos? ¿Cuántos accesos a bloques de disco necesitaremos ahora para efectuar una búsqueda binaria?
- ¿Qué problemas observa al usar ficheros de índices primarios en ficheros ordenados, respecto a la inserción y eliminación de registros?
- Investigue la diferencia entre una estructura de índice tipo árbol B y B^+.

1.3 SISTEMAS DE BASES DE DATOS

Inicialmente, cuando las primeras empresas y organizaciones empezaron a usar sistemas informáticos se trabajaba con sistemas de ficheros. Es decir, se trabajaba con programas que manejaban información almacenada en ficheros. Cada equipo trabajaba con sus propios datos y programas y se encargaba de su mantenimiento y gestión. Al principio el sistema funcionó, pero con el tiempo y, sobre todo, con el incremento de la cantidad de información, así como de los usuarios que la manejaban, surgieron problemas (integridad y duplicidad de información, seguridad etc.). Estos llevaron finalmente a la organización de la información mediante un sistema más ordenado y manejable basado en la centralización de la gestión y la organización de los datos en forma de bases de datos.

Los principales problemas relacionados con el uso de ficheros como sistema de almacenamiento de información fueron los siguientes:

> No debemos olvidar que en última instancia todo se almacena en ficheros. La diferencia es que cuando usamos bases de datos no trabajamos directamente con ficheros, sino con estructuras de datos más fáciles de manejar.

- **Separación y aislamiento de los datos**

  Cuando los datos se separan en distintos ficheros, es más complicado acceder a ellos, ya que el programador de aplicaciones debe sincronizar el procesamiento de los distintos ficheros implicados para asegurar que se extraen los datos correctos.

- **Duplicación de datos**

  La redundancia de datos existente en los sistemas de ficheros hace que se desperdicie espacio de almacenamiento y lo que es más importante: puede llevar a que se pierda la consistencia de los datos. Se produce una inconsistencia cuando copias de los mismos datos no coinciden.

- **Dependencia de datos**

  Ya que la estructura física de los datos (la definición de los ficheros y de los registros) se encuentra codificada en los programas de aplicación, cualquier cambio en dicha estructura es difícil de realizar. El programador debe identificar todos los programas afectados por este cambio, modificaros y volverlos a probar, lo que cuesta mucho tiempo y está sujeto a que se produzcan errores. A este problema, tan característico de los sistemas de ficheros, se le denomina también falta de independencia de datos lógica-física.

- **Formatos de ficheros incompatibles**

  Ya que la estructura de los ficheros se define en los programas de aplicación, es completamente dependiente del lenguaje de programación. La incompatibilidad entre ficheros generados por distintos lenguajes hace que los ficheros sean difíciles de procesar de modo conjunto.

- **Consultas fijas y proliferación de programas de aplicación**

  Desde el punto de vista de los usuarios finales, los sistemas de ficheros fueron un gran avance comparados a los sistemas manuales. A consecuencia de esto, creció la necesidad de realizar distintos tipos de consultas de datos. Sin embargo, los sistemas de ficheros son muy dependientes del programador de aplicaciones: cualquier consulta o informe que se quiera realizar debe ser programado por él. En algunas organizaciones se conformaron con fijar el tipo de consultas e informes, siendo imposible realizar otro tipo de consultas que no se hubieran tenido en cuenta a la hora de escribir los programas de aplicación.

- **Control de concurrencia**

  El acceso de varios clientes al mismo fichero genera inconsistencias ya que un cliente puede consultar un fichero mientras otro lo está modificando.

- **Autorizaciones**

  Los errores en los permisos de ficheros pueden hacer que un mismo cliente pueda modificar un dato en un fichero y no en otro en el que este repetido.

- **Catálogo**

  Resulta complicado saber donde están los distintos datos. No existe un esquema general que muestre la organización de la información.

  En otras organizaciones hubo una proliferación de programas de aplicación para resolver todo tipo de consultas, hasta el punto de desbordar al equipo de proceso de datos, que no daba abasto para validar, mantener y documentar dichos programas.

  Para trabajar de un modo más efectivo, surgieron las bases de datos como modelo de organización de los datos y con ellas los sistemas de gestión de bases de datos (SGBD) como herramienta que permite la implementación y gestión de bases de datos.

Definición

Una base de datos es un conjunto de datos almacenados entre los que existen relaciones lógicas y ha sido diseñada para satisfacer los requerimientos de información de una empresa u organización.

La base de datos es un conjunto de datos organizados en estructuras que se definen una sola vez y que se utiliza al mismo tiempo por muchos equipos y usuarios. En lugar de almacenarse en ficheros desconectados y de manera redundante, los datos en una base de datos están centralizados y organizados de forma que se minimice la redundancia y se facilite su gestión. La base de datos no pertenece a un equipo, se comparte por toda la organización. Además, la base de datos no solo contiene los datos de la organización, también almacena una descripción de dichos datos. Esta descripción es lo que se denomina *metadatos*, se almacena en el diccionario de datos o catálogo que en muchos casos se organiza en otra base de datos.

1.3.1 ARQUITECTURA DE SISTEMAS DE BASES DE DATOS

En 1975, el comité ANSI-SPARC (*American National Standard Institute - Standards Planning and Requirements Committee*) propuso un estándar para la creación de sistemas de bases de datos basado en una arquitectura de tres niveles, que resulta muy útil a la hora de conseguir estas tres características.

El objetivo de la arquitectura de tres niveles es el de separar en niveles de abstracción el esquema de una base de datos. Son tres formas distintas de ver o representar una misma base de datos.

Nivel interno

Se describe la estructura física de la base de datos mediante un esquema interno. Este esquema describe todos los detalles para el almacenamiento de la base de datos, así como los métodos de acceso. Se habla de ficheros, discos, directorios, etc.

Nivel global

Se describe la estructura de toda la base de datos para una comunidad de usuarios (todos los de una empresa u organización), mediante un esquema conceptual. Este esquema oculta los detalles de las estructuras de almacenamiento y se concentra en describir entidades, atributos, relaciones (tablas) y restricciones.

Nivel externo

Se describen varios esquemas externos o vistas de usuario. Cada esquema externo describe la parte de la base de datos que interesa a un grupo de usuarios determinados y oculta a ese grupo el resto de la base de datos. En este nivel se puede utilizar un modelo conceptual o un modelo lógico para especificar los esquemas. Ese el que percibe el usuario final mediante el uso de aplicaciones. Por ejemplo, cuando accedo a la página web de la liga de baloncesto estoy consultado una parte de los datos de sus bases de datos. Son lo que denominamos *vistas*.

Conviene recalcar que los tres niveles no son más que descripciones de los mismos datos pero en distintos niveles de abstracción. Los únicos datos que existen realmente están a nivel físico, almacenados en un dispositivo, como puede ser un disco.

La arquitectura de tres niveles es útil para explicar el concepto de independencia de datos, que podemos definir como *la capacidad para modificar el esquema en un nivel del sistema sin tener que modificar el esquema del nivel inmediato superior*. Se pueden definir dos tipos de independencia de datos:

- **La independencia lógica**
  Es la capacidad de modificar el esquema conceptual sin tener que alterar los esquemas externos ni los programas de aplicación. Se puede modificar el esquema conceptual para ampliar la base de datos o para reducirla. Si, por ejemplo, se reduce la base de datos eliminando una entidad, los esquemas externos que no se refieran a ella no deberán verse afectados.

- **La independencia física**
  Es la capacidad de modificar el esquema interno sin tener que alterar el esquema conceptual (o los externos). Por ejemplo, puede ser necesario reorganizar ciertos ficheros físicos con el fin de mejorar el rendimiento de las operaciones de consulta o de actualización de datos. Dado que la independencia física se refiere solo a la separación entre las aplicaciones y las estructuras físicas de almacenamiento, es más fácil de conseguir que la independencia lógica.

1.3.2 MODELOS DE DATOS

La base de datos consiste entonces en los datos concretos referentes a un sistema o parte del mundo que hemos modelado (por ejemplo, nuestra base de datos de la liga de baloncesto incluye todos los datos relativos a jugadores, equipos, partidos etc.). Estos datos son sencillos de manejar cuando son unos pocos, pero cuando su volumen crece se requiere el uso de distintos modelos para facilitar el diseño de las mismas (si solo necesitamos registrar los nombres de jugadores y equipos no es necesario recurrir a ningún modelo).

Existen muchos modelos de distinto tipo para tal fin. A continuación los describiremos comenzando por su definición.

Definición

Un modelo de datos es una colección de herramientas conceptuales para describir los datos, las relaciones que existen entre ellos y sus restricciones.

Un modelo nos proporciona mecanismos de abstracción para representar una parte del mundo cuyos datos nos interesan. Dicha representación realizada en términos de un modelo dado recibe el nombre de esquema y el conjunto de datos que representa es la base de datos.

1.3.3 TIPOS DE MODELOS

La arquitectura de tres niveles nos obliga a modelar nuestros datos en cada nivel. En este libro, sin embargo nos centraremos en los dos primeros (global y externo) ya que los del nivel interno son específicos del software utilizado.

En este sentido distinguimos tres tipos de modelos:

- ✓ Modelos conceptuales.
- ✓ Modelos lógicos tradicionales.
- ✓ Modelos lógicos avanzados.

Modelos conceptuales

Se usan para describir datos en el nivel global. Con este modelo representamos los datos de forma parecida a como nosotros los captamos en el mundo real. Este tipo de modelos tienen una capacidad de estructuración bastante flexible y permiten especificar restricciones de datos explícitamente. Existen diferentes modelos de este tipo, pero el más utilizado por su sencillez y eficiencia es el modelo Entidad-Relación.

Denominado por sus siglas (y a partir de ahora en este libro) como MER, este modelo representa a la realidad a través de entidades, que son objetos que existen y que se distinguen de otros por sus características, por ejemplo, un jugador es una entidad con características como su altura, nombre, etc.

Estas características de las entidades en base de datos se llaman atributos. A su vez una entidad se puede asociar o relacionar con más entidades a través de relaciones. Así un jugador está vinculado o relacionado con un equipo en virtud de la relación pertenece (jugador pertenece a equipo).

Este tipo de modelos utiliza una simbología para representar cada elemento. Lo estudiaremos en detalle más adelante en el Capítulo 2.

Modelos lógicos tradicionales

Fueron los primeros en usarse aunque su uso hoy en día, especialmente el relacional, está muy extendido.

Se utilizan para describir datos en el nivel global pero de un modo más lógico (más cercano a la máquina).

Estos modelos utilizan tablas de registros para representar los objetos modelados y sus relaciones. A diferencia de los modelos de datos conceptuales, se usan para especificar la estructura lógica global de las bases de datos y para proporcionar una descripción más estructurada y cercana a la implementación.

Los tres modelos de datos más ampliamente aceptados son:

- Modelo Relacional.
- Modelo de Red.
- Modelo Jerárquico.

Modelo relacional

En este modelo se representan los datos y las relaciones entre estos, a través de una colección de tablas, en las cuales las filas (*tuplas*) equivalen a cada uno de los registros que contendrá la base de datos y las columnas corresponden a las características (atributos) de cada registro localizado en la *tupla*.

También sirven para representar el nivel externo (vistas) de una base de datos.

Modelo de red

Éste es un modelo ligeramente distinto del jerárquico; su diferencia fundamental es la modificación del concepto de nodo: se permite que un mismo nodo tenga varios padres (posibilidad no permitida en el modelo jerárquico).

Fue una gran mejora con respecto al modelo jerárquico, ya que ofrecía una solución eficiente al problema de redundancia de datos; pero, aun así, la dificultad que significa administrar la información en una base de datos de red ha significado que sea un modelo utilizado en su mayoría por programadores más que por usuarios finales.

Modelo jerárquico

Éstas son bases de datos que, como su nombre indica, almacenan su información en una estructura jerárquica. En este modelo los datos se organizan en una forma similar a un árbol (visto al revés), en donde un nodo padre de información puede tener varios hijos. El nodo que no tiene padres es llamado *raíz*, y a los nodos que no tienen hijos se los conoce como *hojas*.

Las bases de datos jerárquicas son especialmente útiles en el caso de aplicaciones que manejan un gran volumen de información y datos muy compartidos permitiendo crear estructuras estables y de gran rendimiento al ahora de acceder a los mismos.

Es similar al modelo de red en cuanto a las relaciones y datos, ya que estos se representan por medio de registros vínculos entre los mismos. La diferencia radica en que están organizados por gráficos de tipo árbol en lugar de gráficos arbitrarios.

Modelos lógicos avanzados

Son modelos de datos relativamente recientes y cada vez más utilizados sobre todo en aplicaciones específicas que manejan nuevos y más complejos tipos de datos.

- **Modelos de datos orientados a objetos**

  Estos modelo utilizados sobre todo en aplicaciones programadas bajo el paradigma de la orientación a objetos, tratan de almacenar en la base de datos no solo los datos (estado), sino también la funcionalidad asociada (comportamiento). De este modo una base de datos está formada por objetos relacionados entre sí, siendo los objetos entidades con un estado o datos asociados y un comportamiento o funcionalidad determinada.

  Una base de datos orientada a objetos es una base de datos que incorpora todos los conceptos importantes del paradigma de objetos:

  - **Encapsulación**: propiedad que permite ocultar la información al resto de los objetos, impidiendo así accesos incorrectos o conflictos.
  - **Herencia**: propiedad a través de la cual los objetos o tablas heredan atributos y métodos (comportamiento) de otros situados en un nivel superior según una jerarquía de clases.
  - **Polimorfismo**: hace referencia a métodos que pueden aplicarse a distintos tipos de objetos.

  En bases de datos orientadas a objetos, los usuarios pueden definir operaciones sobre los datos como parte de la definición de la base de datos. Una operación (llamada función) se especifica en dos partes. La interfaz (o signatura) de una operación incluye el nombre de la operación y los tipos de datos de sus argumentos (o parámetros). La implementación (o método) de la operación se especifica separadamente y puede modificarse sin afectar la interfaz. Los programas de aplicación de los usuarios pueden operar sobre los datos invocando a dichas operaciones a través de sus nombres y argumentos, sea cual sea la forma en la que se han implementado. Esto podría denominarse independencia entre programas y operaciones.

- **Modelos de datos declarativos**

  Estos modelos se dividen en deductivos y funcionales.

Suelen usarse para bases de conocimiento, que no son más que bases de datos con mecanismos de consulta en los que el trabajo de extracción de información a partir de los datos recae en realidad sobre el sistema informático, en lugar de sobre el usuario. Estos mecanismos de consulta exigen que la información se halle distribuida de manera que haga eficiente las búsquedas de los datos, ya que normalmente las consultas de este tipo requieren acceder una y otra vez a los datos en busca de patrones que se adecúen a las características de los datos que ha solicitado el usuario.

1.4 SISTEMAS GESTORES DE BASES DE DATOS

Los modelos nos permiten representar nuestra información de un modo sencillo y en un lenguaje común.

Sin embargo necesitamos de un software que nos permita llevar a cabo o implementar dichos modelos.

Este software es lo que se denominaremos SGBD y se define como sigue:

1.4.1 DEFINICIÓN Y OBJETIVOS

Definición

El sistema de gestión de la base de datos (SGBD) es una aplicación que permite a los usuarios definir, crear y mantener la base de datos, y proporciona acceso controlado a la misma. Es una herramienta que sirve de interfaz entre el usuario y las bases de datos.

En el siguiente esquema se representa el funcionamiento de un sistema de información en el que los usuarios acceden a la información usando aplicaciones (por ejemplo, un formulario web) que a su vez se comunican con sistemas gestores que son los que en última instancia acceden a los datos almacenados en las bases de datos mediante la interacción con el sistema operativo:

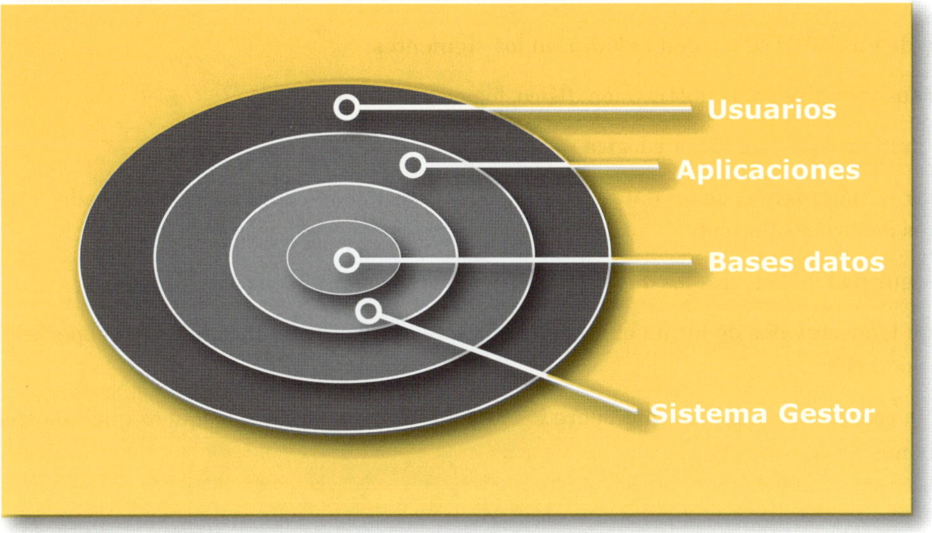

Figura 1.4. *Sistema gestor como interfaz entre usuarios y bases de datos*

Como ya hemos comentado el organismo ANSI estableció los tres niveles de abstracción (externo, lógico y físico) como requisito en los sistemas gestores tal como queda reflejado en la siguiente figura:

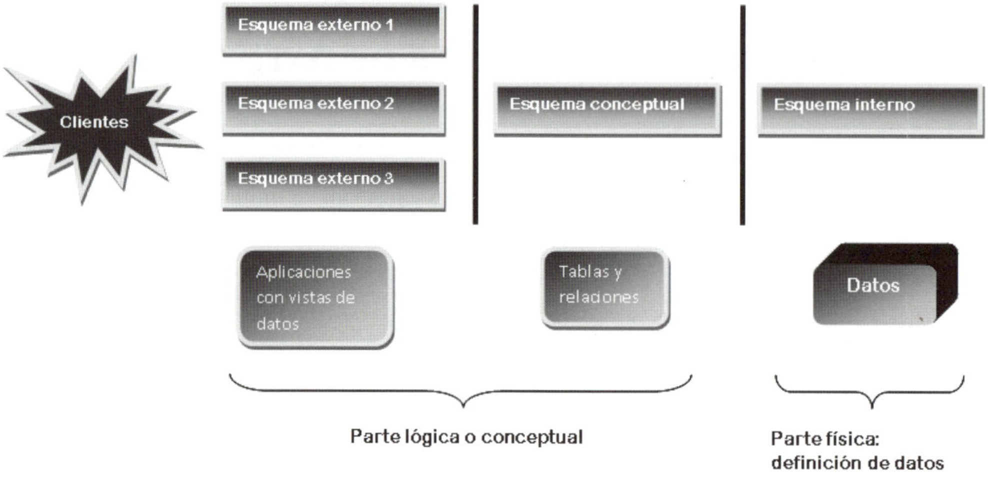

Figura 1.5. *Esquema de los niveles de abstracción en un SGBD*

Se observa como en el nivel externo se encuentran los usuarios finales que tienen acceso a distintos esquemas los cuales a su vez se derivan del esquema o representación lógica que a su vez se traduce a un esquema físico o forma de almacenamiento de los datos.

Objetivos

Los objetivos de un SGBD se pueden resumir en los siguientes:

- Asegurar los tres niveles de abstracción: físico, lógico y externo.
- Permitir la independencia física y lógica de los datos.
- Garantizar la consistencia de los datos. Ya que puede haber datos duplicados o derivados que deben mantener sus valores de forma coherente.
- Ofrecer seguridad de acceso a los datos por parte de usuarios y grupos.
- Gestión de transacciones de forma que se garantice la ejecución de un conjunto de operaciones críticas como una sola operación.
- Permitir la concurrencia de usuarios sobre los mismos datos mediante bloqueos que mantienen la integridad de los mismos.

1.4.2 FUNCIONES DEL SISTEMA GESTOR DE BASE DE DATOS (SGBD)

Para la consecución de los objetivos comentados en la sección anterior la mayoría de SGBD comerciales y libres incorporan las siguientes características y funciones:

Un catálogo

Donde se almacenen las descripciones de los datos y sea accesible por los usuarios. Este **catálogo** es lo que se denomina *diccionario de datos* y contiene información que describe los datos de la base de datos (*metadatos*). Normalmente, un diccionario de datos describe entre otras cosas:

- Nombre, tipo y tamaño de los datos.
- Relaciones entre los datos.
- Restricciones de integridad sobre los datos.
- Usuarios autorizados a acceder a los objetos de base de datos.
- Estadísticas de utilización, tales como la frecuencia de las transacciones y el número de accesos realizados a los objetos de la base de datos.

Garantizar la integridad

Disponer de un mecanismo que garantice que todas las actualizaciones correspondientes a una determinada transacción se realicen, o que no se realice ninguna. Una **transacción** es un conjunto de acciones que cambian el contenido de la base de datos. Una transacción en el sistema informático de la empresa inmobiliaria sería dar de alta a un jugador o eliminar un inmueble. Una transacción un poco más complicada sería eliminar un jugador y reasignar sus inmuebles a otro jugador. En este caso hay que realizar varios cambios sobre la base de datos. Si la transacción falla durante su realización, por ejemplo, porque falla el hardware, la base de datos quedará en un estado inconsistente. Algunos de los cambios se habrán hecho y otros no, por lo tanto, los cambios realizados deberán ser deshechos para devolver la base de datos a un estado consistente.

Permitir actualizaciones

Asegurar que la base de datos se actualice correctamente cuando varios usuarios la están actualizando concurrentemente. Uno de los principales objetivos de los SGBD es el de permitir que varios usuarios tengan acceso concurrente a los datos que comparten. El acceso concurrente es relativamente fácil de gestionar si todos los usuarios se dedican a leer datos, ya que no pueden interferir unos con otros. Sin embargo, cuando dos o más usuarios están accediendo a la base de datos y al menos uno de ellos está actualizando datos, pueden interferir produciendo inconsistencias en la base de datos. El SGBD debe garantizar que no se produzcan, es decir que los datos estén en todo momento en un estado consistente.

Recuperación de datos

Permitir recuperar las bases de datos en caso de que ocurra algún suceso imprevisto que afecte o destruya la base de datos. Como se ha comentado antes, cuando el sistema falla en medio de una transacción, la base de datos se debe devolver a un estado consistente. Esta falta puede ser a causa de un fallo en algún dispositivo hardware o un error del software, que hagan que el SGBD aborte, o puede ser a causa de que el usuario detecte un error durante la transacción y la aborte antes de que finalice. También pude ser que simplemente se pierdan los datos por cualquier motivo.

En todos estos casos, el SGBD debe proporcionar mecanismos capaces de recuperar y llevar la base de datos consistente lo más cercano posible en el tiempo al momento del fallo.

Integración

Ser capaz de integrarse con algún software de comunicación. Muchos usuarios acceden a la base de datos desde terminales. En ocasiones estos terminales se encuentran conectados directamente a la máquina sobre la que funciona el SGBD. En otras ocasiones los terminales están en lugares remotos, por lo que la comunicación con la máquina que alberga al SGBD se debe hacer a través de una red. En cualquiera de los dos casos, el SGBD recibe peticiones en forma de mensajes y responde de modo similar. Todas estas transmisiones de mensajes las maneja el gestor de comunicaciones de datos. Aunque este gestor no forma parte del SGBD, es necesario que el SGBD se pueda integrar con él para que el sistema sea comercialmente viable.

Cumplir restricciones

Proporcionar los medios necesarios para garantizar que tanto los datos de la base de datos, como los cambios que se realizan sobre estos datos, sigan ciertas reglas. Se puede considerar como otro modo de proteger la base de datos, pero además de tener que ver con la seguridad, tiene otras implicaciones.

La integridad se ocupa de la calidad de los datos. Normalmente se expresa mediante restricciones, que son una serie de reglas que la base de datos no puede violar. Por ejemplo, en una base de datos de una liga de baloncesto se puede establecer la restricción de que cada equipo no puede tener asignados más de veinte jugadores. En este caso sería deseable que el SGBD controlara que no se sobrepase este límite cada vez que se asigne un jugador a un equipo.

Herramientas de administración

Proporcionar herramientas que permitan administrar la base de datos de modo efectivo, lo que implica un diseño óptimo de las mismas, garantizar la disponibilidad e integridad de los datos, controlar el acceso al servidor y a los datos, monitorizar el funcionamiento del servidor y optimizar su funcionamiento. Muchas de ellas van integradas en el sistema gestor, otras son creadas por terceros o por el propio administrador según sus requerimientos.

1.4.3 COMPONENTES DE UN SGBD

Son los elementos que deben proporcionar los servicios comentados en la sección anterior. No se pueden generalizar ya que varían mucho según la tecnología. Sin embargo, normalmente todo SGBD incluye los siguientes:

Lenguajes de datos

Son lenguajes para la manipulación de datos, tanto desde el punto de vista de su acceso y modificación como del control y seguridad de los mismos. Normalmente se distinguen tres tipos según su funcionalidad.

- **Lenguaje de definición de datos (DDL,** *Data Definition Language*)

  Sencillo lenguaje artificial para definir y describir los objetos de la base de datos, su estructura, relaciones y restricciones.

  Permite entre otras cosas, la creación, eliminación y modificación de las estructuras de la base de datos, es decir, de la definición de las tablas, así como de índices y restricciones.

- **Lenguaje de control de datos** (**DCL**, *Data Control Language*)

  Encargado del control y seguridad de los datos (privilegios y modos de acceso, etc.).

  Este lenguaje permite especificar los permisos sobre los objetos de las bases de datos (tablas, vistas, procedimientos, etc.), así como la creación y eliminación de usuarios y cuentas.

- **Lenguaje de manipulación de datos** (**DML**, *Data Manipulation Language*)

  Es el lenguaje encargado de la manipulación del contenido de las bases de datos.

  Permite la inserción, actualización, eliminación y consulta de datos en las tablas de las bases de datos.

Para todos estos lenguajes se usa principalmente el lenguaje SQL (*Structured Query Language*). Incluye instrucciones para los tres tipos de lenguajes comentados y por su sencillez y potencia se ha convertido en el lenguaje estándar de los **SGBD relacionales**.

Diccionario de datos

Esquemas que describen el contenido del **SGBD** incluyendo los distintos objetos con sus propiedades.

Objetos

- Tablas base y vistas (tablas derivadas).
- Consultas.
- Dominios y tipos definidos de datos.
- Restricciones de tabla y dominio y aserciones.
- Funciones y procedimientos almacenados.
- Disparadores o *triggers*.

Herramientas para...

- **Seguridad**: de modo que los usuarios no autorizados no puedan acceder a la base de datos.
- **Integridad**: que mantiene la integridad y la consistencia de los datos.
- **El control de concurrencia**: que permite el acceso compartido a la base de datos.
- **El control de recuperación**: que restablece la base de datos después de que se produzca un fallo del hardware o del software.
- **Gestión del diccionario de datos** (o catálogo): accesible por el usuario que contiene la descripción de los datos de la base de datos.
- **Programación de aplicaciones**.
- **Importación/exportación de datos** (migraciones).
- **Distribución de datos**.
- **Replicación** (arquitectura maestro-esclavo).
- **Sincronización** (de equipos replicados).

Optimizador de consultas

Para determinar la estrategia óptima para la ejecución de las consultas.

Gestión de transacciones

Este módulo realiza el procesamiento de las transacciones.

Planificador (*scheduler*)

Para programar y automatizar la realización de ciertas operaciones y procesos.

Copias de seguridad

Para garantizar que la base de datos se puede devolver a un estado consistente en caso de que se produzca algún fallo o error grave.

No todos los SGBD presentan la misma funcionalidad, depende de cada producto. En general, los grandes SGBD multiusuario ofrecen todas las funciones que se acaban de citar y muchas más. Los sistemas modernos son conjuntos de programas extremadamente complejos y sofisticados, con millones de líneas de código y con una documentación consistente en varios volúmenes. Los SGBD están en continua evolución, tratando de satisfacer los requerimientos de todo tipo de usuarios. Desde permitir el trabajo con nuevos objetos multimedia a sistemas de minería de datos capaces de detectar patrones de datos pasando por sistemas de datos distribuidos entre múltiples equipos. Sin duda a medida que pase el tiempo irán surgiendo nuevos requisitos que serán incorporados paulatinamente.

1.4.4 USUARIOS DE LOS SGBD

Generalmente distinguimos cuatro grupos de usuarios de sistemas gestores de bases de datos: los usuarios administradores, los diseñadores de la base de datos, los programadores y los usuarios de aplicaciones que interactúan con las bases de datos.

Administradores

Trabajan en el nivel de abstracción físico relacionado con el almacenamiento.

Distinguimos los administradores del propio sistema gestor encargados de la instalación y configuración del sistema, del control de acceso a los recursos, de la seguridad y de la monitorización y optimización del sistema gestor.

Por su parte los administradores de bases de datos se encargan del diseño físico de la misma, implementación y mantenimiento de la base de datos.

Diseñadores de la base de datos

Realizan el diseño lógico de la base de datos, debiendo identificar los datos, las relaciones entre datos y las restricciones sobre los datos y sus relaciones. El diseñador de la base de datos debe tener un profundo conocimiento de los datos de la empresa y también debe conocer sus reglas de negocio. Las reglas de negocio describen las características principales de los datos tal y como los ve la empresa. Para obtener un buen resultado, el diseñador de la base de datos debe implicar en el desarrollo del modelo de datos a todos los usuarios de la base de datos, tan pronto como sea posible. El diseño lógico de la base de datos es independiente del SGBD concreto que se vaya a utilizar, es independiente de los programas de aplicación, de los lenguajes de programación y de cualquier otra consideración física.

Programadores

Tanto de aplicaciones que, mediante API de lenguajes de programación, interactúan con las bases de datos como de objetos de la base de datos como rutinas almacenadas o disparadores. Estas aplicaciones servirán a los usuarios finales para, de una forma amigable, poder consultar datos, insertarlos, actualizarlos y eliminarlos.

Usuarios finales

Trabajan en el nivel externo mediante vistas o porciones de las bases de datos. Son "clientes" de las bases de datos que hacen uso de ellas sin conocer en absoluto su funcionamiento y organización interna. Son personas con pocos o nulos conocimientos de informática.

1.4.5 MODELO ANSI/X3/SPARC

El organismo ANSI ha marcado la referencia para la construcción de SGBD. El modelo definido por el grupo de trabajo SPARC se basa en estudios anteriores en los que se definían los tres niveles de abstracción necesarios para describir una base de datos. ANSI profundiza más en esta idea y define cómo debe ser el proceso de creación y utilización de estos niveles.

En el modelo ANSI se indica que hay tres modelos: externo, conceptual e interno.

Los esquemas externos reflejan la información preparada (filtrada en forma de vistas) para el usuario final, el esquema conceptual refleja los datos y relaciones de la base de datos (el nivel lógico) y el esquema interno determina la organización física de los datos (sistemas, de ficheros, estructura de directorios, espacios de almacenamiento, índices etc.).

Por decirlo de una manera más cercana al "recién llegado" podemos hacer un paralelismo entre una casa y un SGBD. En este caso, el nivel externo sería lo que vemos nosotros como usuarios de la casa (enchufes, luces, paredes etc.). El nivel lógico o conceptual correspondería a los planos detallados de la casa y el nivel físico a cómo están hechas realmente obras según el terreno, orientación y otros condicionantes físicos.

En definitiva el modelo ANSI es una propuesta teórica sobre las características deseables en un sistema gestor de bases de datos.

1.4.6 TIPOS DE SGBD

Existen numerosos SGBD en el mercado que podemos clasificar según los siguientes criterios:

- **Modelo lógico en el que se basan**
  - Jerárquico.
  - En Red.
  - Relacional.
  - Objeto-relacional.
  - Orientado a Objetos.

- **Número de usuarios**
  - **Monousuario**: solo permiten un usuario.
  - **Multiusuario**: permiten la conexión de varios usuarios.
- **Número de sitios**
  - **Centralizados**: en un solo servidor o equipo.
  - **Distribuidos**: en varios equipos que pueden ser homogéneos y heterogéneos.
- **Ámbito de aplicación**
  - **Propósito General**: orientados a toda clase de aplicaciones.
  - **Propósito Específico**: centradas en un tipo específico de aplicaciones.
- **Tipos de datos**
  - **Sistemas relacionales estándar**: que manejan tipos básicos (*int*, *char*, etc.).
  - **XML**: para el caso de bases de datos que trabajan con documentos *xml*.
  - **Objeto-relacionales**: para bases relacionales que incorporan tipos complejos de datos.
  - **De objetos**: para bases de datos que soportan tipos de objeto con datos y métodos asociados.
- **Lenguajes soportados**
  - **SQL estándar**.
  - **NoSQL o nuevo lenguaje de consulta** menos estructurado y orientado a bases documentales o de tipo clave-valor. Es muy útil para manejar consultas de grandes cantidades de datos distribuidos en *clusters* de servidores.

Dentro de todos ellos los que con gran diferencia se han impuesto en casi todos los ámbitos del desarrollo han sido los basados en el modelo **relacional**. Ello se ha debido principalmente a su flexibilidad y sencillez de manejo. Igualmente conviene destacar la amplia implantación del lenguaje SQL, que se ha convertido en un estándar para el manejo de datos en el modelo relacional, lo que ha supuesto una ventaja adicional para su desarrollo ya que además ha incorporado (en su versión SQL1999) aspectos importantes de la orientación a objetos.

Cabe destacar, sin embargo, la creciente popularidad de otros lenguajes como NoSQL (*Not Only SQL*), que se han desarrollado para adaptarse a datos masivos y dispersos en muchos servidores.

1.4.7 SISTEMAS GESTORES DE BASE DE DATOS COMERCIALES Y LIBRES

Con el advenimiento de *Internet*, el software libre se ha consolidado como alternativa, técnicamente viable y económicamente sostenible al software comercial, contrariamente a lo que a menudo se piensa, convirtiéndose el software libre como otra alternativa para ofrecer los mismos servicios a un coste cada vez más reducido.

Debe notarse sin embargo que lo que comúnmente se denomina software libre no significa que sea gratuito ya que muchas empresas ofrecen servicios de soporte y mantenimiento para productos (en ocasiones de pago como Red Hat o SUSE) pero cuyo código sigue siendo accesible.

Estas alternativas se encuentran tanto para herramientas de ofimática como *Libreoffice*, *Openoffice* frente a *Microsoft Office*, como herramientas mucho más avanzadas y de de propósito general como MySQL frente SQL *Server* o a un nivel superior en cuanto a potencialidad, como *Postgresql* frente a *Oracle* entre otros.

No obstante, cada vez más los fabricantes ofrecen versiones gratuitas (que no libres) aunque con limitaciones en su funcionalidad, de sus productos que permiten probarlos y aprender sus interioridades. Estas versiones se suelen denominar de tipo *express*.

Con independencia de la versión de producto también disponemos, tanto en los productos de software libre como en los de pago, de cada vez más documentación en línea que facilita enormemente su aprendizaje aunque en este sentido los productos de software libre destacan ya que los usuarios y comunidades generan una gran cantidad de documentación que está permanentemente actualizada.

Otro factor importante es el humano. Usar software libre a menudo implica un mayor conocimiento del producto y por tanto personal más cualificado. Por el contrario esto permite un mayor control sobre el mismo y sobre las aplicaciones a desarrollas además de una gran independencia con respecto al proveedor del mismo por no hablar del ahorro en cuanto a licencias y costes de mantenimiento y soporte. Los sistemas comerciales, por el contrario suelen ser más cerrados y rígidos. En todo caso todas las tecnologías nombradas disponen de servicios de soporte y documentación de gran calidad.

En definitiva, usar software e libre o no es una elección del consumidor que debe considerar estos y otros factores de la manera que mejor se adapte a sus necesidades.

No se trata tanto de defender "qué es mejor en sí mismo" como de tener la información y poder elegir "qué es mejor según mis circunstancias".

A la hora de decidirse entre un sistema libre o comercial, un factor importante es si disponemos de personal cualificado en cuyo caso un sistema libre es más barato y potente ya que nos dará más posibilidades y flexibilidad.

ACTIVIDADES 1.2

- Averigüe y explique el significado del término *ACID compliant* en el contexto de los sistemas gestores de bases de datos.
- ¿Qué se entiende por diseño físico de una base de datos? ¿Qué usuarios son los responsables del mismo?
- Averigüe en qué consiste y para qué sirve la minería de datos.
- ¿Qué lenguaje específico usa SQL Server para implementar el lenguaje SQL?
- Busque al menos 2 sistemas gestores libres (*Open Source*) y 2 comerciales e investigue sus ventajas e inconvenientes.
- Haga una investigación sobre las diferencias fundamentales entre los SGBD orientados a modelos relacionales de datos y los basados en *NoSQL* como *CouchDB*, *Hadoop* o *Cassandra*.

RESUMEN DEL CAPÍTULO

En este capítulo introductorio hemos repasado las principales características de los sistemas de almacenamiento, así como las organizaciones primarias de archivos. Hemos estudiado el concepto de índice y los tipos más habituales. También se han analizado los distintos modelos de datos, así como los sistemas gestores más importantes que nos permiten implementar dichos modelos.

Así mismo, hemos hecho una pequeña comparativa entre sistemas usados en la actualidad, tanto libres como comerciales. En este sentido hemos visto que hay una gran diversidad de sistemas de distinta complejidad y potencialidad, desde los básicos sistemas monousuario a los grandes sistemas capaces de tomar decisiones o almacenar datos distribuidos. Dicha complejidad se ha traducido también en un repertorio y variedad cada vez más amplia y potente de herramientas que facilitan y mejoran las funciones de los usuarios de las bases de datos, permitiéndoles hacer tareas cada vez más complejas y eficientes.

EJERCICIOS PROPUESTOS

- **1.** ¿Qué es un sistema de información?
- **2.** Investigue en qué consisten las bases de datos XML.
- **3.** Indique al menos tres ventajas e inconvenientes de usar bases de datos frente a los tradicionales sistemas de ficheros.
- **4.** Cuándo accedemos a información de una página web como Amazon, ¿en qué nivel, dentro de la arquitectura de 3 niveles, nos encontramos? Explíquelo.
- **5.** Comente qué se entiende por software libre considerando aspectos como:
  - Gratuidad.
  - Código fuente.
  - Uso comercial.
- **6.** ¿Qué tiene que ver la administración de un SGBSD con el diseño de bases de datos?
- **7.** ¿Enumere al menos tres objetos típicos de una base de datos indicando su función?
- **8.** ¿Para qué sirve un disparador en un SGBD?
- **9.** Explique con sus palabras qué es el diccionario de datos en un SGBD.
- **10.** En una base de datos como la de Youtube, ¿qué puede ser más conveniente para mejorar su funcionamiento, fragmentar o replicar los datos?

TEST DE CONOCIMIENTOS

1 ¿Qué es una base de datos?

a) Un programa para organizar datos.
b) Un software que facilita la gestión de datos.
c) Un conjunto de datos organizados.
d) Todo lo anterior.

2 ¿Cuál es el significado de GPL en el contexto informático?

a) *General Public Library*.
b) *Great Politic Licence*.
c) *General Public Licence*.

3 Un índice de agrupamiento:

a) Permite ordenar ficheros.
b) Es un tipo de archivo ordenado.
c) Sirve para fragmentar bases de datos.
d) Facilita el acceso a datos según un campo.

4 ¿Qué se quiere decir cuando se habla de nivel conceptual?

a) Lo que percibe el usuario.
b) La imagen de la base de datos vista por el ordenador.
c) El código para crear la base de datos.
d) Una representación de la base de datos independiente de la implementación física.

5 Las bases de datos son:

a) Relacionales.
b) Relacionales o jerárquicas.
c) Primero eran en red y ahora son relacionales.
d) La mayoría son relacionales.

6 Un modelo es:

a) Una forma de representar información.
b) Un programa para dibujar cajas y flechas.
c) Una forma de representar un sistema.
d) Una representación de un conjunto de datos.

7 Los sistemas gestores:

a) Permiten gestionar bases de datos.
b) Controlan el acceso a los datos.
c) Incluyen un diccionario de datos.
d) Todo lo anterior.

8 ¿Qué es cierto respecto a los SGBD y bases de datos?

a) No hay diferencia.
b) Uno hace referencia a un software y una base es conceptual.
c) Las bases de datos se crean necesariamente con un SGBD.
d) Un SGBD es una herramienta CASE.

9 Los sistemas libres:

a) Son más potentes y mejores que los comerciales.
b) Son más baratos.
c) Son más difíciles.
d) Ninguno de los anteriores necesariamente.

10 La independencia física:

a) Hace que podamos acceder a los datos desde cualquier equipo.
b) Permite modificar los modelos independientemente de su almacenamiento.
c) Evita problemas de redundancia.
d) Hace que podamos usar las bases de datos independientemente del sistema operativo.

2 Diseño conceptual y lógico de bases de datos

OBJETIVOS DEL CAPÍTULO

- ✓ Conocer las técnicas del modelado conceptual mediante el Modelo Entidad/Interrelación o MER.
- ✓ Describir el origen, elementos y restricciones en el modelo relacional.
- ✓ Aprender a transformar modelos conceptuales basados en MER en modelos lógicos basados en el modelo relacional.
- ✓ Conocer las formas normales básicas.
- ✓ Aprender las técnicas básicas de normalización de bases de datos.

En este capítulo nos centraremos en describir el proceso de diseño de bases de datos.

Cuando una organización necesita gestionar su información puede optar por muchos sistemas, desde un simple cuaderno hasta una compleja base de datos pasando por un sistema de ficheros y herramientas ofimáticas.

Esta decisión dependerá en gran medida del volumen de los datos, su complejidad y el tipo de usuarios que acceden a los mismos entre otros factores.

Dado que la información que se maneja es cada vez mayor y que las empresas y organizaciones tienden a crecer, es normal optar en la mayoría de los casos por desarrollar bases de datos que además sean escalables y fáciles de utilizar.

Actualmente, existen tres enfoques respecto al tipo de modelo a seguir:

- Realizar el diseño para obtener un modelo relacional normalizado.
- Obtener un modelo orientado a objetos basado en el paradigma de la orientación a objetos según el cual todo elemento es un objeto dotado de atributos o estado y métodos o comportamiento.
- Obtención de un modelo mixto llamado objeto-relacional que es un intermedio entre los dos anteriores mediante la incorporación al modelo relacional de elementos del modelo de objetos tales como métodos.

Dado que la mayoría de sistemas usan modelos relacionales, en este libro nos centraremos en ellos.

El proceso de diseño de una base de datos comienza por una descripción detallada del sistema de información a modelar (normalmente los datos de interés para la empresa). A partir de ahí se obtiene lo que denominamos un modelo conceptual (modelo entidad relación -MER- en nuestro caso) que, mediante ciertas reglas se transforma en un modelo lógico (modelo relacional -MR- en nuestro caso).

Éste modelo será el que nos permita llevar a cabo la construcción o implementación de nuestra bases en un sistema de bases de datos real (Sistema Gestor de Bases de Datos o SGBD) mediante un lenguaje de datos (*Structured Query Language o SQL*).

Detallamos el proceso en la siguiente figura:

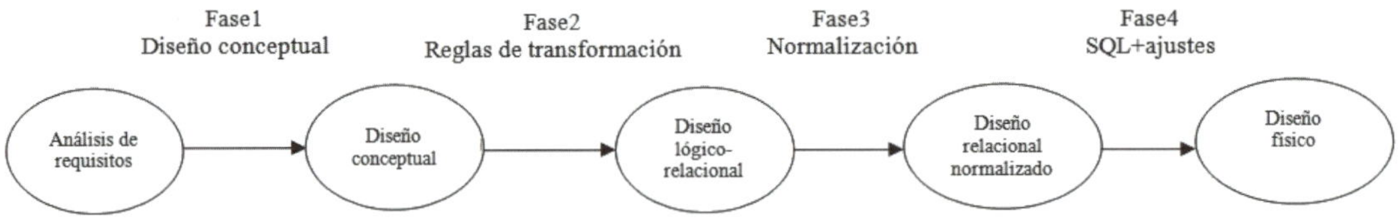

Figura 2.1. *Grafo relacional de una base de datos de una liga de baloncesto*

Donde se suceden las siguientes fases de desarrollo:

- **Fase 1**: tras el establecimiento de las restricciones o requisitos o reglas de negocio del sistema y un análisis de las mismas (proceso realizado interactivamente con el cliente) se pasa a realizar el primer diagrama conceptual donde se establecerán las entidades importantes y las relaciones que las vinculan y atributos. Este proceso suele ser cíclico y con realimentación en sistemas de tamaño medio-grande, es decir, requiere continuas consultas y modificaciones.
- **Fase 2**: aplicando las reglas que más tarde veremos se traduce el esquema inicial a un modelo lógico o relacional que en principio podría servir como esquema de bases de datos.
- **Fase 3**: se refina el modelo eliminando "impurezas" o errores de normalizan (teoría que veremos más adelante) aplicando las reglas de normalizan.
- **Fase 4**: usando un lenguaje de definición de datos (DDL) como SQL y aplicándole sentido común para adaptar la base de datos a nuestro sistema (para lograr una mayor eficiencia y optimización de funcionamiento) generamos el código para traducir el esquema a un sistema físico usando un SGBD.

A continuación estudiaremos los elementos clave de este proceso que son el modelo entidad interrelación o MER y el modelo relacional o MR, la transformación de uno en otro y el proceso de normalización y diseño físico.

2.1 EL MODELO ENTIDAD/INTERRELACIÓN

El modelo Entidad/Interrelación fue desarrollado por Peter Chen en el año 1976 y, a pesar del tiempo transcurrido desde su presentación, es un modelo de datos de plena actualidad en el ámbito de la ingeniería informática y, más concretamente, en el campo del diseño de bases de datos.

La clave de su éxito es que es el modelo que más ha conseguido reflejar de una forma sencilla e intuitiva los datos la semántica de los sistemas que modela.

El también llamado MER es un método de representación abstracta del mundo real centrado en las restricciones o propiedades lógicas de una base de datos y que precede al modelo relacional. Por lo tanto, no es directamente aplicable en un SGBD, sino que necesita una transformación a las estructuras de datos del modelo de datos propio de dicho SGBD. Es decir, el MER se concibe como el diagrama inicial en un proceso de diseño que sigue varias etapas hasta dar con un modelo físico final codificado en el lenguaje mediante el DDL de SQL.

2.1.1 ELEMENTOS DEL MODELO ENTIDAD/INTERRELACIÓN

Los elementos del MER forman estructuras conocidas como diagramas entidad/interrelación. Sus componentes principales son entidades, atributos e interrelaciones.

Entidades

Una entidad es un objeto real o abstracto de interés en una organización y acerca del cual se puede y se quiere obtener una determinada información; personas, cosas, lugares, etc., son ejemplos de entidades. La entidad se representa gráficamente por medio de un rectángulo y en el interior del mismo se escribe el identificador de la entidad.

Asociado al concepto de entidad surge el concepto de ocurrencia de entidad. Una ocurrencia de entidad no es otra cosa que una realización concreta de una entidad. Por ejemplo, si tenemos la entidad FRUTAS, una ocurrencia de la misma será NARANJA.

Según ANSI (1977): "Una persona, lugar, cosa, concepto o suceso, real o abstracto, de interés para la empresa".

Más concretamente diremos que debe ser cualquier cosa de interés para el sistema que estamos modelando y de la que podamos dar información precisa.

Reglas que debe cumplir una entidad:

- ✓ Tiene que tener existencia propia. Tienen que existir elementos u ocurrencias concretas de esa entidad
- ✓ Cada ocurrencia de un tipo de entidad debe poder distinguirse de las demás.
- ✓ Todas las ocurrencias de un tipo de entidad deben tener los mismos tipos de características (atributos).

Representación gráfica

En el MER una entidad se representa con un rectángulo en cuyo interior figura el nombre de la entidad representada.

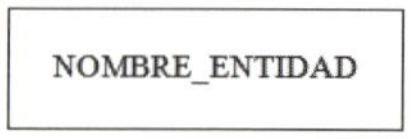

Figura 2.2. *Grafo relacional de una base de datos de una web de música*

EJEMPLO 2.1

La entidad *persona*; que representa a todo ser humano, ya que todos compartimos una serie de atributos comunes (DNI, peso, nombre, etc.), pero no hay dos personas iguales, cada una tiene existencia propia.

Atributos

Un atributo es una propiedad o característica asociada a una determinada entidad y, por tanto, común a todas las ocurrencias de esa entidad; nombre, cantidad, categoría profesional, edad, cargo, etc., son ejemplos de atributos.

Asociado al concepto de atributo surge el concepto de *dominio*. Un dominio es el conjunto de valores permitidos para un atributo. Por ejemplo, si tenemos el atributo COLOR el dominio sobre el que se define podría ser NARANJA, BLANCO, AZUL y NEGRO, o para el campo *edad* podríamos restringirlo a un rango de valores.

Hay que hacer notar que las entidades las determina el diseñador en función de los intereses de la organización que pueden ser muy variados.

Así, el atributo *color* que normalmente será un campo de una entidad en una base de datos de pinturas podría ser una entidad ya que en este caso sí nos interesa caracterizar un color por su textura, matices etc.

Tipos de atributos

Podemos diferenciar dos tipos de clasificaciones de atributos:

- **Según su funcionalidad**
  - **Atributo Identificador Principal** (**AI**): atributo o conjunto mínimo de atributos que distinguen unívocamente una ocurrencia de entidad del resto de ocurrencias.
  - **Atributo Descriptor**: caracteriza una ocurrencia pero no la distingue del resto de ocurrencias de entidad.

  El AI, también llamado clave principal, debe ser un conjunto mínimo en el sentido de que si falta uno o más de los atributos que lo forman deja de ser identificador de ocurrencias.

  Puede ocurrir que encontremos más de un AI. Por ejemplo, podemos identificar una vivienda con sus coordenadas de latitud y longitud

  En general si solo hay un solo AI lo llamaremos atributo identificador principal o AIP.

  Cuando ocurra que exista más de un conjunto de atributos que verifiquen la condición de ser identificador unívoco y mínimo de cada ocurrencia del tipo de entidad, por lo que denominaremos a cada uno de ellos Atributo Identificador Candidato (AIC). Elegiremos uno como AIP y el resto serán Atributos Identificadores Alternativos (AIA) o secundarios.

EJEMPLO 2.2

El atributo *dni* es típicamente un AIC en entidades cuyas ocurrencias sean personas como *alumno*, *cliente*.

Si disponemos de otros identificadores como *codigo_alumno* también serían AIC, de manera que uno de ellos, el elegido por el diseñador, será AIP y el otro, u otros, AIA.

- **Según su opcionalidad**
  - **Opcionales**: pueden tomar valores nulos.
  - **Obligatorios**: necesariamente deben tener un valor para cada ocurrencia de entidad.

EJEMPLO 2.3

El atributo *resultado* en la entidad *partido* podría ser nulo puesto que es posible que el partido aún no se haya jugado.

Normalmente, los atributos son obligatorios, especialmente aquellos que son o forman parte de un AIP, como *dni* en el caso anterior.

- **Según su cardinalidad**
  - **Multivaluados**: para una misma ocurrencia de entidad pueden tomar varios valores (ej.: una persona puede tener más de un teléfono).
  - **Univaluados**: toman un único valor para cada ocurrencia.

EJEMPLO 2.4

Si consideramos la entidad persona el campo teléfono o correo electrónico podría ser multivaluado dado que para cada persona podemos asignar más de un teléfono o correo.

- **Según su carácter**
  - **Simples**: son atributos cuyo valor debe introducir el usuario.
  - **Derivados**: son campos calculados a partir de datos simples de manera que dotan de cierta ambigüedad al modelo.

EJEMPLO 2.5

El campo *edad* de la entidad persona puede ser redundante o derivable del campo *fecha_nacimiento*, es decir, podemos calcularlo con este último.

> Debe notarse que, en última instancia, el carácter de los atributos lo determinan los diseñadores en base a los requisitos del sistema. Es posible, por ejemplo, que solo me interese un teléfono de una persona, de manera que en este caso no sería multivaluado. También podría ser que decidiese que el resultado de un partido sea 0-0 por defecto en cuyo caso no tendría por qué ser un campo opcional.

Representación gráfica

Los atributos, en general, se representan unidos a su entidad o interrelación mediante líneas rectas. En cada caso la línea tendrá variantes. Para los opcionales será una línea punteada mientras que para los multivaluados será una flecha, punteada o no según si es o no obligatorio.

Los atributos identificadores principales irán en negrita y subrayados con una línea mientras que los secundarios o alternativos, también en negrita, estarán subrayados con dos líneas.

Debe tenerse en cuenta que la notación empleada puede variar ligeramente según el autor o texto consultado.

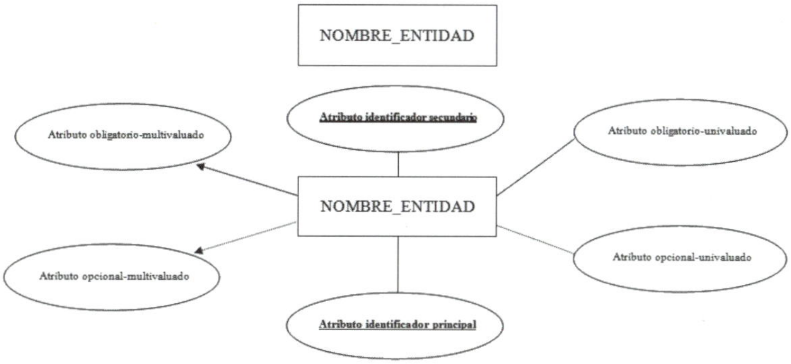

Figura 2.3. *Representación de una entidad y sus atributos*

Así, por ejemplo, podríamos identificar los siguientes atributos en el ejemplo anterior sobre la entidad persona.

- *dni*: obligatorio/univaluado y AIP.
- *apellido*: opcional/univaluado.
- *teléfono*: obligatorio/multivaluado.
- *correo_e*: opcional/multivaluado y AIA.

ACTIVIDADES 2.1

- Determine en los siguientes ejemplos de sistemas al menos 3 posibles entidades:
  a. Gimnasio.
  b. Partida de ajedrez.
  c. Empresa de transportes por autobús.
- Para los ejemplos del ejercicio anterior, identifique atributos de los 4 tipos para cada una de las entidades encontradas.
- De las entidades siguientes indique:
  - Atributos identificadores o claves, primarias y secundarias o alternativas (*recuerde que pueden consistir en más de un atributo*).
  - Posibles atributos multivaluados.
  - Posibles atributos opcionales.

a. Entidad descarga. Representa cada descarga realizada en un servidor de Internet.

`descarga_internet (tamaño, duración, ip_servidor, ip_cliente, fecha_hora)`

b. Recorrido de un autobús. Representa cada uno de los recorridos o rutas que puede seguir un autobús en una empresa de transporte de pasajeros.

`recorrido(estación_origen, estación_destino, parada, distancia, tiempo_teorico)`

c. Entidad trayecto. Representa cada uno de los trayectos concretos que realiza un autobús.

`trayecto(fecha, origen, destino, tiempo_real, tiempo_teorico, numero_autobús, cod_trayecto)`

d. Entidad proyecto. Representa proyectos de una empresa de ingeniería.

`proyecto(cod_proyecto, nombre, empresa_cliente, presupuesto, observaciones, responsable, fecha_in, fecha_fin)`

e. Entidad llamada. Representa cada llamada en una central telefónica.

`llamada(tlfno_origen,tlfno_destino,fecha_hora, compañia, duración, coste)`

Interrelaciones

Una interrelación es básicamente una asociación entre una o más entidades. De la misma manera que ocurre con las entidades, una interrelación es una abstracción que representa un conjunto de ocurrencias del tipo de interrelación representado.

Por ejemplo, la interrelación *nace* entre las entidades *país* y *persona* y se concreta en los distintos nacimientos de las personas en sus respectivos países. Es decir, existirán tantas ocurrencias de nacimientos como ocurrencias de personas y países.

Otro ejemplo, si tenemos las entidades *jugador* y *equipo*, y la interrelación *juega_en*, una ocurrencia de interrelación será: Gasol juega en el Barcelona. En general las interrelaciones son verbos que conectan o describen una relación entre ocurrencias de entidades.

Una ocurrencia de interrelación es cada una de las posibles relaciones entre cada dos ocurrencias de dos entidades relacionadas.

Una interrelación queda caracterizada por tres propiedades:

- **Nombre**: como todo objeto en el modelo MER, las interrelaciones deben tener un nombre que las identifique unívocamente.
- **Grado**: número de tipos de entidad sobre las que se realiza la asociación. La interrelación del ejemplo anterior será binaria, es decir, su grado sería dos.

  Aunque generalmente el grado de las interrelaciones es dos a veces resultará más óptimo usar grados tres (relaciones ternarias) e incluso cuatro (relaciones cuaternarias) para reflejar ciertas restricciones del sistema que modelamos.

  Como caso particular cabe señalar la interrelación reflexiva que describe una relación entre elementos u ocurrencias de la misma entidad. Por ejemplo, para describir la relación entre una persona y su cabeza de familia (que también es persona). En este caso dos ocurrencias de una misma entidad están relacionadas mediante la interrelación *es_cabeza_familia*.
- **Tipo de Correspondencia**: es el número máximo de ocurrencias de cada tipo de entidad que pueden intervenir en una ocurrencia del tipo de interrelación. Veremos esta característica en detalle en la siguiente sección.

Las interrelaciones pueden tener atributos propios de manera que por ejemplo, la interrelación *se_aloja* entre cliente y habitación se puede caracterizar por la fecha de entrada y salida que serían atributos de la interrelación puesto que dependen de dos ocurrencias de cada entidad relacionada.

Así mismo, también pueden darse atributos de cualquier tipo de cardinalidad, 1-1 (obligatorio-univaluado), 1-N (obligatorio-multivaluado), 0-1 (opcional-univaluado), 0-N (opcional-multivaluado).

Tiene especial interés el caso de atributos multivaluados muy utilizados cuando queremos modelar tiempos o fechas. Si, por ejemplo, queremos registrar cuando un cliente se ha alojado en una habitación de un albergue usaríamos la relación aloja con los atributo (univaluados) *fecha_entrada* y opcionalmente *fecha_salida*. Si además nos interesa el histórico de alojamientos modificaríamos dichos atributos para hacerlos multivaluados de forma que quede registrada cada fecha de entrada y salida de cada cliente en una misma habitación.

Representación gráfica

Los vínculos o interrelaciones se representan en el MER mediante un rombo que enlaza las entidades relacionadas tal como se ve en el siguiente ejemplo.

EJEMPLO 2.6

El campo *edad* de la entidad persona puede ser redundante o derivado del campo *fecha_nacimiento*, es decir puedo calcularlo con este último.

Una interrelación posible entre un empleado y su departamento podría ser *trabaja_en.*

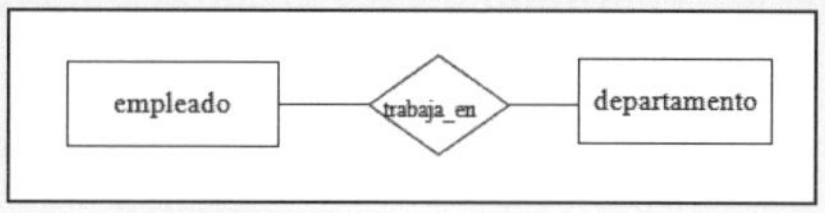

***Figura 2.4.** Representación de una interrelación*

Sería una interrelación binaria con un tipo de correspondencia 1:N ya que un empleado se relaciona a lo sumo con un departamento y en un departamento trabajan como máximo varios empleados.

Si además interesase conocer desde qué fecha trabaja un empleado en un determinado departamento, dicho atributo *fecha* sería una propiedad de la interrelación *juega_en*.

El atributo *fecha_incorporacion* que determina cuándo una persona comienza a trabajar en un departamento es un atributo que corresponde al vínculo entre empleado y departamento y no es propio de ninguno de los dos, sino que solo tiene sentido en virtud de su conexión vía la interrelación *trabaja_en*. De manera que, por ejemplo, si una persona se ha incorporado a un mismo trabajo en más de una ocasión entonces el atributo de *trabaja_en* tendría cardinalidad 1-N (siempre que nos interese guardar dicha información, ya que podría interesarnos únicamente la fecha de la última incorporación).

Otra posible interrelación entre las dos entidades anteriores sería *es_jefe* que relaciona a los empleados que son jefes con sus departamentos.

En este caso hablaríamos de un tipo 1:1 ya que un empleado será jefe de un departamento como máximo y entendemos que en un departamento no hay más de un jefe.

Restricciones de diseño

En general los modelos nos permiten representar restricciones que son condiciones que deben cumplir los objetos que lo forman según las reglas impuestas derivadas de los requisitos del sistema a modelar.

En el caso del MER disponemos de varias herramientas para hacerlo:

Tipo de correspondencia

Ya hemos visto la definición del mismo ya que es una propiedad de las interrelaciones que establece el número máximo de ocurrencias o elementos de una entidad que pueden participar en una interrelación.

Existen tres tipos que detallamos a continuación con ejemplos concretos. Suponiendo una interrelación binaria 'A' pertenece 'B' distinguimos tres tipos de correspondencia posibles:

- **Tipo uno a uno (1:1)**
  Cada ocurrencia de A se relaciona como máximo con una sola ocurrencia de B y viceversa.
  Por ejemplo, un coche tiene una plaza de garaje y a una plaza de garaje se le asigna un coche como máximo.
- **Tipo uno a varios (1:N)**
  Cada ocurrencia de A se relaciona como máximo con varias ocurrencias de B pero una sola ocurrencia de B solo puede relacionarse como máximo con una de A.
  Por ejemplo, un coche tiene varias piezas y cada pieza está asociada a un solo coche.
- **Tipo varios a varios (N:M)**
  Una sola ocurrencia de A se relaciona como máximo con varias de B y viceversa.
  Por ejemplo, un profesor tiene varios (N) alumnos y un alumno tiene varios profesores (M).

> Nos referimos al número máximo de ocurrencias que se relacionan con una dada lo que no implica que cada ocurrencia necesariamente tenga que relacionarse con otra.

El tipo de correspondencia se suele representar al lado del rombo que representa la interrelación entre las entidades.

Cardinalidad

Es un concepto muy relacionado con el de tipo de correspondencia.

El concepto cardinalidad, también denominado "clase de pertenencia", permite especificar si todas las ocurrencias de una entidad participan o no en la interrelación establecida con otra(s) entidad(es).

Si toda ocurrencia de la entidad A debe estar asociada con al menos una ocurrencia de la entidad B a la que está asociada por una determinada interrelación, se dice que la clase de pertenencia es obligatoria, es decir, la cardinalidad mínima es 1.

Por el contrario, si no toda ocurrencia de la entidad A necesita estar asociada con alguna ocurrencia de la entidad B asociada, se dice que la clase de pertenencia es opcional, es decir, la cardinalidad mínima es 0.

Podemos definir la **cardinalidad** de un tipo de entidad como el número mínimo y máximo de ocurrencias de un tipo de entidad que pueden estar relacionadas con una ocurrencia del otro, u otros tipos de entidad que participan en el tipo de interrelación. Su representación gráfica es una etiqueta del tipo (0,1), (1,1), (0,*n*) ó (1,*n*) según corresponda en cada entidad.

EJEMPLO 2.7

Un libro puede estar escrito por ninguno, uno o varios autores. Un autor escribe al menos un libro y puede escribir varios.

De manera que en la relación autor-escribe-libro tendríamos para la entidad autor una cardinalidad (0,*n*) y para la entidad libro (1,*n*).

Debe notarse que la cardinalidad, a diferencia del tipo de correspondencia, es un concepto asociada a cada entidad en virtud de su participación en un tipo de interrelación. Es decir, una misma entidad puede tener cardinalidades distintas según la interrelación a que nos refiramos.

ACTIVIDADES 2.2

- Diseñe una interrelación para cada una de las entidades propuestas en cada caso del tercer ejercicio de las Actividades 2.1. Para ello cree una nueva entidad y relaciónela con la existente.
- Para las relaciones anteriores, indique la cardinalidad y tipo de correspondencia.

Casos especiales

- **Relaciones reflexivas**

  Son aquellas que se dan entre miembros u ocurrencias de un mismo tipo de entidad.

EJEMPLO 2.8

Para representar el hecho de que un trabajador tiene un jefe que a su vez es trabajador pondríamos lo siguiente:

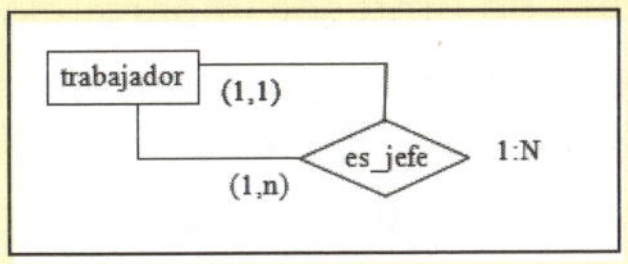

Figura 2.5. *Representación de una relación reflexiva*

La cardinalidad de esta interrelación será 1:N y 1:1 dado que todo trabajador tiene como máximo y mínimo un solo jefe mientras que un jefe lo es de al menos un trabajador y de varios como máximo.

Interrelaciones de grado 3 o ternarias

En la mayoría de los casos las relaciones se dan entre dos entidades, sin embargo vemos que a veces por los requisitos del sistema surge la necesidad de formar relaciones de tres o más entidades.

EJEMPLO 2.9

Supongamos que disponemos de las entidades profesor, aula y alumno y queremos saber cuándo y en qué aula un profesor da clases a un alumno.

Usando relaciones binarias tendríamos algo así:

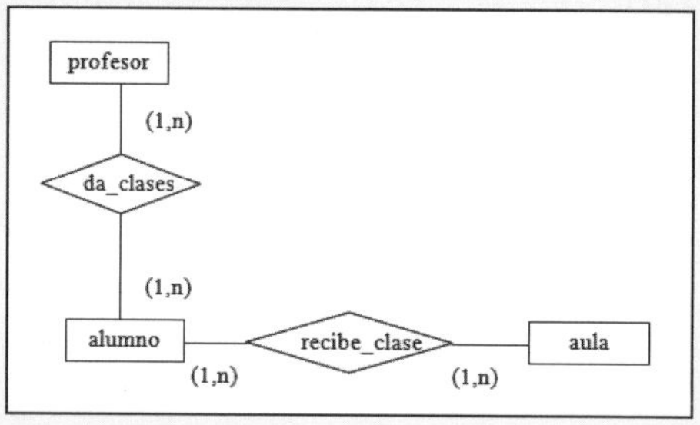

Figura 2.6. *Relaciones binarias entre profesor, aula y alumno*

De este modo sabemos a qué alumnos imparte clases cada profesor y a qué aula va cada alumno, pero no podemos conocer cuándo un profesor imparte clases a un alumno y en qué aula, ya que cada profesor da clases a varios alumnos pero cada alumno puede asistir a varias aulas. Sabemos cuándo un profesor da clase a un alumno pero no en qué aula. La forma de resolver esto es usando una relación ternaria:

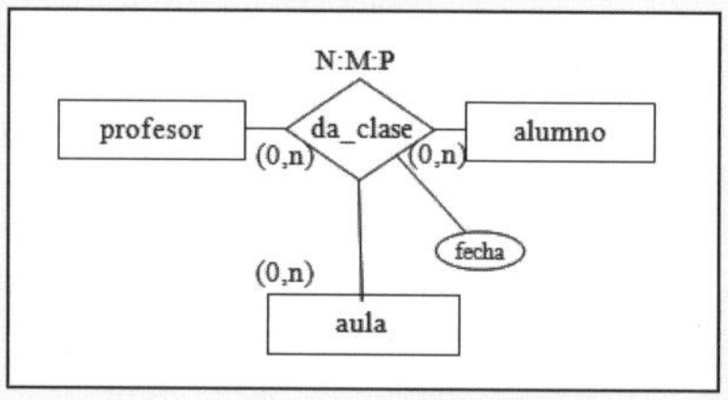

Figura 2.7. *Relación ternaria entre profesor, aula y alumno*

De este modo reflejamos en qué fecha un profesor imparte clase a un alumno y en qué aula.

Para caracterizar estas relaciones debemos fijar dos ocurrencias de las tres entidades que tenemos y estimar el número mínimo y máximo de ocurrencias que se relacionan con ambas del resto.

Así, si fijamos un profesor y un alumno tenemos que pueden intervenir o interaccionar en cero o varias aulas, de ahí el (0,*n*).

Si fijamos un alumno en un aula tenemos que pueden interaccionar con cero o varios profesores (0,*n*).

Si fijamos un aula y un profesor tenemos que pueden interaccionar con cero o varios estudiantes (0,*n*).

Uniendo las cardinalidades máxima obtenemos el tipo de correspondencia, en este caso N:M:P.

Otras posibilidades son 1:M:N, 1:1:N y 1:1:1.

Dependencia en existencia y dependencia en identificación

El concepto de entidad débil está directamente relacionado con las restricciones de tipo semántico del MER y, más concretamente, con la denominada restricción de existencia. Esta restricción establece el hecho de que la existencia de una entidad no tiene sentido sin la existencia de otra, es decir, una entidad tiene dependencia de existencia de otra cuando sin la primera la segunda carecería de sentido.

La pregunta correcta para saber si una entidad A tiene dependencia de existencia respecto a otra B sería la siguiente: ¿se debe borrar alguna ocurrencia de la entidad A si se borra una ocurrencia de la entidad B? Dicho de otro modo, ¿tiene sentido dejar en el modelo las ocurrencias de A si se elimina una ocurrencia de B con la que están relacionadas?

Si la respuesta es afirmativa la entidad tiene dependencia de existencia, por el contrario si la respuesta fuese negativa no existiría dicha dependencia. Por tanto, a este tipo de entidades que tienen dependencia de existencia se las denomina **entidades débiles**, por contraposición a las entidades que no presentan esta característica y que se denominan entidades fuertes o regulares.

Además, en el MER se define un tipo especial de entidad débil denominada entidad con dependencia en identificación, y que está relacionada con el concepto de Atributo Identificador Principal que definíamos en apartados precedentes. Este tipo especial de entidad surge como solución al problema de la existencia de entidades que no tiene suficientes atributos para formar su AIP, es decir, la restricción de existencia con dependencia en identificación se produce cuando una entidad no es identificable por el valor de sus atributos, pero sí por su interrelación con otra entidad; por tanto, son un caso particular de las anteriores.

Normalmente, la entidad débil con restricción de existencia suele tener un AIP propio que permite establecer de forma independiente la asociación de la ocurrencia de la entidad débil a través de la interrelación establecida entre ambas.

Por ejemplo, si consideramos la relacionen tipo 1:N entre un empleado y sus familiares (un empleado tiene como máximo varios familiares y cada familiar lo es de solo un empleado) ocurre que no tiene sentido la existencia de un familiar en la base de datos si eliminamos al empleado con el que se relaciona.

Es evidente que si desaparece un empleado de la base de datos la existencia de sus familiares carece de sentido, es decir, la entidad *familiar* tiene dependencia de existencia respecto de la entidad *empleado*. Sin embargo, cada una de las ocurrencias de la entidad familiar puede identificarse por sí misma.

Debemos tener en cuenta que toda dependencia debe ocurrir en relaciones 1:N.

Para aclarar más esto, supongamos que un familiar puede serlo de varios empleados entonces la desaparición de un empleado no supone la desaparición de sus familiares ya que quedaría el o los que son familiares de varios. Por tanto la entidad familiar no sería nunca débil.

Por el contrario, una entidad débil con restricción de existencia con dependencia en identificación no tiene AIP, sino tan solo un descriptor discriminador y, por tanto, necesita obligatoriamente el AIP de la entidad fuerte para poder identificar de manera única sus ocurrencias de entidad. En este caso, el AIP de la entidad débil se forma por unión del AIP de la entidad fuerte con el mencionado descriptor discriminador.

Considerándole atributo *titulo* como identificador de cada ocurrencia de la entidad libro en la interrelación *tiene* entre *libro* y *ejemplar*, entonces no podemos identificar cada ejemplar con su título ya que son iguales.

En este caso, el atributo *num_ejemplar* por sí solo no permite distinguir cada una de las ocurrencias de la entidad *ejemplar* (porque sus valores se repitan para ejemplares de libros distintos), es decir, *num_ejemplar* no es el AIP de la entidad *ejemplar*. Será *cod_libro* como AIP de la entidad fuerte *libro* más *num_ejemplar* como diferenciador de la entidad *ejemplar*.

Representación gráfica

En el MER, también es posible especificar qué entidades son débiles. Tal circunstancia se representa por medio de un rectángulo de lados dobles.

Para el caso de dependencia en identificación usamos el indicador ID dentro de la interrelación.

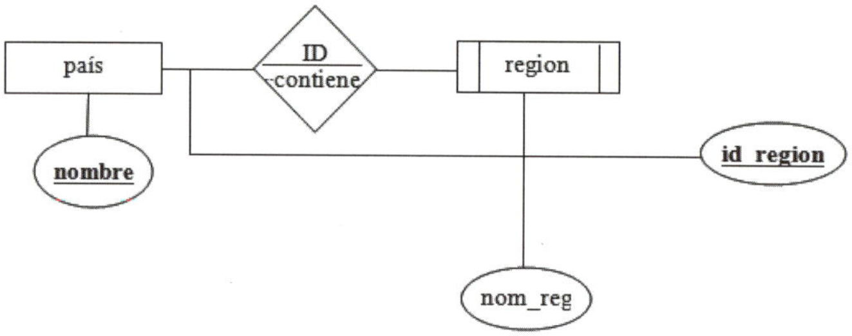

Figura 2.8. *Representación dependencia en identificación*

En este caso representamos que la entidad región depende en existencia e identificación de la entidad país de manera que una región queda identificada por su nombre más el del país al que pertenece, es decir:

id_region=nombre+nom_reg

Como conclusión al concepto de entidad débil conviene resaltar lo siguiente:

- ✓ La dependencia en existencia no implica una dependencia en identificación, hecho que si sucede en el caso inverso pues una entidad que depende de otra por su AIP no tendrá sentido sin la existencia de esta última.
- ✓ En una interrelación con cardinalidad N:M nunca habrá entidades débiles. La razón es que la supuesta ocurrencia de la entidad débil que se tuviera que borrar podría estar asociada a más de una ocurrencia de la supuesta entidad fuerte, lo que implicaría la imposibilidad de su borrado, hecho éste en clara contraposición con la definición de entidad débil.

EJEMPLO 2.10

La interrelación *tiene* entre las entidades *hotel* y *habitación*, la entidad habitación es débil en existencia porque no tiene sentido hablar de una habitación si no existe el hotel en el que se encuentra. Así mismo, para identificar una habitación entre todas las que hay en todos los hoteles debemos usar el identificador o AIP del hotel al que pertenece.

No debemos olvidar que todas las restricciones de las que hablamos en esta sección las impone el diseñador, o sea que no son obligatorias. Por ejemplo, en este último caso no hay nada que impida usar un código único para cada habitación con independencia del hotel. De este modo solo habría independencia en existencia y no en identificación. Sin embargo, no es lo más apropiado ya que es más útil usar códigos más entendibles por el ser humano.

ACTIVIDADES 2.3

- Determine la cardinalidad y tipo de correspondencia en las siguientes interrelaciones. Añada además si son débiles o no explicando por qué. En caso afirmativo diga si lo son en existencia o identificación.
- Añada las suposiciones o requisitos que considere oportunos.

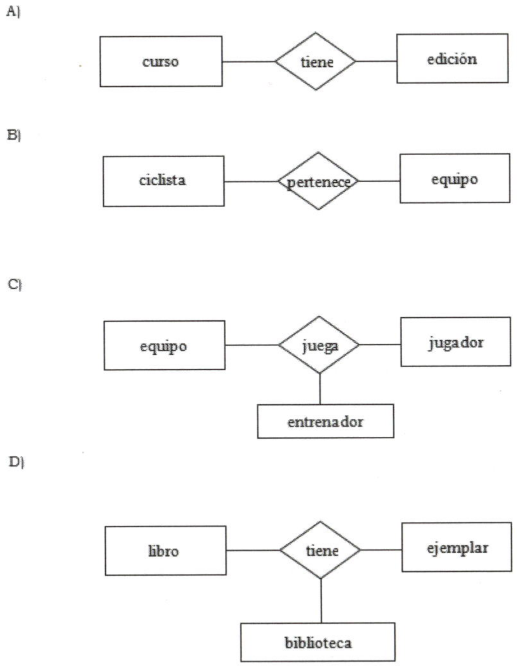

Figura 2.9

2.1.2 MODELO ENTIDAD RELACIÓN EXTENDIDO: JERARQUÍAS

En muchas ocasiones varias entidades comparten ciertos atributos y/o relaciones o, inversamente que un grupo de ocurrencias de una misma entidad se diferencian de otro grupo en algún aspecto.

Para reflejar esto en el diseño se crean las jerarquías.

Las jerarquías se introducen más tarde en el modelo original. El nuevo modelo se conoce como modelo entidad relación extendido.

Básicamente consisten en una entidad llamada supertipo que agrupa los atributos e interrelaciones comunes a los distintos subtipos que son versiones reducidas del supertipo con sus propios atributos y relaciones.

Se forman de dos modos: por generalización, varias entidades comparten atributos y/o relaciones de manera que se crea un supertipo común a todas ellas y por especialización varias ocurrencias se diferencian en algún atributo y/o relación del resto así que se forman subtipos para reflejar este hecho.

Representación gráfica

Las jerarquías se representan mediante rectángulos y un rombo invertido entre los supertipos y subtipos como se aprecia en la siguiente imagen:

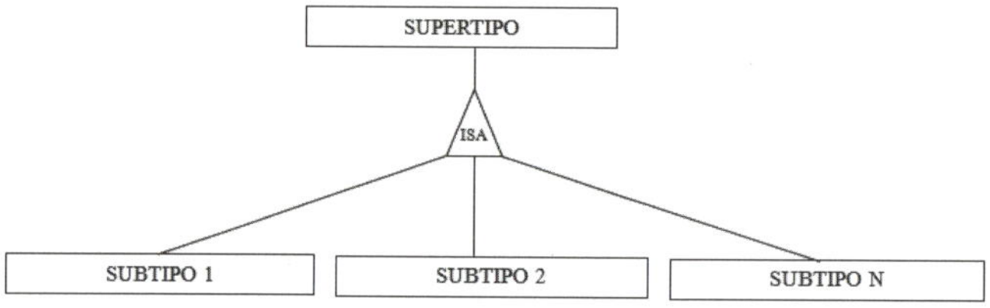

Figura 2.10. *Representación jerarquías en el MER*

La palabra ISA viene del inglés *is a* o en español *es un* e indica que toda ocurrencia del supertipo es también una ocurrencia de uno o varios de los subtipos.

Caracterización jerarquías

Características generales:

- Toda ocurrencia de un subtipo es una ocurrencia del supertipo, las cardinalidades serán siempre (1,1) en el supertipo y (0,1) o (1,1) en los subtipos.
- Todo atributo del supertipo pasa a ser un atributo de los subtipos.

Así, tenemos que cada jerarquía se puede caracterizar por dos propiedades:

- **1-Total/Parcial**: todos los miembros u ocurrencias del supertipo son también miembros de alguno de los subtipos (total) o su contrario (parcial).

- **2-Disjunta/Solapada**: ninguna ocurrencia de un subtipo puede pertenecer simultáneamente a otro subtipo (disjunta) o a la inversa (solapada).

EJEMPLO 2.11

Supongamos que queremos reflejar información sobre viviendas y, de entre ellas, queremos distinguir entre casas y pisos. De todos ellos queremos saber datos como superficie, dirección, precio, etc. Mientras, de las casas se desea otra información específica, como el numero de plantas, si tiene garaje, jardín, etc.

Además, queremos reflejar, para el caso de los pisos, de quién son propiedad. De este modo todos los subtipos (*casa* y *piso*) heredan propiedades y relaciones comunes del supertipo (*vivienda*), mientras que cada uno de ello puede mantener sus propios atributos y relaciones.

EJEMPLO 2.12

Según el siguiente esquema:

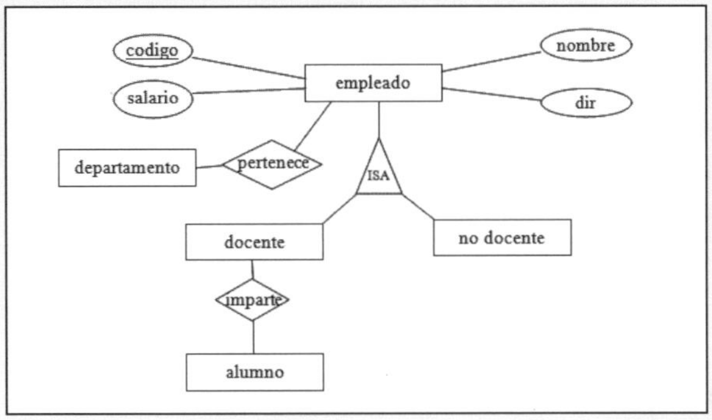

Figura 2.11. *Jerarquía de empleados del ejemplo 2.11*

Podemos establecer una asociación entre la entidad EMPLEADO y las entidades DOCENTE y NO DOCENTE en el sentido de que tanto los docentes como los no docentes son tipos de empleados, por lo que heredarán todas las características de la entidad EMPLEADO (código, nombre, dirección y salario).

Del mismo modo, todos los empleados tienen una relación de pertenencia a un departamento mientras que solo los docentes pueden impartir clases a alumnos.

En este tipo de abstracción, los atributos comunes a todos los subtipos se asignan al supertipo, mientras que los atributos específicos se asocian al subtipo correspondiente.

Las relaciones que afectan a todos los subtipos se asocian al supertipo, dejándose para los subtipos las relaciones específicas en las que el correspondiente subtipo participa.

Atendiendo a dichas características distinguimos 4 tipos de jerarquías:

- **Jerarquía total de subtipos disjuntos**

Se dice total por que todas las ocurrencias del supertipo se encuentran entre las ocurrencias de los subtipos y es disjunta por que una ocurrencia de subtipo no puede serlo de otro.

EJEMPLO 2.13

- **Supertipo**: empleado.
- **Subtipos**: docente y no docente.

Tanto un docente como un no docente son empleados. Un mismo empleado no puede ser a la vez docente y no docente. Todo empleado tiene que ser obligatoriamente un docente o un no docente.

- **Jerarquía disjunta y parcial**

Parcial porque no todas las ocurrencias del supertipo se encuentran entre las ocurrencias de los subtipos, y disjunta porque no puede haber ocurrencias de un subtipo que se encuentren en otro u otros subtipos distintos.

EJEMPLO 2.14

- **Supertipo**: documento.
- **Subtipo**: libro y artículo.

Tanto un artículo como un libro son documentos.

Un mismo documento no puede ser a la vez un artículo y un libro.

Puede haber documentos que no sean ni artículos ni libros.

- **Jerarquía total con solapamiento**

Total porque no todas las ocurrencias del supertipo se encuentran entre las ocurrencias de los subtipos, y solapada porque puede haber ocurrencias de un subtipo que se encuentren entre las ocurrencias de otro u otros subtipos distintos.

EJEMPLO 2.15

- **Supertipo**: persona.
- **Subtipos**: empleado y estudiante.

Tanto un empleado como un estudiante son personas.

Una misma persona puede ser estudiante a la vez que empleado.

Toda persona en nuestra BD tiene que ser obligatoriamente un estudiante y/o empleado.

- **Jerarquía parcial de subtipos solapados**

Es justo lo contrario que el primer caso. Parcial porque no todas las ocurrencias del supertipo se encuentran entre las ocurrencias de los subtipos, y solapada porque puede haber ocurrencias de un subtipo que se encuentren en otro u otros subtipos distintos.

EJEMPLO 2.16

- **Supertipo**: empleado.
- **Subtipos**: docente, investigador.

Tanto un docente como un investigador son empleados.

Un mismo empleado puede ser, y en general lo es, docente a la vez que investigador.

En resumen, dado un supertipo podemos descomponerlo en varios tipos de subtipos de manera que toda ocurrencia del subtipo es también ocurrencia del supertipo (todo ingeniero es empleado igual que todo gerente es empleado) y toda ocurrencia de supe tipo puede ser ocurrencia de ninguno uno o varios de los subtipos.

Todos los subtipos (y ocurrencias de los mismos) heredan tanto los atributos como las relaciones del supertipo con otras entidades.

Así, las jerarquías se forman por generalización, partiendo de varias entidades con atributos y/o relaciones comunes o por especialización, partiendo de una entidad genérica que puede dividirse en subtipos con atributos y/o relaciones propias.

ACTIVIDADES 2.4

- Caracterice las siguientes jerarquías y dote de atributos a cada miembro:

  a. **Supertipo**: animal.
  b. **Subtipo**: vertebrados, invertebrados.
  c. **Supertipo**: vertebrados.
  d. **Subtipo**: anfibios, reptiles, aves, mamíferos.
  e. **Supertipo**:ordenadores.
  f. **Subtipos**: portátil, sobremesa, *tablet*, PDA.

- Cree y caracterice por generalización o especialización jerarquías a partir de los siguientes subtipos o supertipos:

  a. **supertipos**: cuenta bancaria, objeto geométrico, alumno.
  b. **subtipos**: libro técnico, novela, ensayo.
  c. **subtipos**: pantalón, camiseta, zapato.
  d. **subtipos**: usuario registrado, usuario no registrados.

- Añada relaciones en el ejercicio anterior para cada subtipo/supertipo y comente el significado en cada caso.

2.2 EL MODELO RELACIONAL

El modelo de datos relacional es, desde hace tiempo, el más utilizado para modelar sistemas reales que trabajan con información. Se impuso debido a las limitaciones que implicaba el uso de modelos anteriores como el *Codasyl* (modelo en red) o el jerárquico. Se basa en el uso de relaciones o tablas que agrupan conjuntos de datos en forma de filas o *tuplas*. Además, incorpora restricciones que son formas de reflejar las políticas de la empresa u organización que se está modelando.

A continuación veremos todo esto con detalle y lo aplicaremos a ejemplos concretos.

2.2.1 TERMINOLOGÍA DEL MODELO RELACIONAL

Para construir e interpretar los modelos relacionales necesitamos en primer lugar conocer sus elementos que nos permitirán representar los datos de nuestro sistema, así como sus relaciones.

Relación

El elemento básico del modelo relacional es la relación, que puede representarse en forma de tabla. Es una estructura de datos que se representa con un nombre y un conjunto de atributos o columnas junto con el tipo de dato de cada una. Por ejemplo, un jugador de una base de datos de una liga de baloncesto quedaría representado del siguiente modo:

```
jugadores(id_jugador entero(4), dni entero(8), nombre
character(20), apellido character(20), equipo caracter(20),
edad entero(3), fecha_alta fecha)
```

De modo que representamos la tabla o relación jugadores con siete campos o características de un jugador. Además, se incluye el tipo de datos para cada atributo especificando el tamaño o dominio de los mismos (en general incluiremos más aspectos de los campos como si son obligatorios u opcionales etc.). Así, el campo *id_jugador* es un campo que puede tomar valores de tipo numérico entero de hasta 4 dígitos, el nombre es una cadena de caracteres de hasta 20 caracteres, etc.

En una relación (usaremos indistintamente el término relación o tabla) podemos distinguir un conjunto de columnas, denominadas atributos, que representan propiedades de la misma. Así, una relación queda caracterizada por un nombre, y un conjunto de atributos. Cada conjunto de valores para los atributos se denomina fila o tuplas, que son las llamadas ocurrencias de la relación. Cada atributo puede tomar ciertos valores definidos en un dominio. Por ejemplo, el atributo *edad* en la tabla *jugador* toma valores en el dominio de los números entre 18 y 100 años (o la edad considerada máxima para la práctica del baloncesto).

El número de ocurrencias (filas) de una relación se llama **cardinalidad**, mientras que el número de columnas es el grado. Así, por ejemplo, en la tabla *jugador* de la base de datos *liga* tendremos tantas ocurrencias como jugadores estén registrados.

Distinguimos entre esquema de relación o intensión que define la estructura de la tabla, es decir sus atributos con los dominios subyacentes, y un cuerpo o extensión, que está formado por un conjunto el conjunto de ocurrencias o de tuplas que varían en el tiempo.

En nuestro ejemplo tendríamos:

- **Intensión de la relación jugador**:

```
jugador(id_jugador: número de 4 dígitos,dni: números de ocho dígitos ,nombre: cadena de hasta 20 caracteres, apellido: cadena de hasta 20 caracteres, equipo: cadena de hasta 20 caracteres, edad: números entre 18 y 100, fecha_alta: fecha con el formato año-mes-dia)
```

- **Extensión de la relación jugador**:

id_jugador	dni	nombre	apellido	equipo	edad
1	33333333	Carlos	Cabezas	CAI Zaragoza	26
2	44444444	Pablo	Aguilar	CAI Zaragoza	28

....

El hecho de que la relación se represente en forma de tabla es la causa de que los productos relacionales y los usuarios utilicen habitualmente el nombre de tabla para referirse a las relaciones y, como consecuencia de ello, se llama *filas* a las *tuplas* y *columnas* a los *atributos* o *campos*.

Dominio y atributo

Un dominio es un conjunto finito de valores homogéneos y atómicos, caracterizados por un nombre. *Homogéneos*, porque son todos del mismo tipo, y *atómicos* porque son indivisibles en lo que al modelo se refiere. Todo dominio debe tener un nombre por el cual nos referiremos a él y un tipo de datos. Los dominios pueden definirse por intensión (por ejemplo, edades entre 18 y 100 años) o por extensión (por ejemplo, nacionalidades o cadenas de hasta 20 caracteres alfabéticos).

Un atributo es una característica de la relación representada y toma valores en un determinado dominio. Los dominios son independientes de las relaciones, sin embargo los atributos se asocian siempre a una relación.

Más formalmente una relación formada por n atributos se define como un subconjunto del producto cartesiano de los n dominios a los que pertenecen sus n atributos.

La información reflejada en un modelo relacional está compuesta por un conjunto finito y no vacío de atributos estructurados en relaciones. Cada atributo toma sus valores de un único dominio (dominio subyacente) que puede ser el mismo para varios atributos.

En ocasiones, pude ocurrir que el valor de un atributo para una fila sea desconocido. En esos casos, se asocia a esa ocurrencia un valor nulo para ese atributo. No hay debemos confundir un valor nulo con una cadena de caracteres vacía o con un valor numérico igual a cero.

2.2.2 RESTRICCIONES EN EL MODELO

Cuando hacemos un modelo de los datos de un sistema además de los datos y sus relaciones reflejamos ciertas condiciones o políticas de negocio que deseamos que cumplan. Por ejemplo, en nuestra liga de baloncesto una restricción puede ser que cada equipo tenga un código asociado o que cada jugador pertenezca necesariamente a un equipo. Es lo que llamamos restricciones que son condiciones que se imponen al modelo, ya sea por las características del mismo o por los requerimientos del diseñador.

Hay dos grupos principales, las inherentes que imponen condiciones derivadas de la propia definición del modelo (no dependen del diseñador) y de usuario o semánticas que son impuestas por el diseñador en función de los requisitos del sistema a modelar.

Restricciones inherentes

Se derivan de la misma estructura del modelo así que no tienen que ser definidas por el diseñador. Son las siguientes:

- No puede haber dos *tuplas* iguales. Es decir, no puede haber dos filas u ocurrencias de una relación con el mismo valor en todos los campos.
- El orden de las *tuplas* no es significativo. No se requiere un orden determinado en las filas que forman la tabla.
- El orden de los atributos (columnas) no es significativo.
- Cada atributo solo puede tomar un único valor del dominio, no admitiéndose por tanto los grupos repetitivos. Es decir, no podemos, por ejemplo, tener dos valores para el campo edad en la tabla jugador.
- Se debe cumplir la regla de integridad de entidad: "Ningún atributo que forme parte de la clave primaria de una relación puede tomar un valor desconocido o inexistente (nulo)".

Restricciones de usuario

También llamadas semánticas. Son restricciones impuestas por las características del sistema que se está modelando y por tanto dependen del mismo.

Distinguimos las siguientes:

- **Clave candidata**: es un conjunto mínimo de atributos que identifican unívoca y mínimamente cada tupla en una relación. Una relación puede tener varias claves candidatas. Para el caso de la relación jugadores claves posibles serían los campos *id_jugador* y *dni*. Sin embargo, la unión de *dni* y *nombre* no sería una clave ya que no necesitamos el nombre para identificar un jugador, de ahí el uso de "mínimo" en la definición.
- **Clave primaria**: de entre las claves candidatas es la que el diseñador escoge por motivos ajenos al modelo. Los atributos que forman parte de esta clave no pueden tomar valores nulos. En nuestro ejemplo podríamos escoger *id_jugador*.
- **Clave alternativa**: claves candidatas que no han sido escogidas como clave primaria. En nuestro ejemplo sería *dni*.

- **Clave ajena**: conjunto de atributos de una relación cuyos valores han de coincidir con los valores de la clave primaria de otra relación (no necesariamente distinta). La clave ajena y la clave primaria deben de estar definidas necesariamente sobre los mismos dominios.

- **Integridad referencial**: "Si una relación R2 (relación que referencia) tiene un conjunto de atributos que son clave primaria de la relación R1 (relación referenciada), todos los valores de dichos atributos deben coincidir con otro grupo de valores de la clave primaria de R1 o ser nulos". R1 y R2 son relaciones no necesariamente distintas. Además, la clave ajena puede ser también parte de la clave principal de R2.

  Por ejemplo, si tenemos las relaciones equipos (R1) y jugadores (R2) con la siguiente estructura:

  ```
  equipos(nombre_equipo, puntos, ciudad)
  jugadores(id_jugador, dni, nombre, apellido, equipo, edad, fecha_alta, equipo)
  ```

  El campo *equipo* podría ser una clave principal de la tabla equipo ya que identifica a cada equipo, es decir, no se repite. Así el campo *equipo* en la tabla *jugador* referencia al nombre de un equipo, o sea que es un campo que en la tabla equipo funciona como clave primaria. Podemos establecer integridad referencial entre estas dos tablas imponiendo que todos los valores de *equipo* en *jugador* deben estar en la tabla *equipo* o ser nulos. Dicho de otro modo, no puede haber jugadores que jueguen en equipos inexistentes en la base de datos.

  Hay que tener presente que la base de datos es dinámica y que, por tanto, los valores se van modificando, eliminando a lo largo del tiempo de modo que si creamos restricciones de integridad referencial debemos determinar las acciones que deben tomarse como consecuencia de operaciones de modificación y borrado realizadas sobre filas de la tablas referenciadas. Es decir, debemos decir qué ocurre cuando, por ejemplo, eliminamos o modificamos filas en la tabla equipo. ¿Qué ocurre entonces con las filas de jugadores pertenecientes al equipo eliminado o modificado? Para ello distinguimos tres posibilidades:

  - **Operación restringida**: solo se puede borrar una fila de la tabla que tiene la clave primaria referenciada si no existen filas con esa clave ajena en la tabla que referencia.

    En nuestro ejemplo solo podremos borrar o modificar un equipo (en el caso de modificación se refiere al nombre) si no hay jugadores relacionados con el mismo.

  - **Operación con transmisión en cascada**: el borrado o la modificación de una fila de la tabla que contiene la clave primaria lleva consigo el borrado o la modificación en cascada de las filas de la tabla que referencia cuya clave ajena coincide con el valor de la clave primaria de la tabla referenciada.

    En nuestro ejemplo el borrado o modificación de un equipo implicaría la eliminación o modificación de los jugadores pertenecientes al mismo.

  - **Operación con puesta a nulos**: el borrado o la modificación de una fila de la tabla que contiene la clave primaria lleva consigo la puesta a nulos de los valores de la clave ajena de las filas de la tabla que referencia cuya clave ajena coincide con el valor de la clave primaria de la tabla referenciada.

    En nuestro ejemplo pondríamos a nulo los valores de coincidentes de equipo en la tabla *jugador*.

Otras restricciones

Existen otro grupo de restricciones definidas mediante el uso de SQL o de lenguajes propios del sistema gestor.

- **Restricciones de verificación**

  Son los llamados *CHECKS* que permiten imponer condiciones a elementos o atributos de una relación. Por ejemplo, podemos imponer que el campo *edad* en la relación *jugador* esté comprendido entre 18 y 100 años.

- **Restricciones de aserción**

  Son muy parecidas a las anteriores, la única diferencia es que ahora las condiciones pueden ser sobre atributos de más de una tabla. Por ejemplo, podemos imponer que cada *equipo* tenga o esté relacionado con al menos 5 jugadores.

- **Disparadores**

  Permiten determinar una acción determinada ante cierta condición. Son objetos programados por el usuario para tal fin. En nuestro ejemplo podríamos hacer que cuando un jugador se da de alta en un equipo (en la tabla equipo) el atributo *numero_jugadores* en la tabla equipo se incremente en una unidad en la fila correspondiente a ese equipo.

ACTIVIDADES 2.5

- A continuación se muestran ejemplos de relaciones de distintas bases de datos. Señale en cada una las claves candidatas, primaria y secundarias. En cada caso indique las suposiciones que considere.

a. Base de datos de un torneo de póquer

```
partida(ganador, nºjugadores, nºpartida, cod_partida,
ganador, fecha, hora)
carta(palo, valor, numero)
```

b. Base de datos de apuestas

```
apuesta(apostante, cantidad, fecha, hora)
```

c. Base de datos de una inmobiliaria

```
alquiler(fecha, hora, cliente, nºdias, cod_alquiler, cod_producto)
```

d. Base de datos de un banco

```
prestamo(n_cuenta, cantidad, cliente, interes, fecha)
```

- Señale las distintas claves (primarias, secundarias y ajenas) en las siguientes bases de datos. Para las ajenas indique además las opciones de borrado que consideraría.

a. Base de datos de una biblioteca

```
usuario (dni, edad, cuota)
libro(isbn, titulo, autor, editorial)
prestamo (isbn, dni_usuario, fecha, periodo)
```

El ISBN es el identificador de cada título, distinto para cada uno.

b. Base de datos de una compañía de vuelos

```
vuelo (avion, n_pasajeros, fecha_ida, fecha_vuelta)
avion (matricula, capacidad, n_alas, combustible)
```

c. Base de datos de una empresa de autobuses

```
ruta(id_ruta, origen, destino, distancia)
trayecto(origen, destino, fecha, incidencias)
```

- Discuta y corrija los errores que detecte en las siguientes tablas de una base de datos de un centro de formación profesional de manera que se cumplan las restricciones inherentes del modelo relacional. Identifique las posibles claves ajenas.

```
profesor(modulo, tutor, grupo, departamento)
alumno(nombre, apellidos, grupo, dni_alumno, modulos, ciclo, nota_media)
grupo(numero_alumnos, nombre_instituto, nombre_grupo)
departamento (numero_profesores, modulo, jefe_dep)
notas(alumno, notas, modulo)
```

- Defina tablas para representar la información sobre el catastro de una región teniendo en cuenta lo siguiente:

a. Se debe recoger información sobre los municipios, viviendas y habitantes.

b. Cada persona solo puede habitar en una vivienda y residir en un municipio, pero puede ser propietaria de más de una vivienda.

c. Interesa también reflejar la interrelación de las personas con su cabeza de familia (o sea que se refleje en las tablas quién es el cabeza de familia de cada habitante).

2.2.3 EL GRAFO RELACIONAL

Una vez vistos los principales conceptos del modelo relacional pasaremos a representar un grafo relacional, que no es más que la representación de un sistema mediante un conjunto de relaciones vinculadas entre sí por una o varios claves ajenas.

Este será nuestro esquema o grafo relacional a partir del cual podremos, como veremos en el próximo capítulo, crear la base de datos en nuestro sistema informático con la ayuda del sistema gestor seleccionado.

Para representar el grado usaremos la siguiente sintaxis o normas para cada elemento del modelo. Las listamos a continuación junto con un ejemplo de la base de datos *liga*.

- **Claves principales**: serán el atributo/s que formen la clave en negrita y subrayado.

  `jugadores(dni, nombre, equipo, edad)`

- **Claves secundarias**: los atributos que formen la clave con doble subrayado.

  `jugadores(dni, nombre, equipo, edad, id_jugador)`

- **Atributos opcionales**: el atributo seguido de un asterisco.

  `jugadores(dni, nombre, equipo, edad*, id_jugador)`

- **Claves ajenas**: los atributos que referencian a la clave de otra relación en puntos suspensivos.

  `equipos(nombre_equipo, ciudad, puntos)`
  `jugador(dni, nombre, equipo, edad*, id_jugador)`

- **Opciones de borrado y modificación**: se indicarán con las letras M:C, M:N, M:D, M:R indicando modificación en cascada, con puesta a nulos, con valor por defecto o restringida respectivamente (lo mismo para el borrado).

Así pues, un modelo relacional de un sistema será finalmente el conjunto de relaciones representadas como un grafo relacional siguiendo esta simbología.

Como ejemplo completo veremos a continuación dos casos, una liga de baloncesto y una web de canciones. Para cada uno de ellos incluimos la descripción de los datos y restricciones.

EJEMPLO 2.17

Una liga de baloncesto se compone de jugadores que pertenecen a equipos los cuales juegan partidos. Si un equipo se da de baja en la competición se eliminan automáticamente sus jugadores. Sin embargo, no se podrá eliminar un equipo mientras haya registros de partidos jugados, bien como local o como visitante. Si se da de baja un jugador que es capitán entonces el campo *capitán* del equipo correspondiente se pondrá a nulo.

Toda esta información se recoge en tres tablas cuyos campos y restricciones de clave se indican en la siguiente figura:

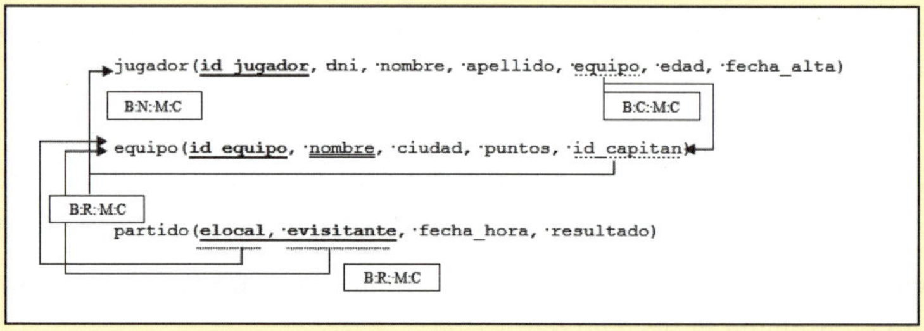

Figura 2.12. *Grafo relacional base de datos liga*

EJEMPLO 2.18

En este caso se trata de una web de canciones. Cada canción pertenece a un disco de un grupo. Los usuarios de la web tienen su propio identificador y un alias único, además pueden crear listas de reproducción para compartir con otros usuarios. Estas listas se identifican con un *id_lista* y se componen de canciones, esto se almacena en la relación *lista_cancion*. Además, la base registra las reproducciones de cada usuario.

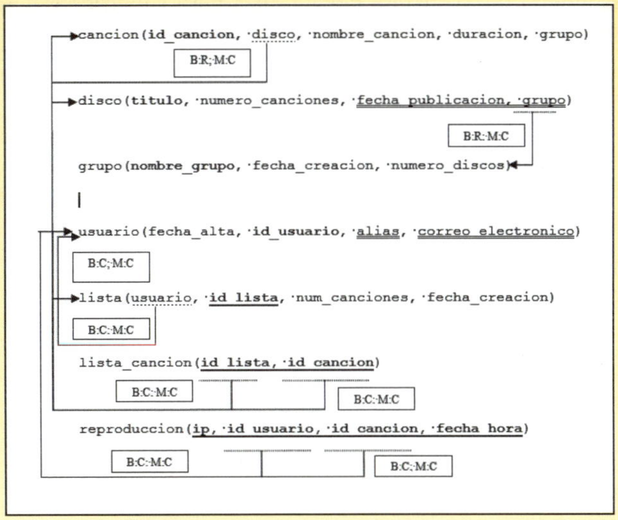

Figura 2.13. *Grafo relacional base de datos de música*

Se observa que no pueden eliminarse grupos con discos registrados ni discos con canciones registradas. Sin embargo, si se elimina un usuario o una canción, se eliminan también sus listas y reproducciones asociadas.

Para el campo *grupo* de la tabla *canción* se ha omitido la posible clave ajena, dado que aunque se eliminen grupos se desea que su nombre permanezca en la tabla.

ACTIVIDADES 2.6

- Dibuje el grafo relacional correspondiente a las Actividades 2.4 indicando además las opciones de borrado para las claves ajenas. Incluya las suposiciones que considere oportunas.

- Realice el diseño y grafo relacional para representar la información de un *blog*. Para ello, cree las relaciones usuario, noticia, comentario. Indique para cada relación al menos 4 atributos teniendo en cuenta que se cumplan las restricciones inherentes (consulte *blogs* reales para coger ideas). Tenga en cuenta además que las noticias y comentarios no pueden tener más de un autor.

- Desarrolle un modelo relacional mediante un grafo para el siguiente supuesto:

  Se desea implementar un banco por Internet para lo cual debe diseñarse una base de datos. El banco maneja información de las relaciones *clientes (nombre, DNI, apellidos, dirección, correo electrónico)*, *cuentas (número, saldo, último movimiento, fecha de creación)* y *créditos (fecha de concesión, cantidad, interés, plazos, amortización)*.

  Se deben tener en cuenta además los siguientes requisitos:

  a. Cada cliente puede tener varios créditos que son unipersonales.

  b. Cada crédito se concede a un solo cliente.

  c. Una misma cuenta puede ser compartida por más de un cliente.

- Cree un modelo relacional mediante un grafo para reflejar la información de las líneas de metro de una ciudad con los siguientes requisitos:

  a. Una línea está compuesta por una serie de estaciones en un orden determinado.

  b. Cada estación pertenece al menos a una línea.

  c. Cada estación puede tener varios accesos, pero un acceso solo puede pertenecer a una estación.

  d. Un acceso nunca puede cambiar de estación.

  e. Cada línea tiene asignados una serie de trenes, no pudiendo suceder que un tren esté asociado a más de una línea, pero sí que no esté asignado a ninguna.

  f. Algunas estaciones tienen asignadas cocheras y cada tren tiene asignada una cochera.

  g. Un tren puede cambiar de cochera pero no puede quedarse sin ella.

  h. Interesa conocer todos los accesos de cada línea.

- Intente describir mediante un grafo relacional las tablas (al menos parte de ellas) subyacentes en una aplicación de una red social de su gusto.

2.3 OBTENCIÓN DEL MODELO LÓGICO DE DATOS (RELACIONAL) A PARTIR DEL MODELO CONCEPTUAL O MER

Como vimos en la primera sección el proceso de diseño de una base de datos requiere de una serie de fases.

La primera de ellas es la creación de un diseño conceptual a partir de los requisitos del sistema. A continuación generamos un modelo lógico que nos permita adaptar el modelo al sistema gestor que utilicemos para finalmente generar el modelo físico listo para ser implementado en el SGBSD.

A primera vista puede observarse que con la transformación de un esquema E/R a un esquema relacional se pierde semántica puesto que tanto las entidades como las interrelaciones se transforman en relaciones. También hay pérdida de semántica en la propagación de clave, donde desaparece incluso la relación 1:N.

Esta pérdida de semántica no implica un peligro para la integridad de la BD, ya que pueden definirse restricciones de integridad referencial que aseguren la conservación de la misma.

2.3.1 REGLAS DE TRANSFORMACIÓN

Como ya hemos señalado en el proceso de obtención de bases de datos una de las fases implica convertir el modelo conceptual, todavía poco concreto, en un modelo relacional en el que distinguimos tablas como elemento base para el almacenamiento de registros.

Dicha transformación es un proceso más o menos mecánico en el que cada elemento del modelo conceptual se convierte en otro u otros elementos del relacional. A continuación describimos tal equivalencia.

Transformación de dominios

En el modelo relacional estándar un dominio es un objeto más, propio de la estructura del modelo y tendrá su definición concreta en el DDL.

Cada dominio definido en el modelo conceptual se transformará en el mismo dominio en el modelo lógico relacional.

Transformación de entidades

Cada tipo de entidad se convierte en una relación.

El modelo lógico estándar se basa en el objeto relación o tabla mediante el cual representaremos las entidades. La tabla se llamará igual que el tipo de entidad de donde proviene. Para su definición dispondremos en SQL de la sentencia *CREATE TABLE*.

En este caso la transformación es directa y no hay pérdida de semántica.

Transformación de Atributos de Entidades

Cada atributo de una entidad se transforma en una columna de la relación a la que ha dado lugar la entidad. Pero teniendo en cuenta que tenemos atributos identificadores principales, alternativos y el resto, cada uno de los diferentes tipos sufrirá un tipo de transformación diferente:

- **Atributos Identificadores Principales**: el atributo (o atributos) identificador principal de cada tipo de entidad pasa a ser la Clave Primaria de la relación.

  El lenguaje lógico estándar recoge directamente este concepto por medio de la cláusula *PRIMARY KEY* en la descripción de la tabla, luego la transformación es directa y no hay pérdida de semántica.

- **Atributos Identificadores Alternativos**: el modelo lógico estándar recoge por medio de la cláusula *UNIQUE* estos objetos, ya que son soportados directamente por el modelo relacional. Al ser la transformación directa no hay pérdida de semántica.

- **Atributos No Identificadores**: los atributos no principales pasan a ser columnas de la tabla, las cuales tienen permitido tomar valores nulos, a no ser que se indique lo contrario (*NOT NULL*).

- **Atributos multivaluados**: en este caso la regla general es convertir el atributo en una nueva relación o tabla cuya clave estará formada por la concatenación de la clave de la relación en la que se encuentra y el nombre del atributo.

Transformaciones de interrelaciones

Este tipo de relaciones la transformación está determinada por el tipo de correspondencia.

- **Relaciones N:M**

  Un tipo de relación N:M se transforma en una relación que tendrá como clave primaria la concatenación de los AIP de los tipos de entidad que asocia.

  Cada uno de los atributos que forman la clave primaria de esta relación son una clave ajena respecto a cada una de las tablas donde este atributo es clave primaria, lo que se especifica en el lenguaje lógico estándar a través de la cláusula *FOREIGN KEY* dentro de la sentencia de creación de la tabla. Habrá que estudiar qué ocurre en el caso de borrado o modificación de la clave primaria referenciada.

  Otra característica que debemos recoger en esta transformación son las cardinalidades máxima y mínima de cada una de las entidades que participan en la relación. La cardinalidad mínima se transforma mediante la admisión o no de valores nulos en la entidad que propaga su AIP y la máxima mediante la especificación de restricciones o aserciones.

- **Relaciones 1:N**

  Existen dos soluciones para la transformación de una relación 1:N.

  - Propagar el AIP del tipo de entidad que tiene cardinalidad máxima 1 a la que tiene cardinalidad máxima *n*, desapareciendo el nombre de la relación, con la consiguiente pérdida de semántica.
  - Formar una nueva relación formada por los campos de las calves principales de las entidades que intervienen en la interrelación junto con los atributos de la interrelación. En este caso la clave principal será la formada por los campos de la clave de la entidad que está en el lado 1.

Los casos en los que es mejor transformar la relación en una relación son los siguientes:

- Cuando el número de ocurrencias relacionadas de la entidad que propaga su clave es muy pequeño y cabe, por tanto, la posibilidad de que existan muchos valores nulos.
- Cuando la relación tiene atributos propios.

- **Relaciones 1:1**

  Este es un caso particular de las interrelaciones con tipo de correspondencia 1:N. No hay una regla fija para su transformación, pudiéndose crear una nueva tabla o transformarla mediante una propagación de clave.

  Casos:

  - Si las entidades que se asocian poseen cardinalidades (0,1), entonces la interrelación se transforma en una relación, además de las dos relaciones a las que se transforman cada una de las entidades.
  - Si una de las entidades que participa en la relación posee cardinalidad (0,1), mientras que en la otra es (1,1), conviene propagar la clave de la entidad con cardinalidad (1,1) a la tabla resultante de la entidad de cardinalidades (0,1) con el fin de evitar que aparezcan valores nulos.
  - En el caso de que ambas entidades presenten cardinalidades (1,1), se puede propagar la clave de cualquiera de ellas a la tabla resultante de la otra, teniendo en cuenta en este caso los accesos más frecuentes y prioritarios a los datos de las tablas.

Transformaciones de la dimensión temporal

Es habitual que ciertas interrelaciones incorporen atributos de carácter temporal y que además estos sean multivaluados.

Cuando esto ocurre la interrelación se transforma en una nueva tabla cuyos campos serán la unión de las calves de las entidades relacionadas y los campos multivaluados mientras que las claves serán la formada por las claves de las entidades y, en la mayoría de los casos, uno o varios de los campos temporales.

Un ejemplo típico es el de la interrelación que vincula a los clientes con las habitaciones de un hotel ya que estos pueden se han podido alojar en más de una ocasión en la misma habitación con lo que el campo *fecha_entrada* sería multivaluado. En este caso la tabla generada estará formada por los campos *dni*, *num_habitación* y *fecha_entrada*, que serán también los que forman la clave primaria.

Transformación de Jerarquías de Tipos y Subtipos

En general se puede dar tres posibilidades:

- Englobar todos los atributos de la entidad y sus subtipos en una sola relación. Adoptaremos esta solución, cuando los subtipos se diferencien en muy pocos atributos y las relaciones que los asocian con el resto de entidades del esquema sean las mismas para todos los subtipos.
- Crear una relación para el supertipo y tantas relaciones como subtipos haya, con sus atributos correspondientes. Esta es la solución cuando existen muchos atributos distintos entre los subtipos y se quieren mantener de todas las maneras los atributos comunes a todos ellos en una relación.

- Considerar las relaciones distintas para cada subtipo, que contengan además los atributos comunes. Se elegirá esta opción cuando se dieran las mismas condiciones que en el caso anterior (muchos atributos distintos) y los accesos realizados sobre los datos de los distintos subtipos siempre afectan a atributos comunes.

ACTIVIDADES 2.7

» Realice la transformación del siguiente MER realizado a partir del siguiente enunciado:

Se trata de una empresa de descarga de música, *mediaserver*, que almacena en una base de datos información sobre las canciones, los álbumes a que pertenecen, los grupos o autores y los usuarios que las descargan o escuchan. De estos últimos se distinguen usuarios registrados e invitados según si pagan una cuota con lo que pueden escuchar cualquier canción o si no la pagan en cuyo caso solo tienen acceso a las canciones "públicas".

Así mismo, debe registrarse la fecha en que cada usuario descarga o escucha mediante *streaming* una canción y el número de veces que cada usuario registrado descarga cada canción.

La relación *tiene* entre *grupo* y *álbum* es de dependencia en identificación ya que se considera que un álbum no puede existir si no existe el grupo que lo creó.

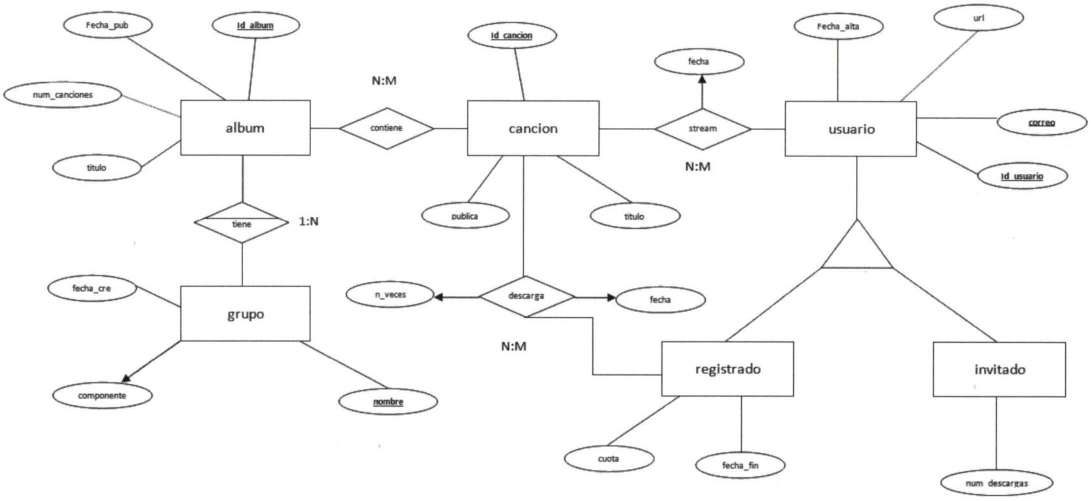

Figura 2.14. MER de la aplicación mediaserver

2.4 NORMALIZACIÓN

La normalización es un proceso que consiste en comprobar que las tablas (también denominadas relaciones en terminología propia del modelo relacional de datos) definidas cumplen unas determinadas condiciones. Se pretende garantizar la no existencia de redundancia y una cierta coherencia en la representación mediante un esquema relacional de las entidades y relaciones del modelo conceptual (MER). Mediante la normalización se pueden solucionar diversos errores en el diseño de la base de datos, así como mejorarlo. También se facilita el trabajo posterior del administrador de la base de datos y de los desarrolladores de aplicaciones.

Normalmente el proceso de obtención del modelo relacional se realiza siguiendo el proceso de desarrollo que parte de un modelo conceptual. Sin embargo existe una técnica más precisa y formal que permite hacerlo de una manera mucho más eficiente.

Se trata de la llamada normalización. Es un proceso mediante el cual se transforman datos complejos a un conjunto de estructuras de datos más pequeñas, que además de ser más simples y más estables, son más fáciles de mantener. También se puede entender la normalización como una serie de reglas que sirven para ayudar a los diseñadores de bases de datos a desarrollar un esquema que minimice los problemas de lógica. Cada regla está basada en la que le antecede. La *normalización* se adoptó porque el viejo estilo de poner todos los datos en un solo lugar, como un archivo o una tabla de la base de datos, era ineficiente y conducía a errores de lógica cuando se trataban de manipular los datos. La normalización también hace las cosas fáciles de entender. Los seres humanos tenemos la tendencia de simplificar las cosas al máximo. Lo hacemos con casi todo, desde los animales hasta con los automóviles. Vemos una imagen de gran tamaño y la hacemos más simple agrupando cosas similares juntas. Las guías que la normalización provee crean el marco de referencia para simplificar una estructura de datos compleja.

Otra ventaja de la normalización de base de datos es el consumo de espacio. Una base de datos normalizada ocupa menos espacio en disco que una no normalizada. Hay menos repetición de datos, lo que tiene como consecuencia un mucho menor uso de espacio en disco.

El proceso de normalización tiene un nombre y una serie de reglas para cada fase. Esto puede parecer un poco confuso al principio, pero poco a poco se va entendiendo el proceso, así como las razones para hacerlo de esta manera.

La normalización permite refinar las bases de datos y a organizarlas en partes más pequeñas y más fáciles de entender. En lugar de tener que entender una tabla gigantesca y monolítica que tiene muchos diferentes aspectos, solo tenemos que entender los objetos pequeños y más tangibles, así como las relaciones que guardan con otros objetos también pequeños.

Antes de entrar en los detalles del proceso de normalización debemos entender el concepto de dependencias funcional entre atributos o grupos de atributos de nuestras tablas.

2.4.1 DEPENDENCIAS FUNCIONALES

Una dependencia funcional, denotada por $X \rightarrow Y$, entre dos conjuntos de atributos X e Y que son subconjuntos de la entidad o relación R (R ={$A1$, $A2$,...,$A3$}) especifica una restricción sobre las posibles tuplas que podrían formar un ejemplar de relación r de R.

La restricción dice que, para cualesquier dos tuplas $t1$ y $t2$ de r tales que $t1[X] = t2[X]$, debemos tener también $t1[Y] = t2[Y]$. Esto significa que los valores componentes de Y de una tupla de r dependen de los valores del componente X, o están determinados por ellos; o bien, que los valores del componente X de una tupla determinan de manera única (o funcionalmente) los valores del componente Y. También decimos que hay una dependencia funcional de X a Y o que Y depende funcionalmente de X.

Claramente $X \rightarrow Y$ no implica $Y \rightarrow X$, es decir, pueden repetirse los valores de los atributos X para distintos valores de los atributos Y. Por ejemplo, un mismo atributo, como *dni*, determina funcionalmente al resto de atributos de la relación persona, lo cual se denota *dni*: (*nombre*, *apellido*, *dirección*, ...).

- **Dependencia mutua**

  Puede darse una dependencia funcional mutua si $X \rightarrow Y$ e $Y \rightarrow X$ o lo que es lo mismo X <-> Y. Por ejemplo, un DNI implica un correo electrónico y viceversa.

- **Dependencia completa**

  El descriptor Y es funcionalmente dependiente de forma completa de X si $X \rightarrow Y$ e Y no depende funcionalmente de ningún subconjunto de atributos de X.

  Las dependencias funcionales verifican una serie de propiedades denominadas axiomas de Armstrong:

  - **Reflexividad**: a partir de cualquier atributo o conjunto de atributos siempre puede deducirse él mismo.
  - **Dependencia trivial**: $X \rightarrow X$.
  - **Aumentatividad**: si $X \rightarrow Y$ entonces $X+Z \rightarrow Y$. Así se puede aumentar trivialmente el antecedente de una dependencia. Por ejemplo, si con el DNI se determina el nombre de una persona, entonces con el DNI más la dirección también se determina el nombre.
  - **Proyectividad**: si $X \rightarrow Y+Z$ entonces $X \rightarrow Y$. Por ejemplo, si a partir del DNI es posible deducir el nombre y la dirección de una persona, entonces con el DNI es posible determinar el nombre.
  - **Aditividad**: si $X \rightarrow Y$ y $Z \rightarrow W$ entonces $X+Z \rightarrow Y+W$. Por ejemplo, si con el DNI se determina el nombre y con la dirección el teléfono de una persona, entonces con el DNI y la dirección podrá determinarse el nombre y el teléfono.
  - **Transitividad o enlace de dependencias funcionales**: si $X \rightarrow Y$ e $Y \rightarrow Z$ entonces $X \rightarrow Z$. Por ejemplo, si con el DNI puede determinarse el código de la provincia de residencia de una persona y con éste código puede determinarse el nombre de la provincia, entonces con el DNI puede determinarse el nombre de la provincia. Éste es el mecanismo básico de funcionamiento del enlace entre tablas a partir de claves ajenas.

2.4.2 FORMAS NORMALES

El punto de partida del proceso de normalización es un conjunto de tablas con sus atributos, el denominado esquema relacional. Se pretende mejorar dicho esquema de datos. Se dice que una tabla está en una determinada forma normal si satisface un cierto número de restricciones impuestas por la correspondiente regla de normalización. La aplicación de una de estas reglas a un esquema relacional produce un nuevo esquema relacional en el que no se ha introducido ningún nuevo atributo.

Un esquema relacional se compone de una serie de ternas *T*(*A*,*D*) donde *T* es el nombre de una tabla, *A* el conjunto de los atributos de esa tabla y *D* el conjunto de dependencias funcionales que existen entre esos atributos.

Si una tabla no satisface una determinada regla de normalización, se procede a descomponerla en otras dos nuevas que sí las satisfagan. Esto usualmente requiere decidir qué atributos de la tabla original van a residir en una u otra de las nuevas tablas. La descomposición tiene que conservar dos propiedades fundamentales:

- **No pérdida de información**

  Sea *T*(*A*,*D*) que se divide en *T*1(*A*1,*D*1) y *T*2(*A*2,*D*2). A partir de los atributos comunes en ambos esquemas es posible determinar los atributos de *T*1 no presentes en *T*2 (es decir, el conjunto *A*1 - *A*2) o bien los atributos de *T*2 no presentes en *T*1 (el conjunto diferencia *A*2 - *A*1). Desde cualquier esquema se consigue recuperar los datos del otro mediante un mecanismo de clave ajena que permite reconstituir el esquema original de partida. Expresado mediante dependencias funcionales, la intersección de los conjuntos de atributos *A*1 y *A*2 debe determinar funcionalmente la diferencia de los conjuntos de atributos *A*1 y *A*2 o bien *A*2 - *A*1.

- **No pérdida de dependencias funcionales**

  La normalización consiste pues en descomponer los esquemas relacionales (tablas) en otros equivalentes (puede obtenerse el original a partir de los otros) de manera que se verifiquen unas determinadas reglas de normalización. Evidentemente las reglas de normalización imponen una serie de restricciones en lo relativo a la existencia de determinados esquemas relacionales. Según se avance en el cumplimiento de reglas y restricciones se alcanzará una mayor forma normal. Existen cinco formas normales hacia las cuales puede conducir el proceso de normalización de forma incremental más una forma normal independiente de las otras.

Para nuestros propósitos consideraremos un esquema relacional óptimo cuando satisfaga todas las restricciones impuestas por la tercera forma normal.

La verificación de una forma normal implica el cumplimiento de todas las formas normales anteriores.

Primera Forma Normal: FN1

La regla de la Primera Forma Normal establece que las columnas repetidas deben eliminarse y colocarse en tablas separadas. Se pretende garantizar la no existencia de grupos repetitivos. Un grupo repetitivo es un conjunto de atributos de igual semántica en el problema y dominio, que toman valores distintos para la misma clave. Cualquier esquema que tenga claves correctas está seguro en FN1.

EJEMPLO 2.19

Digamos que queremos crear una tabla con la información de usuarios y los datos a guardar son el nombre, la empresa, la dirección de la empresa y sus URL si las tienen. En principio comenzaríamos definiendo la estructura de una tabla como la siguiente:

Tabla 2.1 Datos de la base de datos empresa. Diseño sin normalizar

empresa					
id_trabajador	**nombre**	**empresa**	**url1_empresa**	**url2_empresa**	**dir_emp**
1	Luis	BRG	*brg1.com*	*brg2.com*	c/ Sagasta
2	Andrés	GNC	*gnc1.es*	*gnc2.es*	c/ Lepanto
3	Fernando	BRG	*brg1.com*	*brg2.com*	c/ Sagasta

Diríamos que la anterior tabla esta en nivel de normalización cero porque ninguna de nuestras reglas de normalización ha sido aplicada. Observe los campos *url1* y *url2*. ¿Qué haremos cuando en nuestra aplicación necesitemos una tercera URL? ¿Queremos tener que añadir otro campo/columna a tu tabla y tener que reprogramar toda la entrada de datos de nuestro código PHP? Obviamente no, lo que queremos es crear un sistema funcional que pueda crecer y adaptarse fácilmente a los nuevos requisitos.

Visto en forma de esquema quedaría:

1. **Tabla trabajadores**
   - AT={id_trabajador, nombre, empresa, url_empresa, dir_emp}
   - CP: id_trabajador, url_empresa
   - DEP1={id_trabajador->empresa}
   - DEP2={id_trabajador->nombre}
   - DEP3={empresa->dir_emp}
   - DEP4={url_empresa->empresa}
2. **Donde...**
   - **AT**: indica el esquema o base de datos incluyendo todos los atributos considerados.
   - **DEP**: indica la dependencia funcional entre atributos del esquema.
   - **CP**: indica los atributos que forman la clave principal.
   - **CA**: indica los atributos que forman las claves alternativas o secundarias.

Para pasar a la primera forma normal debemos eliminar los grupos repetitivos creando si es preciso nuevas tablas.

En este caso podríamos crear un registro de trabajador para cada URL de cada empresa.

Así nos quedaría lo siguiente:

Tabla 2.2 Tabla empresa en FN1

trabajadores				
id_trabajador	nombre	empresa	url_empresa	dir_emp
1	Luis	BRG	*brg1.com*	c/ Sagasta, 3
1	Luis	BRG	*brg2.com*	c/ Sagasta, 3
2	Andrés	GNC	*gnc1.es*	c/ Lepanto, 2
2	Andrés	GNC	*gnc2.com*	c/ Lepanto, 2
3	Fernando	BRG	*brg1.com*	c/ Sagasta, 3
3	Fernando	BRG	*brg2.com*	c/ Sagasta, 3

Ahora diremos que nuestra tabla está en el primer nivel de normalización o FN1. Hemos solucionado el problema de la limitación del campo *url*. Pero, sin embargo, vemos otros problemas como que cada vez que introducimos un nuevo registro en la tabla usuarios, tenemos que duplicar el nombre de la empresa y del usuario. No solo nuestra BD crecerá muchísimo, sino que será muy facil que la BD se corrompa si escribimos mal alguno de los datos redundantes. Para corregir esto pasaremos nuestras tablas a segunda forma normal.

Cambiar de forma normal es un proceso muy estudiado, de hecho existen diferentes algoritmos que lo hacen. En esta sección, sin embargo, nos limitaremos a estudiar el proceso básico y a entender cómo funciona.

Segunda Forma Normal: FN2

Tendremos FN2 si hay FN1 y cada atributo de la tabla que no forma parte de la clave depende funcionalmente de forma completa de la clave primaria. Es decir, depende de toda la clave y no de ningún subconjunto de ella.

Con esto se pretende garantizar una correcta elección de claves y eliminar redundancias. Si las claves están formadas por un único atributo entonces ese esquema estará seguro en segunda forma normal.

Una vez alcanzado el nivel de la Segunda Forma Normal, se controlan la mayoría de los problemas de lógica. Podemos insertar un registro sin un exceso de datos en la mayoría de las tablas.

En nuestro ejemplo, después de eliminar los grupos repetitivos vemos que no estamos en FN2 ya que el atributo empresa no depende completamente (de todos los atributos) de la clave principal.

Para pasar a FN2 debemos separar los grupos de datos relacionados (dependencias parciales de la clave principal) en tablas separadas y relacionadas entre sí mediante uno o varios campos.

Siguiendo con el ejemplo anterior formaríamos una nueva tabla que relaciona las empresas y sus URL.

Esquemáticamente:

- **Tabla trabajadores**
  - AT={id_trabajador, nombre, empresa, dir_emp}
  - CP: id_trabajador
  - DEP1={id_trabajador->empresa}
  - DEP2={id_trabajador->nombre}
  - DEP3={empresa->dir_emp}
- **Tabla empresas_url**
  - AT={nombre_empresa, url_empresa}
  - DEP1={url_empresa->nombre_empresa}

Hemos separado el campo *url* en una nueva tabla que relaciona las empresas con sus URL, de forma que podemos añadir más trabajadores en el futuro si tener que repetir los datos de cada empresa para cada URL de la misma. También vamos a usar la clave primaria *nombre_empresa* para relacionar ambas tablas.

Tabla 2.3 Tablas de empresa en FN2

trabajadores			
id_trabajador	**nombre**	**empresa**	**dir_emp**
1	Luis	BRG	c/ Sagasta, 3
2	Andrés	GNC	c/ Lepanto, 2
3	Fernando	BRG	c/ Sagasta, 3

empresas_url	
nombre_empresa	**url_empresa**
BRG	*brg1.com*
BRG	*brg2.com*
GNC	*gnc1.es*
GNC	*gnc2.com*

Hemos creado tablas separadas y la clave primaria en la tabla *nombre_empresa* está relacionada ahora con la clave externa empresa en la tabla de trabajadores.

Esto está mejor pero, ¿qué ocurre cuando queremos añadir otro empleado a la empresa ABC?, ¿o 200 empleados? Ahora tenemos el nombre de la empresa y su dirección duplicándose para cada nuevo empleado, otra situación que puede inducirnos a introducir redundancia y, por tanto, espacio innecesario ocupado además de posibles errores de coherencia en nuestros datos. Para corregirlo aplicaremos el tercer nivel de normalización.

Tercera Forma Normal FN3

Se da la FN3 cuando hay FN2 y no hay ningún atributo no primo (que no pertenece a la clave primaria) que dependa funcionalmente de forma transitiva de alguna de las claves.

Una tabla está normalizada en esta forma si todos los atributos que no son clave o parte de la misma son funcionalmente dependientes por completo de la clave primaria y no hay dependencias transitivas. Comentamos anteriormente que una dependencia transitiva es aquella en la cual existen columnas que no son clave que dependen de otras columnas que tampoco lo son.

Cuando las tablas están en la Tercera Forma Normal se previenen errores de lógica cuando se insertan o borran registros. Cada columna en una tabla está identificada de manera única por la llave primaria, y no debe haber datos repetidos. Esto proporciona un esquema limpio y elegante, que es fácil de trabajar y expandir.

Para pasar al nivel 3 de normalización debemos eliminar aquellos campos que no dependan directamente de la clave.

En nuestro ejemplo la dirección de la empresa no tienen nada que ver con el campo *id_trabajador* salvo de forma transitiva así que lo separamos incluyéndolo en una nueva tabla de empresas junto con el atributo *empresa* como clave.

Esquemáticamente:

- **Tabla trabajadores**
  - AT={id_trabajador, nombre, empresa}
  - CP: id_trabajador
  - DEP1={id_trabajador->empresa}
  - DEP2={id_trabajador->nombre}
- **Tabla empresas**
  - AT={nombre_empresa, dir_emp}
  - CP: nombre_empresa
  - DEP1={nombre_empresa->dir_emp}
- **Tabla empresas_url**
  - AT={nombre_empresa, url_empresa}
  - CP: url_empresa
  - DEP1={url_empresa->nombre_empresa}

Para pasar nuestro esquema a FN3 creamos una tabla de empresas para incluir en ella la información relacionada, dependiente, de cada empresa.

Quedaría lo siguiente:

Tabla 2.4 Tabla empresa en FN3

trabajadores		
id_trabajador	nombre	empresa
1	Luis	BRG
2	Andrés	GNC
3	Fernando	BRG

empresas	
empresa	dir_emp
BRG	c/ Sagasta 3
BRG	c/ Sagasta 3
GNC	c/ Lepanto 2
GNC	c/ Lepanto 2
BRG	c/ Sagasta 3
BRG	c/ Sagasta 3

empresas_url	
nombre_empresa	url_empresa
BRG	*brg1.com*
BRG	*brg2.com*
GNC	*gnc1.es*
GNC	*gnc2.com*

Ahora tenemos la clave primaria *nombre_empresa* en la tabla *empresas* relacionada con la clave externa empresa en la tabla usuarios, y podemos añadir 200 usuarios mientras que solo tenemos que insertar el nombre "ABC" una vez.

Nuestras tablas de usuarios y URL pueden crecer todo lo que quieran sin duplicación ni corrupción de datos.

Forma normal de Boyce-Codd: FNBC

Una relación está en FNBC si está en FN1 y cada determinante funcional (descriptores o atributos que tienen dependientes funcionales) es una clave candidata de la tabla. Así se garantiza que se han elegido bien las claves al no existir dependencias funcionales entre atributos que no son clave. Cada vez que se verifica una dependencia funcional $X \rightarrow Y$ entonces X es clave primaria o secundaria con seguridad. Todas las dependencias funcionales cumplen que en su parte izquierda solo aparecen atributos que son parte de una clave candidata. Esta forma normal es más restrictiva que la tercera y tiene la interesante propiedad de que su cumplimiento implica la satisfacción de FN3 o sea que FNBC $\rightarrow$ FN3.

En nuestro ejemplo todas las tablas obtenidas en FN3 están también en FNBC como podrá comprobar el lector.

Existen cinco niveles más de normalización que no se comentaremos en este libro. Son la cuarta forma normal, quinta forma normal o Forma Normal de Proyección-Unión, Forma Normal de Proyección-Unión Fuerte, Forma Normal de Proyección-Unión Extra Fuerte y Forma Normal de Clave de Dominio. Estas formas de normalización pueden llevar las cosas más allá de lo que necesitamos para la mayoría de las bases de datos. Tienen que ver principalmente con dependencias múltiples y claves relacionales.

La mayoría de los desarrolladores dicen que el tercer nivel de normalización es suficiente, que nuestro esquema de datos puede manejar fácilmente los datos obtenidos de una cualquier empresa en su totalidad, y en la mayoría de los casos esto será cierto.

ACTIVIDADES 2.8

- Dada la siguiente relación R(AT, DF) donde AT= {A, B, C, D, E, F, G} y DEP={AC->DE, E->F, AB->C, F->G}
  - a. ¿En qué forma normal se encuentra la relación? ¿Por qué?
  - b. Normalizar hasta FNBC si es posible indicando en la descomposición las claves y formas normales de las relaciones resultantes.
- Se desea diseñar una BD para una agencia de *castings* dedicada a buscar modelos y actores para sus clientes. Los supuestos semánticos que hay que recoger son:
  - a. Un *casting* se identifica por un código (CC) se caracteriza por un nombre (NC) y una fecha de contratación (FC).
  - b. Un *casting* es contratado por un único cliente, identificado por un código de cliente (NN), aunque un cliente puede tener contratados varios *castings*. Un *casting* tiene además un presupuesto (P) y es dirigido por un agente identificado por su código (AG).
  - c. Un *casting* se estructura en varias fases, identificadas dentro de cada *casting* por un número en secuencia (NF) y a su vez, cada fase se descompone en varias pruebas individuales identificadas por un número de prueba individual (NP) dentro de cada fase. Cada fase tiene una fecha de inicio (FI)
  - d. De cada prueba individual se guarda la fecha de realización (FR) y la hora de inicio (HI) y de finalización (HF), así como la sala (S) en la que se realiza.
  - e. En una sala solo se realizará una prueba en una determina fecha entre una hora de inicio y una hora de fin.
  - f. A cada *casting* se le asigna uno o varios perfiles identificados por un código de perfil (CP) y con una serie de atributos que denominaremos (AP).
  - g. Los candidatos de la agencia se identifican por un código (CM) y tienen además un nombre (M) y una dirección (D). Cada candidato tienen un único perfil pero un perfil puede corresponder a varios candidatos.
  - h. Cada candidato que encaje con el perfil de un *casting* realizará una prueba individual y obtendrá un resultado (RP) que puede ser "apto" o "no apto". Un candidato solo puede realizar pruebas de *castings* compatibles con su perfil.
  - i. Un candidato puede someterse como máximo a una prueba individual dentro de cada fase de un *casting*.
  - j. En cada prueba individual de una fase solo la participa un único candidato. Cada prueba en la que participa un candidato pertenece solo a una fase de un *casting*.
  - k. Un candidato no podrá realizar una prueba individual de una fase si en la fase anterior realizó una prueba cuyo resultado fue "no apto".
- Formule las dependencias funcionales correspondientes a los supuestos semánticos anteriores utilizando las abreviaturas que se indican entre paréntesis.

2.5 CONCEPTOS DEL MODELO ORIENTADO A OBJETOS

Los modelos de bases de datos tradicionales (relacional, red y jerárquico) han sido capaces de satisfacer con éxito las necesidades, en cuanto a bases de datos, de las aplicaciones de gestión tradicionales. Sin embargo, presentan algunas deficiencias cuando se trata de aplicaciones más complejas o sofisticadas como, por ejemplo, el diseño y fabricación en ingeniería (CAD/CAM, CIM), los experimentos científicos, los sistemas de información geográfica o los sistemas multimedia.

Los requerimientos y las características de estas nuevas aplicaciones difieren en gran medida de las típicas aplicaciones de gestión: la información que manejan es más compleja y se necesitan nuevos tipos de datos, así como operaciones específicas para los mismos.

Este hecho, unido al creciente aumento de los lenguajes orientados a objetos como *C++*, *Smalltalk* o *Java*, ha contribuido notablemente al desarrollo de bases de datos orientadas a objetos que permiten el uso de tipos más complejos de datos, así como procedimientos específicos para los mismos.

De este modo se consigue poder desarrollar aplicaciones más complejas y usar datos estructurados u objetos tal como hacen los lenguajes de objetos sin necesidad de que haya una conversión previa.

Por otro lado, los fabricantes de los SGBD relacionales también se han dado cuenta de las nuevas necesidades en el modelado de datos, por lo que las nuevas versiones de sus sistemas incorporan muchos de los rasgos propuestos para las bases de datos orientadas a objetos, como ha ocurrido con *PostgreSQL* y *Oracle*, por ejemplo. Esto ha dado lugar al modelo relacional extendido y a los sistemas que lo implementan se les denomina sistemas objeto-relacionales.

Para satisfacer estas necesidades se desarrolló el estándar SQL1999 en el que se indican las extensiones SQL que permiten dotar a las bases de datos de características de objetos.

Ante la ausencia del correspondiente modelo de datos se creó el estándar ODMG (*Object Database Management Group*) con el objeto de crear un conjunto de especificaciones que permitan a los desarrolladores escribir aplicaciones portables tanto para bases de datos de objetos como para las objeto-relacionales. Ello dio lugar al primer estándar llamado ODMG–93 y que ha ido evolucionando hasta el ODMG 3.0, su última versión.

El nuevo proceso de diseño se basa en un nuevo modelo conceptual que extiende las características del MER para incorporar clases y sus relaciones. En ese sentido el modelo más ampliamente usado es UML o lenguaje unificado de modelado. Este modelo se traduce en un modelo lógico de objetos basado en ODL (*Object Data Language*) para bases de datos de objetos puras o que extiende la semántica del modelo relacional para el caso de bases objeto-relacionales.

El modelo de objetos ODMG permite que tanto los diseños, como las implementaciones, sean portables entre los sistemas que lo soportan.

Con el nuevo paradigma de objetos podemos resumir el proceso de diseño en tres métodos de desarrollo que esquematizamos en la siguiente figura:

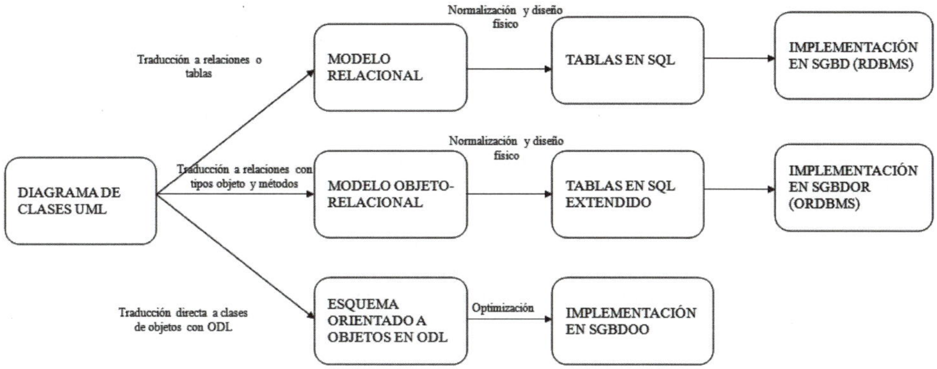

Figura 2.15. *Esquema del diseño de bases orientado a objetos*

Es decir, en la situación actual contamos con tres posibles formas de modelado para nuestras bases. La habitual basada en el modelo relacional, la relacional con extensiones para objetos u objeto-relacional y la orientada a objetos pura.

El segundo caso es el que, debido a su flexibilidad y facilidad de adaptación por los SGBD tradicionales, se está imponiendo cada vez más, tanto entre los distintos fabricantes como entre desarrolladores de aplicaciones.

2.5.1 EL MODELO ESTÁNDAR ODMG

Como ya hemos señalado anteriormente, el estándar ODMG trata de crear un marco común para el desarrollo de sistemas de bases de datos orientados a objetos.

Los principales componentes de la arquitectura ODMG para un SGBD orientado a objetos son los siguientes:

- Una arquitectura para los OODMGS.
- Un modelo de objetos.
- Lenguaje de definición de objetos (ODL).
- Lenguaje de consulta de objetos (OQL).
- Conexión con los lenguajes *C++*, *Smalltalk* y *Java*.

Modelo de objetos

En ODGM todo son objetos distinguiéndose entre objetos mutables (a los que nos referiremos como objetos en lo sucesivo) y objetos inmutables o literales Los componentes básicos de una base de datos orientada a objetos son los objetos y los literales.

- **Objetos**

Un objeto es una instancia u ocurrencia de una entidad de interés del mundo real que tiene un identificador único.

Los objetos se clasifican en tipos. Así todos los objetos de un mismo tipo tienen unas propiedades o estado (valores que toman sus propiedades) y un comportamiento (conjunto de operaciones que se pueden ejecutar sobre un objeto) común.

También distinguimos entre objetos mutables (podemos cambiar su estado) y no mutables (literales).

El estado de un objeto está determinado por el valor de sus campos o atributos y relaciones mientras que su comportamiento se define mediante métodos u operaciones que actúan sobre los valores (estado) del objeto.

- **Tipos de Objetos**

Cada objeto tiene un identificador de objeto único generado por el SGBDOO, que no cambia y que no se reutiliza cuando el objeto se borra. Cada SGBDOO genera los identificadores siguiendo sus propios criterios.

Los objetos pueden ser transitorios o persistentes. Los objetos transitorios existen mientras vive el programa de aplicación que los ha creado. Estos objetos se usan tanto como almacenamiento temporal como para dar apoyo al programa de aplicación que se está ejecutando. Los objetos persistentes son aquellos que se almacenan en la base de datos.

Estos pueden ser de dos tipos:

- **Objetos de tipo interfaz**

  Definen únicamente el comportamiento (métodos) abstracto de un tipo de objeto.

  Todos los tipos de objeto pueden heredar los métodos definidos en las interfaces. Así se permite la herencia múltiple.

- **Objetos de tipo clase**

  Un clase define el estado (atributos) y comportamiento (métodos) abstractos de un tipo de objeto.

  Para estos tipos de objetos los atributos son de tipo literal o de tipo objeto.

  Los métodos incluyen un nombre, parámetros y tipo de valor devuelto en caso de haberlo.

  Los objetos se instancian a partir de clases.

  Los literales no tienen identificadores. Un literal es una definición de varios tipos de datos.

  Un literal puede ser un solo valor, una estructura o un conjunto de valores relacionados que se guardan bajo un solo nombre.

  A su vez, estos se dividen en literales atómicos (tipos *char*, *enum*, *double* etc.) y estructurados o compuestos de otros (*datetime* y otros nuevos como *set*, *array*, *list* etc.).

- **Interfaz/especificación de una clase**

  Una de las características más importantes del paradigma orientado a objetos es la distinción entre la interfaz pública de una clase y sus elementos privados (encapsulación). El estándar propuesto hace esta distinción hablando de la especificación externa de un tipo y de sus implementaciones.

  Una interfaz es una especificación del comportamiento abstracto de un tipo de objeto y contiene la definición de las operaciones o métodos. Las interfaces no se pueden instanciar por lo que no se pueden crear objetos a partir de ellas (es el equivalente de una clase abstracta en la mayoría de los lenguajes de programación).

  Una clase es una especificación del comportamiento abstracto y del estado abstracto de un tipo de objeto. Las clases son instanciables, por lo que a partir de ellas se pueden crear instancias de objetos individuales (es el equivalente a una clase concreta en los lenguajes de programación).

- **Herencia**

  El estándar propuesto soporta la herencia simple y la herencia múltiple mediante las interfaces. Ya que las interfaces no son instanciables, se suelen utilizar para especificar operaciones abstractas que pueden ser heredadas por clases o por otras interfaces. A esto se le denomina *herencia de comportamiento*. La herencia de comportamiento requiere que el supertipo sea una interfaz, mientras que el subtipo puede ser una clase o una interfaz.

  La interfaz o clase más baja de la jerarquía es el tipo más específico, ya que hereda los comportamientos de todos los tipos que tiene por encima en la jerarquía, es la interfaz o clase más completa.

  El modelo orientado a objetos utiliza la relación extiende (*extends*) para indicar la herencia de estado (atributos) y de comportamiento (métodos). En este tipo de herencia tanto el subtipo como el supertipo deben ser clases. Las clases que extienden a otra clase ganan acceso a todos los estados y comportamientos del supertipo, incluyendo cualquier cosa que el supertipo haya adquirido a través de la herencia de otras interfaces.

  Una clase puede extender, como máximo, a otra clase. Sin embargo, si se construye una jerarquía de extensiones, las clases de más abajo en la jerarquía heredan todo lo que sus supertipos heredan de las clases que tienen por encima.

  Sin embargo, podemos hacer que una clase extienda o herede de más de un tipo (siempre que sea de tipo interfaz) en lo que se denomina *herencia múltiple*.

Lenguajes de objetos

La definición de una base de datos está contenida en un esquema que se ha creado mediante el lenguaje de definición de objetos ODL (*Object Definition Language*) que es el lenguaje de manejo de datos que se ha definido como parte del estándar propuesto para las bases de datos orientadas a objetos.

ODL es un lenguaje de especificación para definir tipos de objetos para sistemas compatibles con ODMG. ODL es el equivalente del DDL (lenguaje de definición de datos) de los SGBD tradicionales. Define los atributos y las relaciones entre tipos, y especifica la signatura de las operaciones.

OQL es un lenguaje declarativo del tipo de SQL que permite realizar consultas de modo eficiente sobre bases de datos orientadas a objetos, incluyendo primitivas de alto nivel para conjuntos de objetos y estructuras. Está basado en SQL-92, ampliando la sintaxis de la sentencia *SELECT*.

OQL no posee primitivas para modificar el estado de los objetos (*UPDATE*) ya que las modificaciones se pueden realizar mediante los métodos que estos incorporan.

La sintaxis básica de OQL es una estructura *SELECT...FROM...WHERE...*, como en SQL.

2.5.2 DISEÑO DE BASES DE OBJETOS: EL LENGUAJE UML

El Lenguaje Unificado de Modelado (UML, *Unified Modeling Language*) fue desarrollado en 1997 por Grady Booch, James Rumbaugh e Ivar Jacobson para la integración de diferentes notaciones de modelado orientado a objetos existentes en ese momento, de las cuales destacaban el método de Booch, el método OOSE (*Object Oriented Software Engineering*) de Jacobson y el método OMT (*Object Modeling Technique*) de Rumbaugh.

Fue creado con la intención de obtener un único sistema para modelar y documentar sistemas de información y procesos de gestión, utilizando técnicas de análisis y diseño orientado a objetos.

UML es un lenguaje estándar para modelar sistemas de información. Permite expresar mediante símbolos gráficos la semántica deseada y especificar modelos completos con una mínima ambigüedad. Se puede establecer una correspondencia desde este modelo a un modelo orientado a objetos (objeto-relacionales u objetos puros).

UML define las siguientes técnicas:

- ✓ Los diagramas de clases representan la vista de diseño estática y de procesos en términos de clases, relaciones, interfaces y colaboraciones.
- ✓ Los diagramas de objetos representan los objetos y sus relaciones. Representan la vista de diseño estática y de procesos desde una perspectiva prototípica. Se corresponden con los diagramas de colaboración simplificados sin representar los envíos de mensajes.
- ✓ Los diagramas de actividades representan el comportamiento de una operación en términos de acciones.
- ✓ Los diagramas de caso de uso representan las funciones del sistema desde el punto de vista del usuario mediante un conjunto de casos de uso, actores y relaciones.
- ✓ Los diagramas de colaboración son una representación espacial de los objetos, enlaces e interacciones entre ellos mediante el envío y recepción de mensajes.
- ✓ Los diagramas de componentes representan los componentes físicos de una aplicación y sus relaciones.
- ✓ Los diagramas de despliegue representan los despliegues de los componentes sobre los dispositivos materiales, nodos y relaciones.
- ✓ Los diagramas de estados-transiciones representan el comportamiento de una clase en términos de estados, muestran el estado de un objeto y las causas por las que puede cambiar de un estado a otro.
- ✓ Los diagramas de secuencia son una representación temporal de los objetos y sus interacciones.

Debido a que UML se ha convertido en la notación estándar para el modelado de sistemas de información, parece lógico emplear esta misma notación para el diseño de bases de datos orientadas a objetos. En el siguiente apartado resumimos los principales constructores del diagrama de clases como técnica de modelado conceptual.

Diagrama de clases

Mediante un diagrama de clases podemos modelar el esquema de una base de datos. Un diagrama de clases se compone de: clases, interfaces y relaciones; las relaciones pueden ser de dependencia, de asociación y de generalización.

Un diagrama de clases está compuesto por los siguientes elementos:

- **Clase**: atributos, métodos y visibilidad.
- **Relaciones**: Herencia, Composición, Agregación, Asociación y Uso.

Clase

Es la unidad básica que encapsula toda la información de un objeto (un objeto es una instancia de una clase). A través de ella podemos modelar el entorno en estudio (una casa, un coche, una cuenta corriente, etc.).

En UML, una clase es representada por un rectángulo que posee tres divisiones, el nombre, las propiedades o atributos y el comportamiento o métodos:

Figura 2.16. *Esquema de una clase*

EJEMPLO 2.20

En una base de datos bancaria una cuenta corriente puede tener como atributos el número de cuenta, fecha de creación y saldo y realizar operaciones, como hacer un ingreso, recibir un cargo o mostrar el saldo. El diseño asociado en UML sería:

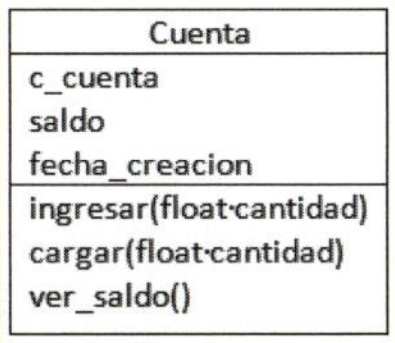

Figura 2.17. *Ejemplo de la clase cuenta*

Atributos y Métodos

Un atributo es una propiedad de una clase, identificada con un nombre, que describe un rango de valores que pueden tomar las instancias de la propiedad. Una clase puede tener varios atributos o no tener ninguno.

Un atributo representa una propiedad del elemento que es compartida por todos los objetos de esa clase. Los atributos que caracterizan a una clase pueden ser de tres tipos:

- **Público** (*public*): indica que el atributo será visible tanto dentro como fuera de la clase, es decir, es accesible desde todos lados.
- **Privado** (*prívate*): indica que el atributo solo será accesible desde dentro de la clase (solo sus métodos pueden acceder a los mismos).
- **Protegido** (*protected*): indica que el atributo no será accesible desde fuera de la clase, pero si podrá ser accedido por métodos de la clase además de las subclases que se deriven (ver herencia).

Una operación o un método es la implementación de un servicio que representa el comportamiento de los objetos de la clase. Todos los objetos o instancias de la clase tienen las mismas operaciones.

Los métodos u operaciones de una clase son la forma en cómo ésta interactúa con su entorno. Estos, igual que los atributos pueden ser de tres tipos:

- **Public**: indica que el método será visible tanto dentro como fuera de la clase, es decir, es accesible por "todo el mundo".
- **Private**: indica que el método solo será accesible desde dentro de la clase (solo otros métodos de la clase lo pueden utilizar).
- **Protected**: indica que el método no será accesible desde fuera de la clase, pero sí podrá ser utilizado por métodos de la clase además de métodos de las subclases que se deriven (ver herencia).

Relaciones entre Clases

Una vez definido el concepto de *Clase*, es necesario explicar cómo se pueden interrelacionar dos o más clases (cada uno con características y objetivos diferentes).

Antes es necesario explicar el concepto de cardinalidad de relaciones: en UML, la cardinalidad de las relaciones indica el grado y nivel de dependencia, se anotan en cada extremo de la relación y éstas pueden ser:

- ✓ Uno a muchos: 1..* (1..*n*)
- ✓ Cero a muchos: 0..* (0..*n*)
- ✓ Un número fijo: *m* (*m* denota el número).

- **Agregación**

  Una agregación es una asociación que permite representar objetos compuestos. Cuando los objetos de una clase, a la que denominaremos TODO, se componen por unión (o agregación) de objetos de otra clase, denominada PARTE, decimos que existe una asociación de agregación. En una asociación de agregación un TODO se compone de varias partes, por lo que la cardinalidad en este sentido siempre será 1..*.

UML distingue entre agregación simple y agregación compuesta o composición.

- **Agregación simple**

  Es un tipo de relación en la que los objetos que son parte pueden pertenecer a varios todos. Por ejemplo, un estudiante puede ser parte de varias universidades, o un modelo de coche puede figurar en varios catálogos.

  Es un tipo de relación dinámica, en donde el tiempo de vida del objeto incluido es independiente del que lo incluye.

  Se representa mediante un rombo la clase que representa al TODO.

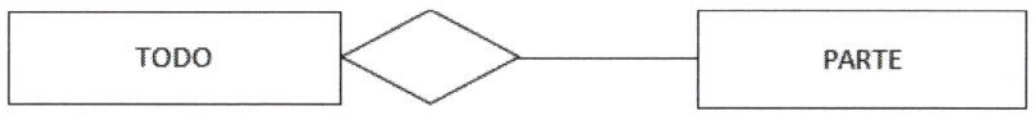

Figura 2.18. *Representación de la agregación simple*

- **Composición**

  Representa una forma de agregación en la que los objetos que son parte se consideran físicamente incluidos en los objetos todo, de forma que no tienen existencia propia, es decir, la parte depende completamente del todo. Al tratarse de una agregación física un objeto parte solo puede pertenecer a un objeto todo, es decir el tiempo de vida del objeto incluido está condicionado por el tiempo de vida del que lo incluye. Por ejemplo, un jugador que pertenece a un equipo no es posible que a la vez pertenezca a otro así que es parte del mismo.

  Su representación es la misma pero ahora el rombo adyacente al TODO es un rombo relleno.

Figura 2.19. *Representación de la composición*

  Si encontramos una flecha en este tipo de relación, ésta indica la navegabilidad del objeto referenciado, es decir, si podemos acceder al objeto todo o contenedores desde los objetos parte o contenedores. Cuando no existe este tipo de particularidad la flecha se elimina.

Asociación

La relación entre clases conocida como *Asociación*, permite asociar objetos que colaboran entre sí. Cabe destacar que no es una relación fuerte, es decir, el tiempo de vida de un objeto no depende del otro.

Es equivalente a la interrelación en el MER. También en este caso disponemos de lo que ahora se llama multiplicidad o tipo de correspondencia que puede ser 1..* (1:N), 1:1 o *..* (N:M).

La representación es uniendo las clases con una línea recta e indicando la multiplicidad de cada una. También aquí tenemos la posibilidad de definir la navegabilidad usando una flecha para conectar las clases en lugar de una línea.

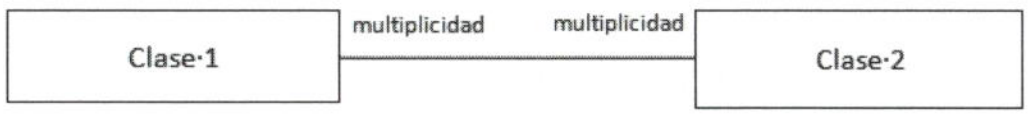

Figura 2.20. *Representación de la asociación*

- **Herencia** (**Generalización**)

  Una generalización es una asociación entre una clase más general (superclase o padre) y una clase más específica (subclase o hijo). Una asociación de generalización siempre lleva implícita dos principios:

  - **Principio de herencia**, por la que la clase hija hereda de la clase padre todos sus atributos, operaciones y relaciones.
  - **Principio de inclusión**, según el cual todo objeto de la clase hija pertenece a la clase padre; es decir, la extensión de la subclase es un subconjunto de la extensión de la superclase.

La relación de generalización se representa mediante una flecha que va de la subclase hasta la superclase. En el caso de subclases múltiples, las flechas pueden agregarse en una sola flecha.

Una relación de generalización puede ser parcial o incompleta si un objeto de la superclase no tiene necesariamente que pertenecer a un objeto de alguna de sus clases hijas; o total o completa si todo objeto de la superclase pertenece necesariamente a alguna de las subclases.

Se dice que una relación de generalización es exclusiva o disjunta cuando un objeto de la clase padre, en un determinado momento, solo pueden pertenecer a una de las clases hijas. En caso contrario se dice que la generalización es solapada.

El modelado UML es mucho más extenso y rico en posibilidades incorporando formas de definir más características de objetos como tablas anidadas, *varrays*, etc. Sin embargo, su descripción completa queda fuera del alcance de este libro.

RESUMEN DEL CAPÍTULO

En este capítulo hemos visto una panorámica del proceso de diseño, no solo de bases de datos relacionales clásicas, sino de bases orientadas a objetos y objeto-relacionales.

En primer lugar, hemos tratado los conceptos relacionados con el modelado conceptual de datos, siguiendo el modelo entidad-interrelación. Posteriormente, hemos pasado a ver el siguiente modelo en el proceso de diseño que es el modelo relacional, modelo que nos permite pasar a un nivel de concreción mayor al estar basado en tablas y columnas.

Dichos modelos tienen una equivalencia en cuanto a sus elementos que se permite la conversión, más o menos mecánica, de uno a otro.

A continuación, hemos estudiado otra técnica de diseño que también sirve para optimizar y mejorar las bases relacionales ya diseñadas. Se trata de la teoría de la normalización; teoría que hemos visto de un modo reducido solamente para tener una idea.

Por último, hemos dado un repaso a las nuevas bases de datos orientadas a objetos y objeto-relacionales y al lenguaje utilizado para su modelado mediante UML.

EJERCICIOS PROPUESTOS

1. Explique con sus palabras el concepto de *dominio* y ponga dos ejemplos, uno definido por intensión y otro por extensión.

2. Según lo expuesto en el capítulo, ¿es posible que, en un modelo relacional, una clave ajena tome valores nulos?

3. En el modelo relacional, ¿cuál es la utilidad de la integridad referencial? ¿Es siempre conveniente imponerla?

4. ¿Es válido, según el modelo relacional, usar un campo como, por ejemplo, *apellidos*, que permita incluir más de un valor de apellido? Explíquelo.

5. Explique por qué el hecho de que no se permitan filas iguales es equivalente a que tenga que haber una clave como mínimo.

6. La elección de la clave principal, ¿es una restricción semántica o inherente? Explíquelo.

7. Realice un modelo entidad relación para el siguiente supuesto:

Un club ciclista quiere gestionar su información. Para ello construya una base de datos con los siguientes requisitos:

- De cada ciclista se registran su DNI, alias (único), dirección y teléfono.
- Se quieren registrar detalles de las carreras incluyendo nombre, fecha de creación, país, número de ediciones y número de veces que ha ganado algún ciclista del equipo. También se desea información sobre las ediciones con su nombre, fecha de edición, nombre del ganador, primero del equipo y posición del primero del equipo.
- Los datos se refieren a cuando participa el equipo o los corredores a título individual. Si participan individualmente pagan una cuota que se quiere registrar.
- También debe conocerse el dorsal con que participa un ciclista del equipo en cada carrera.
- Debe distinguirse entre carreras *amateur* y profesionales. De ambas se requiere la misma información.
- Las carreras tienen etapas cuyo origen y destino debe registrarse, así como las fechas de cada etapa y el ganador. Se registrarán los detalles de cada una (comentando el perfil, incidencias etc.).
- Las etapas tienen metas volantes con distinta puntuación. Se distingue entre las de montaña y las normales. Las metas volantes se identifican con dentro de cada etapa empezando siempre (en cada etapa) por m1 ó n1 (meta de montaña en la etapa 1 ó meta normal en la etapa 1).
- Quiere saberse cuándo algún miembro del club ha ganado una meta volante de montaña.

8. Diseñe el modelo relacional mediante un grafo para una base de datos de una empresa de transportes interestelares basándose en el siguiente enunciado:

- La empresa hace viajes por todo el sistema solar. De cada destino (que puede ser un planeta o satélite) se quiere guardar su distancia a la Tierra, superficie, coordenadas con respecto a la galaxia y nombre.
- Cada viaje solo incluye un origen y un destino. No hay paradas intermedias. Los trayectos los realizan naves (matrícula, capacidad, piloto) y duran normalmente meses (dos días el más corto, a la luna).
- Desea conocerse la fecha de salida y llegada de cada trayecto y el número de pasajeros.
- Modifique el modelo añadiendo el requisito de que se permitan (y registren) paradas intermedias en cada trayecto.

9. Haga un MER para una base de datos que refleje la información de su ciclo incluyendo los datos de los estudiantes, notas de cada módulo en cada trimestre, datos de profesores y materias o módulos que se imparten. Modifique el modelo para incluir los siguientes requisitos:

- Se desea saber en qué fecha hace un alumno un exámen.
- Los detalles de los temas en que se divide cada módulo.
- Quién, cuándo y a qué grupo se imparten los distintos temas en cada módulo.

10. Realice la transformación de los ejercicios 7 y 9 al modelo relacional.

TEST DE CONOCIMIENTOS

1 El modelo entidad-relación:
- a) Es un estándar que deben cumplir todas las bases de datos.
- b) Suele usarse como modelo inicial en el diseño de bases de datos jerárquicas.
- c) Es un modelo que facilita el diseño de bases de datos relacionales.
- d) Es un modelo que usa el lenguaje SQL.

2 La cardinalidad de una entidad en una interrelación:
- a) Hace referencia al número de ejemplares que pueden intervenir en la misma.
- b) Es el número máximo de ejemplares de una entidad.
- c) Representa el mismo concepto que el tipo de correspondencia.
- d) Se refiere al número máximo y mínimo de ejemplares de una entidad que intervienen en una interrelación.

3 El modelo relacional:
- a) Es razonable.
- b) Representa la información a nivel lógico.
- c) Es un modelo en el nivel conceptual.
- d) Incluye el nivel físico.
- e) Todo lo anterior es cierto.

4 La estructura de una relación se conoce como:
- a) Intensión.
- b) Extensión.
- c) Dominio.
- d) Integridad.

5 ¿Qué podemos decir acerca de la diferencia entre restricción inherente y semántica?
- a) La inherente se explica por sí misma.
- b) La semántica se depende del diseñador.
- c) La inherente es propia del modelo, no se pueden modificar.
- d) La semántica es la integridad referencial.

6 El borrado restringido:
- a) Permite borrar registros relacionados por la clave ajena.
- b) Impide la eliminación de registros relacionados con otros según la clave ajena.
- c) Solo permite el borrado de registros si no hay valores coincidentes de la clave ajena en la tabla relacionada.
- d) Es necesario cuando imponemos integridad referencial.

7 La dinámica en el modelo relacional tiene que ver con:
- a) La posibilidad de modificar la definición de las tablas.
- b) La variación del contenido de las tablas.
- c) El lenguaje de manipulación utilizado.
- d) El uso de vistas.

8 ¿Qué es lo más acertado respecto a los lenguajes de datos?
- a) Son similares a los de programación.
- b) Permiten manipular los datos.
- c) Facilitan el acceso y control de los datos.
- d) Facilitan la manipulación, el control y definición de los datos.

9 Cuando hablamos de SQL:
- a) Nos referimos a un lenguaje basado en el álgebra relacional.
- b) Nos referimos a *Structured Query Language*.
- c) Hablamos de un lenguaje de datos.
- d) Todo lo anterior es cierto.

10 ¿Qué es cierto respecto al lenguaje SQL?
- a) Es un estándar que cada producto o SGBD implementa de una manera.
- b) Es propio de ORACLE.
- c) Esta en desuso.
- d) Lo implementan la mayoría de sistemas gestores de bases de datos.

11 ¿Cuándo podemos hablar de dependencia funcional entre dos grupos de atributos, *A* y *B*?
- a) Cuando un atributo de *A* implica la existencia de los de *B*.
- b) Cuando los valores de *B* son parecidos a los de *A*.
- c) Cuando el valor de *A* determina el valor de *B*.
- d) Cuando el valor de *A* me permite conocer el valor de *B*.

12 Una base de datos objeto-relacional:
- a) Es una base relacional que permite tipos complejos de datos.
- b) Es una base relacional que incorpora características de objetos.
- c) Es una base de datos que usa SQL1999.
- d) Es lo mismo que una base de objetos.

3 Diseño físico de bases de datos

OBJETIVOS DEL CAPÍTULO

- ✓ Aprender el lenguaje SQL para la implementación de bases de datos en un sistema gestor.
- ✓ Conocer comandos para la manipulación de estructuras de datos o tablas.
- ✓ Describir las distintos motores o tipos de tabla en MySQL.
- ✓ Conocer los tipos de datos más importantes en MySQL.

En el presente capítulo trataremos la parte del lenguaje SQL responsable de la definición física de los objetos de nuestras bases de datos.

Este lenguaje se divide en tres partes:

- **DDL** o lenguaje de definición de datos. Nos permite crear, modificar y eliminar objetos de nuestra base de datos.
- **DML** o lenguaje de manipulación de datos. Nos permite consultar, modificar y eliminar datos de nuestras tablas o bases de datos.
- **DCL** o lenguaje de control de datos. Nos permite controlar la seguridad de nuestros datos y las cuentas de usuario.

En la siguiente tabla representamos los objetos más utilizados en un sistema gestor y los comandos SQL más habituales que actúan sobre los mismos.

Tabla 3.1 Comandos SQL utilizados sobre objetos de un SGBD

	Creación	Modificación	Eliminación	Consulta
Tabla, índice, rutina almacenada, disparador, evento, vista	CREATE	ALTER	DROP	SHOW
Datos	INSERT	UPDATE	DELETE	SELECT
Cuentas de usuario	CREATE USER/ GRANT	GRANT/RENAME	DROP/REVOKE	SHOW

A continuación veremos todos ellos con detalle.

3.1 MANIPULACIÓN DE BASES DE DATOS

En esta sección veremos cómo manipular bases de datos. Para ello disponemos de los comandos *SHOW* (consulta), *CREATE* (creación), *ALTER* (modificación) y *DROP* (eliminación).

Creación y consulta de bases de datos

Para ello usamos el comando CREATE DATABASE con la siguiente sintaxis:

```
CREATE {DATABASE | SCHEMA} [IF NOT EXISTS] db_name
```

Donde:

DATABASE y *SCHEMA*: son sinónimos.

IF NOT EXISTS: crea la base solo si no existe otra base con el mismo nombre.

db_name: indica el nombre de la base a crear.

Para comprobar las bases de datos existentes en nuestro gestor usamos:

```
mysql> SHOW DATABASES
```

Nos informa de las bases existentes en el sistema.

Además, al crear una base se crea una carpeta en el directorio de datos con el mismo nombre que la base creada. En ella se almacenarán la definición de las tablas, índices y datos (solo para el caso de tablas de tipo *MyISAM*) que se creen dentro de dicha base.

Eliminación de bases de datos

Las bases se pueden eliminar por completo con el comando *DROP* según la sintaxis siguiente:

```
DROP {DATABASE | SCHEMA} [IF EXISTS] db_name
```

El comando elimina la base de datos y el directorio de datos de la misma.

Para el caso de tablas de tipo *InnoDB* se eliminan también los datos del *tablespace* o espacio de almacenamiento.

Modificación de bases de datos

Para ello usamos el comando *ALTER*:

```
ALTER {DATABASE | SCHEMA} [db_name]
    alter_specification [, alter_specification] ...
```

El comando nos permite cambiar las características globales de una base de datos. Estas características se almacenan en el fichero *db.opt* en el directorio de la base de datos.

3.2 MANIPULACIÓN DE TABLAS

Cuando creamos tablas para nuestras bases de datos éstas se almacenan en el directorio de datos creado para la base de datos.

Sin embargo, la forma de almacenamiento depende del tipo de tabla. Así distinguimos entre las tablas *MyISAM* e *InnoDB* por ser éstas las más utilizadas.

Tablas *MyISAM*

- Un fichero con extensión *FRM* por cada tabla creada. En él se almacena la definición de la misma.
- Un fichero con extensión *MYI* en el que se almacenan los índices creados sobre dicha tabla.
- Un fichero con extensión *MYD* con los datos de la tabla.

Tablas *InnoDB*

- Un fichero con extensión *FRM* para la definición de cada tabla.
- Los datos e índices se guardan juntos en el espacio de almacenamiento que es uno o varios ficheros ubicados en el directorio determinado por la variable *innodb_data_file_path*.

3.2.1 CREACIÓN DE TABLAS

Para la creación de tablas usamos el comando *CREATE TABLE* cuya sintaxis tiene tres formatos.

Formato 1

```
CREATE [TEMPORARY] TABLE [IF NOT EXISTS] tbl_name
    (create_definition,...)
    [table_options]
    [partition_options]
```

Donde:

- *TEMPORARY*: es una tabla temporal creada solo para la sesión actual. Cuando nos desconectemos del servidor la tabla desaparece.
- *IF NOT EXISTS*: se usa para asegurar que la tabla no existe previamente.
- *create_definition*: especifica la definición de la tabla indicando el conjunto de atributos o columnas y sus restricciones.
- *table_options*: son opciones de creación, como el tipo de tabla o el máximo número de filas.
- *partition_options*: son opciones para el caso de que queramos separar la tabla en particiones.

Formato 2

```
CREATE [TEMPORARY] TABLE [IF NOT EXISTS] tbl_name
    [(create_definition,...)]
    [table_options]
    [partition_options]
    select_statement
```

En este caso podemos crear una tabla exactamente igual a la devuelta por una instrucción de tipo *SELECT* (ver próximo capítulo sobre consultas).

Formato 3

```
CREATE [TEMPORARY] TABLE [IF NOT EXISTS] tbl_name
    { LIKE old_tbl_name | (LIKE old_tbl_name) }
```

Esta última versión nos permite replicar tablas mediante el uso de *LIKE*.

EJEMPLO 3.1

Comando para crear una base de datos de fotografías llamada *fotobase* y, dentro de la misma la tabla, fotos con los campos *fecha_hora* de tipo *date*, *id_foto* de tipo numérico autoincrementable, cámara para saber si es réflex, de móvil o compacta, autor de tipo *char*, tamaño de tipo entero y descripción de carácter opcional.

```
CREATE DATABASE fotobase;
USE fotobase;
CREATE TABLE fotos(id_foto int auto_increment primary key, camara set('video','c
ompacta','reflex'),
autor char, tamaño int, descripcion varchar(255));
```

Los dos primeros comandos crean la base de datos y la activan para empezar a ser usada para crear tablas o hacer otras consultas.

Podemos evitar esto siempre que pongamos el prefijo de la base de datos en el nombre de la tabla.

La siguiente instrucción crearía un tabla con solo los nombres de los autores presentes en la tabla anterior.

```
CREATE TABLE IF NOT EXISTS autor_foto SELECT autor FROM fotos;
```

Por último, si quisiéramos replicar la tabla de fotos, por ejemplo, para hacer una copia de seguridad, usaríamos el tercer formato:

```
CREATE TABLE IF NOT EXISTS fotos_backup LIKE fotos;
```

En cuanto a las opciones de la tabla se permiten las siguientes:

```
table_options:
    table_option [[,] table_option] ...
table_option:
    ENGINE [=] engine_name
  | AUTO_INCREMENT [=] value
  | DATA DIRECTORY [=] 'absolute path to directory'
  | INDEX DIRECTORY [=] 'absolute path to directory'
  | MAX_ROWS [=] value
  | MIN_ROWS [=] value
```

Donde:

ENGINE especifica el tipo de tabla. Los más habituales son:

- *InnoDB*: para tablas transaccionales.
- *MyISAM*: para tablas rápidas cuyas operaciones principales son de lectura.
- *MEMORY* ó *HEAP*: para tablas que se almacenan en memoria.
- CSV: para tablas que se almacenan los registros en forma de valores separados por coma (*Comma Separated Values*).
- *MERGE*: para tablas que agrupan varias tablas de tipo *MyISAM*.
- *FEDERATED*: es un tipo de tabla que puede acceder a tablas remotas.
- *AUTO_INCREMENT*: es el valor inicial del campo definido como autoincrementable.
- *DATA DIRECTORY* e *INDEX_DIRECTORY*: sirven para indicar el directorio de almacenamiento de datos e índices para tablas *MyISAM*.
- *MAX_ROWS* y *MIN_ROWS*: indican el límite de filas máximo y mínimo que planeamos insertar. El valor máximo es 4294967295. Es útil para optimizar la memoria y las consultas.

Para comprobar la existencia de las tablas y su código disponemos de los siguientes comandos:

```
SHOW TABLES
```

Muestra los nombres de las tablas en la base de datos activa.

```
DESCRIBE nombre_tabla
```

Muestra los atributos de la tabla y sus restricciones principales.

```
SHOW CREATE TABLE nombre_tabla
```

Muestra el código SQL completo necesario para crear la tabla.

3.2.2 ELIMINACIÓN DE TABLAS

Para eliminar una tabla usamos el comando:

```
DROP [TEMPORARY] TABLE [IF EXISTS]
    tbl_name [, tbl_name]
```

Donde:

TEMPORARY: es una cláusula opcional para referirnos a tablas temporales (solo existen en memoria durante el tiempo que se necesitan).

IF EXISTS: para borrarla solo en caso de que exista y evitar errores en caso contrario.

tbl_name: es el nombre con que se creó la tabla.

3.2.3 CONSULTA DE TABLAS

Para ver las características de una tabla disponemos de varias herramientas según el nivel de detalle que necesitemos:

- *SHOW CREATE TABLE*: es la sentencia que nos da una información más detallada al mostrarnos el código SQL completo asociado a una tabla.
- *DESCRIBE TABLE*: nos ofrece una descripción más resumida y amigable de las características de la tabla.

```
{DESCRIBE | DESC} tbl_name [col_name | wild]
```

- *SHOW COLUMNS FROM*: es equivalente a la anterior pero nos permite usar filtros mediante el uso de *LIKE* o *WHERE*.

```
SHOW [FULL] COLUMNS {FROM | IN} tbl_name [{FROM | IN} db_name]
    [LIKE 'pattern' | WHERE expr]
```

3.2.4 DEFINICIÓN DE ATRIBUTOS. TIPOS DE DATOS

La definición de la tabla contiene básicamente la definición de cada uno de los atributos. En ésta sección detallaremos la cláusula *create_definition* de la sección anterior centrándonos en los tipos de datos admitidos por MySQL.

La cláusula *create_definition* se compone del nombre de la columna o atributo, su definición y sus restricciones.

```
create_definition:
    col_name column_definition restricciones de columna
```

La definición de una columna obedece a la siguiente sintaxis:

```
column_definition:
    data_type [NOT NULL | NULL] [DEFAULT default_value]
      [AUTO_INCREMENT] [UNIQUE [KEY] | [PRIMARY] KEY]
      [reference_definition]
```

Donde:

- *data_type*: es el tipo de dato.
- *NULL*: indica que el atributo puede tomar valores nulos, al revés que *NOT NULL*. Por defecto siempre son de tipo *NULL*.
- *DEFAULT*: establece un valor por defecto.
- *AUTO_INCREMENT*: indica si es un campo de tipo autoincrementable, es decir, que se incrementa automáticamente en una cantidad en cada nueva inserción.
- *reference_definition*: es la definición de una clave ajena.

Los tipos de datos más importantes soportados por MySQL son:

```
data_type:
    BIT[(length)]
  | INT[(length)] [UNSIGNED] [ZEROFILL]
  | INTEGER[(length)] [UNSIGNED] [ZEROFILL]
  | BIGINT[(length)] [UNSIGNED] [ZEROFILL]
  | REAL[(length,decimals)] [UNSIGNED] [ZEROFILL]
  | DOUBLE[(length,decimals)] [UNSIGNED] [ZEROFILL]
  | FLOAT[(length,decimals)] [UNSIGNED] [ZEROFILL]
  | DECIMAL[(length[,decimals])] [UNSIGNED] [ZEROFILL]
  | NUMERIC[(length[,decimals])] [UNSIGNED] [ZEROFILL]
  | DATE
  | TIME
  | TIMESTAMP
  | DATETIME
  | YEAR
  | CHAR[(length)]
  | VARCHAR(length)
  | BINARY[(length)]
  | VARBINARY(length)
  | BLOB
  | TEXT [BINARY]
  | ENUM(value1,value2,value3,...)
  | SET(value1,value2,value3,...)
  | spatial_type
```

Donde:

- *length*: indica el tamaño o número máximo de caracteres o dígitos.
- *UNSIGNED*: para los tipos numéricos indica si se admiten solo valores positivos.
- *ZEROFILL*: indica si se rellena con ceros el número hasta el máximo de dígitos establecido en *length*.
- *value*: para los tipos *SET* y *ENUM* es el dominio o cada valor posible para ese atributo.

En cuanto a los tipos distinguimos los siguientes:

- **De tipo cadena**
  - *CHAR*: es un tipo fijo con un tamaño máximo reservado.
  - *VARCHAR*: similar a *CHAR* pero ocupa solo el tamaño que necesita.
  - *BINARY*: son el equivalente a *CHAR* y *VARCHAR* pero para cadenas binarias es decir, no tienen un juego de caracteres (*carácter set*) ni *collation* (método de comparación), o sea que se comparan teniendo en cuenta el valor numérico binario.

- *TEXT*: es para atributos de gran tamaño formados por caracteres. Permite hasta 65.536 caracteres.
- *BLOB*: *Binary Large Object* es un tipo de dato igual que *TEXT* pero para almacenar datos en binario basándose en la codificación de los mismos, es decir, sin usar un conjunto de caracteres. Para cargar este tipo de datos en un campo usamos las API de los lenguajes de programación que acceden a nuestras bases de datos.
- *ENUM*: es un tipo que define un conjunto de valores posibles para un campo. Permite hasta 65.535 elementos.
- *SET*: es similar a *ENUM* pero en este caso los valores se pueden unir. Admite hasta 64 valores distintos.

EJEMPLO 3.2

Creamos dos tablas con campos *enum* y *set* y comprobamos las posibles inserciones.

Primero creamos la base *test*:

```
CREATE DATABASE test;
```

Ahora la tabla t1 con un campo de tipo *enum*:

```
CREATE TABLE test.t1(a enum('hola', 'mundo'));
```

Insertamos los dos valores posibles:

```
INSERT INTO test.t1 values('hola'), ('mundo'), ('hola','mundo');
```

Creamos ahora la tabla t2 con el cmapo de tipo *SET*:

```
CREATE TABLE test.t2(a set('hola', 'mundo'));
```

Y vemos que ahora, además de los valores posibles, podemos insertar una combinación de los mismos:

```
INSERT INTO test.t2 values('hola'),('mundo'),('hola,mundo');
```

Podemos comprobar el resultado con *SELECT*:

```
SELECT * FROM test.t2;
```

- **De tipo numérico**
  - *BIT[M]:* para campos de bits de hasta 64 bits (M=64).
  - *BOOL* o *boolean*: para campos tipo sí/no, 0 es falso y distinto de 0 verdadero. Son sinónimos de *FALSE* (0) y *TRUE* (distinto de 0).
  - *INT*: para valores numéricos enteros. Tiene variantes mayores (*BIGINT*) y menores (*TINYINT*, *SMALLINT*, *MEDIUMINT*).
  - *DECIMAL[(M[,D])]*: para números decimales donde *M* indica la precisión o número total de dígitos y *D* la escala o el número de dígitos decimales.
  - *FLOAT*: números de coma flotante cuyos rangos de posibles valores son (-3.402823466E+38 -1.175494351E-38), 0 y (1.175494351E-38,3.402823466E+38).
  - *DOUBLE*: números de doble precisión cuyos rangos de posibles valores son: (1.7976931348623157E+308,-2.2250738585072014E-308),0 y (2.2250738585072014E-308,1.7976931348623157E+308).

De tipo fecha-hora

Los datos de tipo de tipo fecha-hora incluyen los siguientes:

- *DATE*: una fecha entre "1000-01-01" y "9999-12-31" con el formato año-mes-día (YYYY-MM-DD).
- *DATETIME*: una fecha hora con valores entre "1000-01-01 00:00:00" y "9999-12-31 23:59:59". Usando el formato "YYYY-MM-DD HH:MM:SS".
- *TIMESTAMP*: es una marca de tiempo cuyo rango de valores es (1970-01-01 00:00:01, 2038-01-19 03:14:07) UTC (tiempo universal coordinado, sucesor de GMT). Estos valores se almacenan como el número de segundos desde el día 1 del 1 de 1970 a las 00:00:00, aunque MySQL los muestra con el formato habitual de fecha-hora. Para verlos en número debemos añadir un +0. Este campo es muy útil para registrar el momento en que tiene lugar una operación en las bases de datos. En ese caso debemos poner el valor *NULL* en el campo correspondiente.
- *TIME*: es el tiempo con valores entre "-838:59:59" y "+838:59:59" con formato "HH:MM:SS".
- *YEAR[2|4]:* el año en formato de 2 dígitos o 4 (por defecto). Los valores permitidos están entre 1901 y 2155 además del 0000. Para dos dígitos el rango es entre 70 (1970) y 69 (2069).

Restricciones sobre atributos

Además de los atributos propios de cada tipo, podemos imponer otras restricciones sobre los campos. Son las especificadas por la cláusula *column_definition*.

```
create_definition:
    col_name column_definition
column_definition:
    data_type [NOT NULL | NULL] [DEFAULT default_value]
      [AUTO_INCREMENT] [UNIQUE [KEY] | [PRIMARY] KEY]
      [reference_definition]
reference_definition:
    REFERENCES tbl_name (index_col_name,...)
      [ON DELETE reference_option]
      [ON UPDATE reference_option]
reference_option:
    RESTRICT | CASCADE | SET NULL | NO ACTION
```

Donde:

- *Data_type*: es el tipo de dato para la columna.
- *NOT NULL | NULL*: indica si el campo admite valores nulos.
- *DEFAULT*: permite indicar un valor por defecto si no incluimos ninguno en la inserción.
- *AUTO_INCREMENT*: sirve para indicar que es un campo autonumérico, es decir, que su valor se incrementa automáticamente en cada inserción de una fila. Es solo para campos de tipo entero.
- *UNIQUE KEY*: permite indicar que el campo es clave secundaria.

- *PRIMARY KEY*: para los campos que forman la clave primaria.
- *reference_definition*: especifica que el campo es una clave ajena indicando a que tabla referencia y los campos de dicha tabla afectados (*tbl_name(index_col_name)*) y si el efecto de borrar o actualizar datos en la tabla referenciada.
- *reference_option*: es el efecto que provoca el borrado o actualización de datos en campos de tablas referenciadas por claves ajenas. Sus valores son:
  - *RESTRICT*: impide la eliminación de registros que tengan valores relacionados por claves ajenas.
  - *CASCADE*: cuando se eliminan o actualizan los valores de campos de la tabla referenciada se eliminan o modifican igualmente las filas con valores coincidentes en las tablas que la referencian.
  - *SET NULL*: cuando se modifican o eliminan datos de tablas que son referenciadas por otras se ponen a valor NULL los campos correspondientes de las claves ajenas en las tablas que referencian.

Por último, de manera alternativa podemos agregar algunas restricciones al final de la definición de las tablas.

```
create_definition:
    col_name column_definition
  | PRIMARY KEY [index_type] (index_col_name,...)
  | {INDEX|KEY} [index_name] [index_type] (index_col_name,...)
  | UNIQUE [INDEX|KEY]
      [index_name] [index_type] (index_col_name,...)
  | {FULLTEXT|SPATIAL} [INDEX|KEY] [index_name] (index_col_name,...)
  | FOREIGN KEY
      [index_name] (index_col_name,...) reference_definition
```

En este caso tenemos:

- *PRIMARY KEY*: para indicar los campos de clave primaria.
- *index_type*: para el tipo estructura de índice. Se especifica con la cláusula *USING {BTREE | HASH}*.
- *index_col_name*: nombre de los campos sobre los que se crea el índice.
- *INDEX | KEY*: se usan indistintamente para indicar la creación de un índice o una clave sobre ciertos campos.
- *index_name*: el nombre del índice a crear.
- *UNIQUE*: para indicar los campos de claves secundarias.
- *FULLTEXT | SPATIAL*: para crear índices de tipo *FULLTEXT* o *SPATIAL*.
- *FOREIGN KEY*: permite especificar la clave ajena incluyendo la cláusula *reference_tables* explicada en el apartado anterior.

EJEMPLO 3.3

Creación de una tabla con valores de tipo numérico, de cadena y de fecha.

Creamos la base de datos *vuelta_ciclista.*

En la base creamos la tabla *corredor* con los campos *id_corredor* que es clave principal de tipo entero autoincrementable, *correo,* clave secundaria de tipo cadena, *fecha_nacimiento* de tipo *datetime*, *fecha_inscripcion* de tipo *TIMESTAMP* e imagen de tipo *BLOB*.

```
CREATE DATABASE vuelta_ciclista;
CREATE TABLE vuelta_ciclista.corredor(id_corredor INT NOT NULL AUTO_INCREMENT
PRIMARY KEY, correo CHAR(50) UNIQUE KEY, fecha_nacimiento DATETIME, fecha_
inscripcion TIMESTAMP, imagen BLOB DEFAULT NULL);
```

O, alternativamente, incluyendo las restricciones al final (para probarlo previamente podemos ejecutar *DROP TABLE corredor*; para eliminar la tabla).

```
CREATE TABLE vuelta_ciclista.corredor(
id_corredor INT NOT NULL AUTO_INCREMENT,
correo CHAR(50),
fecha_nacimiento DATETIME,
fecha_inscripcion TIMESTAMP,
imagen BLOB DEFAULT NULL,
PRIMARY KEY (id_corredor),
UNIQUE KEY (correo)
);
```

Insertamos un registro y comprobamos los valores:

```
INSERT INTO corredor VALUES(0,'c1@guara.com','2013-01-01',DEFAULT);
SELECT * FROM corredor;
```

Modificación de tablas

Para modificar la estructura de una tabla usamos el comando *ALTER TABLE*. Con el podemos añadir o borrar columnas, crear o destruir índices, cambiar el tipo de columnas existentes o renombrar columnas o la misma tabla.

La sintaxis es la siguiente:

```
ALTER [ONLINE | OFFLINE] [IGNORE] TABLE tbl_name
    table_options
  | ADD [COLUMN] col_name column_definition
        [FIRST | AFTER col_name ]
  | ADD [COLUMN] (col_name column_definition,...)
  | ADD {INDEX|KEY} [index_name]
        [index_type] (index_col_name,...) [index_option] ...
  | ADD [CONSTRAINT [symbol]] PRIMARY KEY
        [index_type] (index_col_name,...) [index_option] ...
  | ADD [CONSTRAINT [symbol]]
```

```
      UNIQUE [INDEX|KEY] [index_name]
      [index_type] (index_col_name,...) [index_option] ...
  | ADD FULLTEXT [INDEX|KEY] [index_name]
      (index_col_name,...) [index_option] ...
  | ADD SPATIAL [INDEX|KEY] [index_name]
      (index_col_name,...) [index_option] ...
  | ADD [CONSTRAINT [symbol]]
      FOREIGN KEY [index_name] (index_col_name,...)
      reference_definition
  | ALTER [COLUMN] col_name {SET DEFAULT literal | DROP DEFAULT}
  | CHANGE [COLUMN] old_col_name new_col_name column_definition
      [FIRST|AFTER col_name]
  | MODIFY [COLUMN] col_name column_definition
      [FIRST | AFTER col_name]
  | DROP [COLUMN] col_name
  | DROP PRIMARY KEY
  | DROP {INDEX|KEY} index_name
  | DROP FOREIGN KEY fk_symbol
  | DISABLE KEYS
  | ENABLE KEYS
  | RENAME [TO] new_tbl_name
```

Donde:

- *table_options*: son las opciones para la tabla tal como se describieron en el comando *CREATE TABLE*.
- *ADD*: permite añadir atributos o restricciones a la tabla.
- *ALTER*: permite la modificación de un valor por defecto para un atributo.
- *CHANGE*: permite modificar el nombre y la definición de un atributo.
- *MODIFY*: permite cambiar la definición de un atributo.
- *DROP*: permite eliminar atributos y restricciones.
- *DISABLE KEYS*: para dejar de actualizar índices no únicos.
- *ENABLE KEYS*: permite recrear índices. Esto es muy útil cuando queremos hacer inserciones masivas ya que esta opción es mucho más rápida que tener que actualizar los índices según se van insertando registros.
- *RENAME TO*: cambia el nombre de la tabla en cuestión.

EJEMPLO 3.4

Creación de una segunda tabla en la base de *vuelta_ciclista* incluyendo restricciones de clave ajena y modificando atributos y restricciones.

La tabla se llama *etapa* y contiene los campos: *id_etapa* de tipo autonumérico clave primaria y no nulo, *distancia* de tipo numérico, *origen* y *destino* de tipo cadena, *fecha* de tipo fecha e *id_ganador* de tipo numérico y nulo, ya que en el momento de comenzar la vuelta no se conoce el ganador de cada etapa.

```
CREATE TABLE etapa(
id_etapa INT NOT NULL AUTO_INCREMENT PRIMARY KEY,
distancia INT(3),
origen CHAR(20),
destino CHAR(20),
fecha DATETIME NULL,
id_ganador INT NULL,
KEY k_ganador (id_ganador),
UNIQUE KEY k_ordes (origen, destino),
FOREIGN KEY kf_ganador (id_ganador) REFERENCES corredor(id_corredor) ON DELETE SET
NULL ON UPDATE CASCADE
);
```

En este caso hemos incluido la clave ajena *fk_ganador* que referencia al campo *id_corredor*. Si se borra dicho corredor el campo correspondiente en la tabla etapa se pondrá a nulo mientras que si se modifica el *id* del corredor también se modificará el campo de la tabla *etapa*.

Ahora vamos a añadir el campo *dorsal* de tipo numérico y no nulo a la tabla *corredor*:

```
ALTER TABLE corredor ADD dorsal INT NOT NULL;
```

Modificamos la tabla *corredor* para que dicho campo sea clave secundaria:

```
ALTER TABLE corredor MODIFY dorsal INT NOT NULL UNIQUE KEY;
```

Y añadimos en la tabla *etapa* la clave secundaria *uk_etapa* sobre los campos *origen* y *destino*:

```
ALTER TABLE etapa ADD UNIQUE KEY uk_etapa (origen,destino);
```

Eliminación de tablas

Para ello disponemos del comando *DROP TABLE* que borra una o más tablas. Todos los datos de la definición de tabla se eliminan, por lo que debemos ser especialmente cuidadosos cuando lo usemos.

```
DROP [TEMPORARY] TABLE [IF EXISTS]
    tbl_name [, tbl_name] ...
```

Truncado de tablas

Truncar una tabla implica vaciarla de datos completamente. Es un comando equivalente a *DELETE FROM* o a un *DROP TABLE* seguido de un comando *CREATE TABLE* que la recrea.

Sin embargo, se considera un comando *DDL* más que *DML*, ya que no se produce la eliminación previa de los datos, con lo cual es más eficiente especialmente para tablas grandes.

Las diferencias entre *TRUNCATE* y *DELETE* se listan a continuación:

- *TRUNCATE* elimina y recrea las tablas sin necesidad de eliminar previamente los datos.
- La operación de truncado no tiene vuelta a tras (*ROLLBACK*).
- No se puede truncar una tabla si hay un bloqueo activo.
- No puede realizarse si hay una clave ajena en otras tablas. Solo si la clave ajena es de la propia tabla.
- Cualquier campo de tipo *AUTO_INCREMENT* se resetea a 0.
- El truncado no invoca disparadores de tipo *DELETE*.

ACTIVIDADES 3.1

- Cree un archivo con los comandos SQL necesarios para crear la base de datos *liga* cuyo diseño o grafo relacionales aparece en el ejemplo 2.16 del capítulo anterior. Use campos autonuméricos para los atributos identificadores de *jugador* y *equipo*.
- Indique los comandos necesarios para eliminar todas las restricciones de clave primaria y secundaria mediante el comando *ALTER*.
- Modifique el atributo *id_jugador* para que sea un entero normal (no autonumérico).
- Haga lo necesario para que el campo *equipo* de la tabla *jugador* sea clave ajena hacia el campo *nombre*, de la tabla *equipo*.
- Modifique el tipo del campo *nombre* en la tabla *equipo* para que se llame *nombre_equipo* y tenga un tamaño de 120 caracteres. ¿Afecta esto a la relación de clave ajena definido anteriormente? Justifique su respuesta.

RESUMEN DEL CAPÍTULO

En este capítulo hemos descrito los principales elementos del comando *DDL* de SQL, incluyendo todas las sentencias para la creación, modificación, consulta y eliminación de bases de datos, tablas y atributos.

EJERCICIOS PROPUESTOS

En los siguientes ejercicios indique los comandos *DDL* necesarios para llevarlos a cabo.

- **1.** Cree una base de datos llamada *vino_db* sobre vinos en España.
- **2.** Añada a la base anterior dos tablas, una (*vinos*) con los campos: *vino_id*, *descripción*, *nombre*, *bodega*, *web_bodega*, *precio*, *tipos_uva*. La otra tabla (*regiones_vinicolas*) es sobre las regiones vinícolas y debe incluir lo siguiente: *región*, *área*, *hectáreas* y *producción*. Elija justificadamente las características de cada atributo.
- **3.** Divida la tabla *vinos* en dos, *bodegas* y *vinos*, separando los campos relacionados con cada una y añadiendo a la tabla *vinos* el campo *bodega_id*.
- **4.** Modifique el campo *vino_id* de la tabla *vinos* para que sea autoincrementable.
- **5.** Añada una clave secundaria a la tabla *bodegas*.
- **6.** Modifique el tamaño del campo *nombre* en la tabla *vinos* a 60.
- **7.** Cree una clave ajena en la tabla *vinos* hacia la tabla *bodega*.
- **8.** Modifique la clave ajena anterior para que la modificación sea restringida.
- **9.** Modifique el tipo de tablas a *InnoDB* o *MyISAM* e indique los cambios en el sistema de ficheros (directorio de datos de MySQL).
- **10.** Cree un fichero de comandos SQL para crear la base de datos tal como queda en el ejercicio 9 (puede usar el comando *source* desde el cliente *mysql* o el programa *MySQL-Workbench* para ejecutar el fichero).

TEST DE CONOCIMIENTOS

1 El diseño físico:

a) Es la última etapa en el diseño de una base de datos.
b) Es la primera etapa de diseño de bases de datos.
c) Es la etapa previa a la implementación de una base de datos.
d) Es la parte SQL de una base de datos.

2 Los motores de almacenamiento más utilizados son:

a) *InnDB* y *MEMORY*.
b) *InnoDB* y *DB*.
c) *MyISAM* y *ARCHIVE*.
d) *MyISAM* y *InnoDB*.

3 La opción *DISABLE KEYS*:

a) Inhabilita los índices.
b) Evita que se actualicen los índices no únicos.
c) Desactiva todos los índices.
d) Desactiva todas las claves.

4 La diferencia entre las palabras reservadas *INDEX* y *KEY*:

a) Representan lo mismo.
b) Son parecidas.
c) Una se usa para índices y la otra es solo para claves.
d) No tienen nada que ver.

5 El comando *TRUNCATE*:

a) Permite eliminar una tabla.
b) Elimina los datos de una tabla.
c) Elimina la estructura de una tabla.
d) Es equivalente a *DROP*.

6 Los datos de tipo *BLOB*:

a) Son para datos que ocupan mucho espacio.
b) Son para datos de tipo fecha pero muy antiguos.
c) Son para datos de tipo binario de gran tamaño.
d) Son iguales que los *TEXT*.

7 ¿Qué tipo de dato tiene más precisión?

a) *DECIMAL*.
b) *REAL*.
c) *FLOAT*.
d) *INT*.

8 Para ejecutar un fichero de comandos SQL usamos:

a) *Perl*.
b) *Shell script*.
c) *Source*.
d) *Mysqladmin*.

4 Realización de consultas

OBJETIVOS DEL CAPÍTULO

- ✓ Aprender a realizar consultas de diversa complejidad sobre las tablas de una base de datos.
- ✓ Conocer las funciones principales que incorpora MySQL.
- ✓ Conocer el funcionamiento de las expresiones regulares en MySQL.

Una de las principales ventajas de las bases de datos es la potencialidad que ofrecen a la hora de hacer consultas de la información que contienen. Esta potencia es tanto mayor cuanto mejor y más óptimo es el diseño.

En este capítulo aprenderemos las técnicas para diseñar consultas utilizando el lenguaje MDL de SQL. Empezaremos con consultas básicas sobre una sola tabla para después pasar a consultas más complejas que incluyen varias tablas, funciones de agrupación, funciones propias de MySQL, expresiones regulares etc.

> Para la realización de todos los ejemplos y ejercicios de este capítulo se debe instalar el servidor MySQL. El proceso, siguiendo el asistente, es muy sencillo y está perfectamente documentado en su web. Concretamente en español se puede encontrar en la dirección (es posible que en el momento de publicar este libro haya podido cambiar).
> *http://dev.mysql.com/doc/refman/5.0/es/mysql-install-wizard-introduction.html*
>
> Para idioma inglés (en una versión más fiable y actualizada) en:
> *http://dev.mysql.com/doc/refman/5.6/en/windows-installation.html*
>
> Para poder usar la interfaz gráfica MySQL *Workbench* (que nos facilitará enormemente el trabajo tanto en este capítulo como en el de programación) podemos encontrar la documentación, solamente en inglés, en:
> *http://dev.mysql.com/doc/workbench/en/wb-installing-windows.html*

4.1 INTRODUCCIÓN DE LA SENTENCIA SELECT EN MYSQL

El MDL (*Manipulation Data Language*) es la parte de SQL dedicada a la manipulación de los datos, es decir, inserción, borrado, modificación y consulta de los mismos.

En este capítulo nos centraremos en la parte de consultas. Existen muchos tipos de consultas de diversa complejidad. Empezaremos con las más simples. Usaremos como base de datos para los ejemplos una parte de la base de datos liga comentada en el capítulo anterior. Para facilitar la comprensión de las consultas incluimos también el contenido de las tablas.

Cada comando SQL se compone de cláusulas. Para consultas la cláusula principal es *SELECT*. Su sintaxis es compleja así que la veremos poco a poco.

De momento estudiaremos consultas simples según la sintaxis siguiente:

Formato básico de la sentencia *SELECT*

```
SELECT [ALL | DISTINCT | DISTINCTROW]
   expresion_select,...
   FROM referencias_de_tablas
   WHERE condiciones
   [GROUP BY
        [ASC | DESC], ... [WITH ROLLUP]]
   [HAVING condiciones]
   [ORDER BY
        [ASC | DESC] ,...]
   [LIMIT ]
```

Antes de comentar el significado de cada cláusula recordamos la nomenclatura para describir los comandos:

- **[]** Indica opciones. Todo lo que va entre corchetes es opcional.
- **{}** Indica opciones obligatorias. Debe elegirse una de entre varias opciones.
- **|** Sirve para distinguir entre opciones.

Así, en el caso de la sintaxis de *SELECT* tendríamos los siguientes significados para cada cláusula:

- *expression_select*: indica una expresión, es decir, una operación sobre valores o campos de las tablas subyacentes.
- *ALL*: indica todos los valores de la expresión.
- *DISTINCT*: para mostrar solo valores distintos.
- *DISTINCTROW*: para mostrar filas distintas.
- *FROM*: indica la o las tablas afectadas en la consulta.
- *WHERE*: permite incluir condiciones sobre las filas de las tablas.
- *GROUP BY*: sirve para agrupar registros según uno o varios campos.
- *WITH ROLLUP*: para hacer resúmenes de datos.
- *HAVING*: permite añadir condiciones sobre agrupaciones de registros.
- *ORDER BY*: muestra los datos ordenados según uno o varios campos.
- *ASC | DESC*: indica el orden ascendente o descendente respectivamente.
- *LIMIT*: indica el número de registros a mostrar.

Veremos ejemplos de todos ellos a continuación.

Tras la cláusula *SELECT* se escriben expresiones (habitualmente nombres de columnas, o expresiones en las que figuren nombres de columnas) referentes a la tabla cuyo nombre aparece en la cláusula *FROM*. Si en lugar de nombres de columnas ponemos un * equivale a escribir los nombres de todas las columnas de la tabla.

El resultado de la ejecución de una sentencia *SELECT* es siempre otra tabla. Las columnas de la tabla resultante serán las que figuren enumeradas tras la cláusula *SELECT*, y en el mismo orden.

4.2 BASE DE DATOS DE EJEMPLO

Antes de estudiar la sintaxis en detalle y con ejemplos recordamos la definición de las tablas y su contenido:

Definición de las tablas de la base *liga*

```
equipo(id_equipo, nombre_equipo, ciudad, web_oficial, puntos)
```

Donde:

- *id_equipo*: es un valor numérico que representa el identificador (clave principal) de cada equipo.
- *nombre_equipo*: es un campo de tipo cadena que representa el nombre de cada equipo.
- *ciudad*: es un dato de tipo cadena para indicar la ciudad de origen de cada equipo.
- *web_oficial*: es de tipo cadena para indicar la web oficial, en caso de haberla, del equipo.

```
jugador(id_jugador, nombre, apellido, id_capitan, posicion, fecha_alta, salario_bruto,
equipo)
```

Donde:

- *id_jugador*: es el campo de tipo numérico para identificar a cada jugador de la liga.
- *Nombre y apellido*: son campos de tipo cadena que indica el nombre del jugador.
- *id_capitan*: es el identificador del capitán del jugador (que a su vez también es jugador).
- *posición*: campo numérico para indicar el puesto del jugador (alero, pívot, base o escolta).
- *fecha_alta*: campo de tipo fecha-hora para el día que el jugador se dio de alta en el equipo.
- *salario_bruto*: campo numérico para el salario bruto anual de cada jugador.
- *equipo*: campo numérico para indicar el equipo del jugador.

```
partido(elocal, evisitante, resultado, fecha, arbitro)
```

Donde:

- *evisitante* y *elocal*: son campos numéricos que representa al identificador del equipo local.
- *resultado*: es un campo de tipo carácter para representar el resultado de un encuentro.
- *fecha*: es de tipo fecha-hora para indicar el momento del partido.
- *arbitro*: es un campo de tipo numérico para indicar el identificador del árbitro.

Contenido de las tablas de la base *liga*

Tabla 4.1 Datos tabla *jugadores*

id_ jugador	nombre	apellido	puesto	id_ capitan	fecha_alta	salario	num_ equipo	altura
1	Juan Carlos	Navarro	escolta	1	10/01/2010	130.000	1	
2	Felipe	Reyes	Pívot	2	20/02/2009	120.000	2	2,04
3	Víctor	Claver	Alero	3	08/03/2009	90.000	3	2,08
4	Rafa	Martinez	Escolta	4	11/11/2010	51.000	3	1,91
5	Fernando	San Emeterio	Alero	6	22/09/2008	60.000	4	1,99
6	Mirza	Teletovic	Pívot	6	13/05/2010	70.000	4	2,06
7	Sergio	Llull	Escolta	2	29/10/2011	100.000	2	1,90
8	Víctor	Sada	Base	1	01/01/2012	80.000	1	1,92
9	Carlos	Suárez	Alero	2	19/02/2011	60.000	2	2,03
10	Xavi	Rey	Pívot	14	12/10/2008	95.000	5	2,09
11	Carlos	Cabezas	Base	13	21/01/2012	105.000	6	1,86
12	Pablo	Aguilar	Alero	13	14/06/2011	47.000	6	2,03
13	Rafa	Hettsheimeir	Pívot	13	15/04/2008	53.000	6	2,08
14	Sitapha	Savané	Pívot	14	27/07/2011	60.000	5	2,01

Tabla 4.2 Datos tabla *equipos*

id_ jugador	nombre	ciudad	web	puntos
1	Regal Barcelona	Barcelona	*http://www.fcbarcelona.com/web/index_idiomes.html*	10
2	Real Madrid	Madrid	*http://www.realmadrid.com/cs/Satellite/es/1193040472450/ SubhomeEquipo/Baloncesto.htm*	9
3	P.E. Valencia	Valencia	*http://www.valenciabasket.com/*	11
4	Caja Laboral	Vitoria	*http://www.baskonia.com/prehomes/prehomes.asp?id_ prehome=69*	22
5	Gran Canaria	Las Palmas	*http://www.acb.com/club.php?id=CLA*	14
6	CAI Zaragoza	Zaragoza	*http://basketzaragoza.net/*	23

Tabla 4.3 Datos tabla *partidos*

elocal	evisitante	resultado	fecha	arbitro
1	2	100-100	10/10/2011	4
2	3	90-91	17/11/2011	5
3	4	88-77	23/11/2011	6
1	6	66-78	30/11/2011	6
2	4	90-90	12/01/2012	7
4	5	79-83	19/01/2012	3
3	6	91-88	22/02/2012	3
5	4	90-66	27/04/2012	2
6	5	110-70	30/05/2012	1

4.3 CONSULTAS BÁSICAS

La consulta más simple que podemos hacer es la que nos devuelve todos los datos de una tabla.

EJEMPLO 4.1

Obtener todos los datos de todos los equipos:

```
SELECT * FROM equipo;
```

El * sirve como carácter comodín. Es equivalente a incluir todas las columnas de la tabla indicada en la cláusula *FROM*.

Los nombres de las columnas de la tabla resultante serán los mismos que los de las columnas de la tabla de la que proceden, salvo en el caso de que se usen alias o expresiones. Puede asignarse un nombre, o cambiar el nombre de la columna escribiendo el nuevo nombre a continuación del nombre de la columna o de la expresión que genera la columna en la sentencia *SELECT*. Si el nombre tiene espacios en blanco, debe escribirse entre comillas.

También puede usarse la palabra reservada *AS* para indicar un alias para el nombre de la columna.

EJEMPLO 4.2

Obtener el nombre de todos los jugadores:

```
SELECT nombre "NOMBRE JUGADOR" FROM jugador;
```

Que es equivalente a:

```
SELECT nombre AS "NOMBRE JUGADOR" FROM jugador;
```

También pueden usarse alias para las tablas ya que cuando las consultas se hacen más largas y complejas se facilita su escritura. Para ello simplemente ponemos el alias al lado del nombre de la tabla en la cláusula *FROM*. De este modo para hacer referencia a un campo conviene poner primero el alias de la tabla (sobre todo en consultas *multitabla* como veremos más adelante). El ejemplo anterior quedaría:

```
SELECT j.nombre AS "NOMBRE JUGADOR" FROM jugador j;
```

4.3.1 CLÁUSULA ORDER BY

La columna especificada en la cláusula *ORDER BY* será, habitualmente, una de las que aparecen en la cláusula *SELECT*.

Si no se especifica *ORDER BY*, las filas se devuelven en cualquier orden.

También podemos clasificar el resultado por más de una columna, para ello se escriben sus nombres o sus números separados por comas. Si se especifica más de una columna, se clasifica por la primera y después, para cada valor clasificado de la primera, por la segunda, y así sucesivamente.

EJEMPLO 4.3

Seleccionar los nombres, apellido y posición de todos los jugadores ordenados por posición:

```
SELECT nombre, apellido, posición FROM jugador ORDER BY posición;
```

EJEMPLO 4.4

Seleccionar el nombre, equipo y posición de los jugadores ordenados por equipo y posición:

```
SELECT nombre, equipo, posicion
FROM jugador
ORDER BY equipo, posición;
```

Para ordenar podemos especificar un número en lugar del nombre de una columna. Para ello escribimos el nombre de la columna cuya posición en la cláusula *SELECT* corresponde a ese número. Por ejemplo, si se especifica *ORDER BY 2* equivale a escribir el nombre de la segunda columna especificada en la cláusula *SELECT*.

EJEMPLO 4.5

Seleccionar los datos de los jugadores ordenados por equipo y posición:

```
SELECT nombre, equipo, posicion
FROM jugador
ORDER BY 2, 3;
```

Por omisión, la clasificación se realiza en orden creciente (*ASC*). Si se desea en orden decreciente se debe escribir *DESC* detrás del nombre o el número de la columna para la que se desea la clasificación decreciente.

EJEMPLO 4.6

Mostrar el nombre, equipo y posición de los jugadores ordenados ascendentemente por equipo y descendentemente por su posición:

```
SELECT nombre, equipo, posicion
FROM jugador
ORDER BY 2, 3 DESC;
```

4.3.2 CLÁUSULA DISTINCT

El resultado de la ejecución de una sentencia *SELECT* devuelve todas las filas que cumplen la condición impuesta en la cláusula *WHERE*, incluidas las repetidas.

Para eliminar las filas repetidas, puede incluirse la palabra reservada *DISTINCT* antes del nombre de las columnas. En este caso, dos valores nulos se consideran iguales. En el siguiente ejemplo observamos la diferencia entre usar o no *DISTINCT*.

EJEMPLO 4.7

La siguiente consulta devuelve valores repetidos puesto que, obviamente, hay equipos repetidos en la tabla jugador:

```
SELECT equipo FROM jugador;
```

EJEMPLO 4.8

Seleccionar los distintos equipos que existen en la tabla *jugador*:

```
SELECT DISTINCT equipo FROM jugador;
```

4.3.3 CLÁUSULA LIMIT

Esta cláusula permite limitar el número de filas en el resultado de una consulta. Podemos especificar tanto un rango como un número máximo de filas a mostrar. Debe ir siempre al final de la consulta.

EJEMPLO 4.9

Obtener los 5 primeros registros de la tabla jugador:

```
SELECT * FROM jugador LIMIT 5;
```

Obtener los datos de los tres últimos equipos clasificados:

```
SELECT * FROM equipo ORDER BY puesto DESC LIMIT 3,6;
```

Ésta última consulta muestra los registros a partir del tercero en orden decreciente hasta el sexto ya que son 6 los equipos registrados.

4.3.4 EXPRESIONES

En una sentencia para formular una consulta se pueden realizar operaciones con los datos. Por ejemplo, se puede solicitar el resultado del producto de los valores de dos columnas, o el valor de una columna dividido por un valor. Para ello se utilizan expresiones en las que se combinan valores literales o de campos con operadores de distinto tipo.

También pueden utilizarse expresiones en las condiciones de búsqueda impuestas en la cláusula *WHERE*.

Una expresión es una combinación de operadores, operandos y paréntesis. El resultado de la ejecución de una expresión es un único valor.

En el formato de la sentencia *SELECT*. descrito anteriormente, las expresiones pueden utilizarse en la cláusula *SELECT* en lugar de nombres de columnas y en la cláusula *WHERE* en la formulación de la condición.

Los operandos pueden ser nombres de columnas, constantes u otras expresiones. Más adelante veremos otros tipos de operandos, como las funciones de columna.

Los operadores actúan sobre datos homogéneos, es decir bien numéricos o bien alfanuméricos.

Los tipos de operadores son aritméticos, de comparación, lógicos, de asignación, de bits, de cadenas y de control de flujo. A continuación presentamos una tabla resumen de los mismos.

Tabla 4.4 Operadores en MySQL

Aritméticos	+	Suma
	-	Resta
	*	Multiplicación
	/	División
	** ^	Exponenciación
Relacionales o de comparación	<	Menor
	<=	Menor o igual
	>	Mayor
	>=	Mayor o igual
	<> !=	Distinto de
	!<	No menor que
	!>	No mayor que
Lógicos	AND	Los operadores lógicos permiten comparar expresiones lógicas devolviendo siempre un valor verdadero o falso.Los operadores lógicos se evaluan de izquierda a derecha.
	NOT	
	OR	
	XOR	

Como ejemplo de uso de operador aritmético multiplicación (representado por *) tenemos la siguiente consulta.

EJEMPLO 4.10

Calcular el salario neto anual a percibir por cada jugador suponiendo que el IRPF es un 18%.

```
SELECT nombre, apellido, salario * 0,82 AS "salario neto anual"
FROM jugador;
```

Las expresiones también admiten el uso de funciones. Normalmente los gestores incorporan distintos tipos como son las de *cadenas*, *matemáticas* o de *fecha* y *hora*.

EJEMPLO 4.11

Obtener la fecha actual del sistema:

```
SELECT CURRENT_DATE();
```

Obtener el nombre y apellido de cada jugador concatenados en un solo campo:

```
SELECT CONCAT(nombre,' ', apellido) FROM jugador;
```

MySQL incorpora funciones predefinidas y agrupadas por tipo (de cadenas, de fecha hora, matemáticas etc.). Además, permite definir las nuestras propias como veremos en el Capítulo 5.

4.3.5 FUNCIONES PROPIAS DE MYSQL

Como hemos comentado el servidor MySQL incorpora funciones predefinidas que podemos utilizar en expresiones de consultas o en otros objetos del sistema gestor como disparadores o procedimientos. Igualmente podemos definir nuestras propias funciones adaptadas a nuestras necesidades usando el lenguaje propio del sistema gestor.

Todas ellas están perfectamente documentadas en el manual oficial, así que en esta sección nos limitaremos a mostrar una clasificación de las más utilizadas.

- **Funciones de control de flujo**

  Como su nombre indica controlan el flujo de la ejecución de la consulta devolviendo un valor u otro según cierta condición.

  Se dividen en: *CASE*, *IF*, *IFNULL*, *NULLIF*.

- **Funciones de cadena**

  Son funciones que operan sobre una o más cadenas de caracteres. Como, por ejemplo, la función *UPPER(c1)* que devuelve la cadena *c1* en mayúsculas.

  Se dividen a su vez en:

  - **Operadores de cadena**: funciones cuyos parámetros de entrada o salida son cadenas de caracteres.
  - **Funciones de comparación**: funciones que comparan cadenas. Únicamente hay tres que son: *LIKE*, *NOT LIKE* y *STRCMP*.
  - **Expresiones regulares**: sirven para hacer comparaciones más complejas en cadenas. Son básicamente dos, *NOT REGEXP* y *REGEXP* sinónima de *RLIKE*.

Veremos ejemplos de algunas de ellas en las siguientes secciones del capítulo.

- **Funciones matemáticas**

  Trabajan con valores numéricos como por ejemplo *ABS(n)* que devuelve el valor absoluto de un número *n* o *EXP(n)* que calcula la exponencial del número *n*.

- **Funciones de fecha y hora**

  Permiten operar con valores de tipo fecha y hora por ejemplo la función *ADDDATE(date, INTERVAL expr unit)* suma un intervalo de tiempo dado por *expr* en ciertas unidades dadas por *unit* a una fecha dada por *date*, o *CURTIME()*, que devuelve la hora actual.

- **Funciones de búsqueda tipo full-text**

  Sirven para hacer búsquedas sobre campos de gran tamaño, como *TEXT* o *BLOB*, y que han sido indexados con índices de tipo *FULLTEXT*.

  Las búsquedas se realizan mediante la cláusula *MATCH(col1, col2,...) AGAINST(expr [search modifier])* en la que se especifica un conjunto de columnas en las que se buscará una coincidencia con una expresión. *Search modifier* especifica el tipo búsqueda a realizar.

- **Funciones XML**

  Trabajan con datos de tipo XML y, de momento, hay dos que son *ExtractValue*(cadena xml, expresión *xpath*) que extrae un valor a partir de una cadena XML y mediante el uso de la notación *XPath* y *UpdateXML*(cadena *xml* objetivo, expresión *xpath*, nuevo *xml*) que sustituye en una cadena XML por otra según una expresión *XPath*.

- **Funciones de compresión y codificación**

  Sirven para comprimir y/o (de)codificar cadenas de caracteres. También permiten hacer sumas de verificación (*checksum*) de cadenas de texto.

  Por ejemplo *DES_DECRYPT* decodifica la cadena *c1* codificada con la función *DES_ENCRYPT*.

4.3.6 CLÁUSULA WHERE

En las consultas vistas hasta ahora hemos visto consultas sin condiciones. Pueden especificarse condiciones de búsqueda complejas que proporcionan una gran potencia de selección de filas. Estas condiciones se denominan predicados.

Un predicado expresa una condición que se cumple o no sobre un conjunto de dos valores o expresiones y el resultado de su evaluación puede ser “verdadero”, “falso” o “desconocido”.

Los predicados se expresan normalmente mediante cláusulas *WHERE*.

Solo se considera satisfecha la condición de búsqueda expresada en un predicado cuando toma el valor “Verdadero”. Esto quiere decir que el resultado de la evaluación de un predicado expresado en la cláusula *WHERE* da lugar a la recuperación de las filas para las que toma el valor “Verdadero” y se rechazarán las filas para las que tome el valor “Falso” o “Desconocido”.

4.3.7 PREDICADOS EN SQL

Predicados de comparación

Expresan condiciones de comparación entre dos valores usando operadores lógicos. De manera que el predicado es "Verdadero" si y solo si:

- `x = y` *x* es igual a *y*
- `x <> y ó x!=y` *x* no es igual a *y*
- `x < y` *x* es menor que *y*
- `x > y` *x* es mayor que *y*
- `x <= y` *x* es menor o igual que *y*
- `x >= y` *x* es mayor o igual que *y*

Si alguno o ambos de los operadores *x* o *y* es nulo, el resultado de la evaluación del predicado toma el valor *Desconocido*. Para el resto de los casos toma el valor *Falso*.

Los operandos *x* o *y* pueden ser expresiones.

EJEMPLO 4.12

Seleccionar el nombre y apellido de aquellos jugadores que sean pívot:

```
SELECT nombre, apellido
FROM jugador
WHERE posicion = "pivot";
```

EJEMPLO 4.13

Seleccionar datos de jugadores que no pertenezcan al equipo 3:

```
SELECT * FROM jugado WHERE equipo <> 3;
```

Comprobación de valor nulo. Predicado *NULL*

✓ Formato

```
nom_columna IS [NOT] NULL
```

Se utiliza para consular si el valor de la columna, *nom_columna*, de una fila determinada es o no nulo. Si es nulo el resultado será "Verdadero", si no lo es "Falso". No puede tomar el valor "Desconocido".

EJEMPLO 4.14

Seleccionar aquellos datos de equipos cuya web es nula:

```
SELECT * FROM equipo WHERE web IS NULL.
```

Predicado *IN*. Pertenencia a un conjunto

✓ Formato

```
Expresión [NOT] IN (valor1, valor2,…)
```

Se utiliza para averiguar si el resultado de la evaluación de una expresión está incluido en la lista de valores especificada tras la palabra *IN*.

Si el resultado de la expresión es no nulo, y es igual a alguno de los valores de la lista, el predicado es "Verdadero", si no es "Falso".

Si la expresión devuelve un valor nulo, el predicado toma el valor "Desconocido".

En lugar de una lista de valores, puede especificarse una sentencia *SELECT* subordinada (una consulta anidada dentro de otra), que deberá devolver una tabla con una sola columna y no podrá contener la cláusula *ORDER BY*.

En este caso, el formato sería:

```
expresión IN (subselect)
```

Siendo *subselect* una sentencia *SELECT* subordinada o subconsulta (es una consulta dentro de otra. Las veremos más tarde en este capítulo).

EJEMPLO 4.15

Obtener los datos de los equipos menos los de Valencia y Madrid:

```
SELECT * FROM equipo WHERE ciudad NOT IN ('Valencia', 'Madrid');
```

Predicado *[NOT] BETWEEN exp1– AND exp2*

Formato

```
expresion1 [NOT] BETWEEN expr2 AND expr3
```

Se utiliza para comprobar si un valor está comprendido entre otros dos (ambos inclusive), o no. Si se omite *NOT*, el predicado es verdadero si el valor considerado en *expresion* está comprendido entre el valor de *expr2* y el de *expr3*, ambos inclusive.

Si se especifica *NOT*, el predicado es verdadero si el valor no está en ese rango.

Si alguno de los valores de *expresion1*, *expr2* o *expr3* toma un valor nulo, el predicado toma un valor desconocido.

EJEMPLO 4.16

Obtener los datos de partidos de marzo de 2010:

```
SELECT * FROM partido WHERE fecha BETWEEN 01-03-2010 AND 31-03-2010;
```

Predicado *LIKE*

Formato

```
nom_columna [NOT] LIKE cte_alfanumérica
```

Se utiliza para buscar combinaciones de caracteres que coincidan con un patrón especificado según la expresión *X LIKE Y*.

Donde *X* es el nombre de una columna de tipo alfanumérico e *Y* una constante del mismo tipo utilizada como patrón de búsqueda.

La constante alfanumérica puede contener cualquier carácter válido, pero dos de ellos, el carácter de subrayado "_" y el símbolo de porcentaje "%" son comodines. El carácter "_" es equivalente a cualquier otro carácter y el "%" equivale a cualquier conjunto de caracteres.

Es decir, a partir del valor de la cadena *Y* se generan otras cadenas de caracteres sustituyendo cada carácter "_" por un único carácter cualquiera y siempre uno, y cada "%" por una cadena cualquiera de cualquier longitud (incluida la cadena vacía).

Los resultados pueden ser:

- Si *X* no es nulo, el predicado es verdadero si su valor está incluido entre los que se pueden generar a partir del patrón *Y*. Si no toma el valor "Falso".
- Si *X* e *Y* son ambos cadenas vacías (cadenas de longitud cero), se conviene que el predicado es verdadero.
- Si *X* es nulo, el resultado es "Desconocido".
- Si el valor de *Y* no contiene caracteres "_" o "%", el predicado *X LIKE Y* equivale a *X*=*Y*.

Predicado *REGEXP* y expresiones regulares

Formato

```
nom_columna [NOT] REGEXP cte_alfanumérica
```

El predicado *REGEXP* (equivalente a *RLIKE*) tiene la misma funcionalidad que *LIKE* aunque es mucho más potente ya que se basa en el uso de expresiones regulares.

Una expresión regular es una forma muy potente de especificar un patrón para una búsqueda compleja.

Una expresión regular es una cadena formada por caracteres literales y otros con una función especial en el mismo sentido que "_" o "%". Así esta cadena describe un conjunto de cadenas posibles.

La expresión regular más sencilla es aquella que no contiene caracteres especiales. Por ejemplo, la expresión regular "hola" coincide con "hola" y con nada más.

Las expresiones regulares no triviales usan ciertas construcciones especiales de modo que pueden coincidir con más de una cadena. Por ejemplo, la expresión regular "Hola|mundo" coincide tanto con la cadena "Hola" como con la cadena "mundo".

Como ejemplo algo más complejo, la expresión regular "B[an]*s" coincide con cualquiera de las cadenas siguientes "Bananas", "Baaaaas", "Bs", y cualquier otra cadena que empiece con "B", termine con "s", y contenga cualquier número de caracteres "a" o "n" entre la "B" y la "s".

Una expresión regular para el operador *REGEXP* puede incluir cualquiera de una serie de caracteres especiales. En el siguiente ejemplo mostramos los más básicos:

EJEMPLO 4.17

1. **Carácter ^**: coincidencia del principio de una cadena.

   Datos de jugadores cuyo nombre comience por *A*:
   ```
   SELECT * FROM jugador WHERE nombre REGEXP '^A';
   ```
2. **Carácter $**: coincidencia del final de una cadena.

   Datos de jugadores cuyo nombre termine por *a*:
   ```
   SELECT * FROM jugador WHERE nombre REGEXP 'a$';
   ```
3. **Carácter .**: coincidencia de cualquier carácter.

   Datos de jugadores cuyo nombre tenga 4 caracteres:
   ```
   SELECT * FROM jugador WHERE nombre REGEXP '....';
   ```
4. **Carácter ?**: coincidencia de cero o más caracteres cualesquiera. Es equivalente al '_' en el predicado *LIKE*.

   Datos de jugadores cuyo nombre comience por *A* o por *B*:
   ```
   SELECT * FROM jugador WHERE nombre REGEXP '^A?B'
   ```

5. **Carácter ***: coincidencia de cero o más caracteres iguales que el precedente.

   Datos de equipos cuya web tenga cero o más *w*:
   ```
   SELECT * FROM equipo WHERE web REGEXP 'w*';
   ```

6. **Carácter +**: coincidencia de cualquier secuencia de uno o más caracteres iguales que el precedente.

   Datos de equipos cuya web tenga una o más *w*:
   ```
   SELECT * FROM equipo WHERE web REGEXP 'w+';
   ```

7. **Carácter |**: coincidencia de una entre varias secuencias posibles

   Datos de jugadores cuyo nombre empiece por *San* o por *Ju*
   ```
   SELECT * FROM jugador WHERE nombre REGEXP '(San|Ju);'
   ```

8. **Carácter (secuencia)**: para indicar coincidencia de una secuencia de varios caracteres.

   Datos de equipos cuya web tenga una ocurrencia o más de tres *w*:
   ```
   SELECT * FROM equipo WHERE web REGEXP '(www)+';
   ```

9. **Carácter {n}, {n,m}**: permite indicar un número o rango de ocurrencias para un determinado patrón o carácter.

   Datos de equipos cuya web tenga entre una y tres w:
   ```
   SELECT * FROM equipo WHERE web REGEXP 'w{1,3};'
   ```

10. **Carácter [a-z], [^a-z]**: Coincide con cualquier carácter que esté, o no esté (de ahí el ^) en el rango indicado entre corchetes.

    Nombres de jugadores sin vocales:
    ```
    SELECT nombre FROM jugador WHERE REGEXP '[^aeiou]';
    ```

    Datos de equipos cuya web sea del tipo *http://www.dominio.extensión*, siendo la extensión de tres caracteres:
    ```
    SELECT * FROM equipo WHERE web REGEXP '^http://www\\.[^\\.]+\\..{3}';
    ```

En este último ejemplo más complejo vemos la mayoría de los aspectos de expresiones regulares comentados. La expresión indica la necesidad de empezar con la cadena *http://www* para después incluir un punto. En este caso debemos "escaparlo" o poner dos barras delante para que no se interprete como un comodín. Después obligamos a que haya cualquier secuencia de caracteres exceptuando el punto, de nuevo "escapado", y otra vez un punto. Finalmente, la cadena debe terminar en tres, y solo tres, caracteres cualesquiera. Para ser más estrictos debiéramos haber excluido caracteres como punto y coma o dos puntos, pero para el propósito del ejemplo es suficiente.

> La sintaxis de expresiones regulares es mucho más extensa que lo que hemos mostrado. Para estudiar y profundizar en ello se recomienda consultar tanto el manual de MySQL como otras direcciones de referencia señaladas en los materiales didácticos.

Predicados compuestos

Los predicados compuestos son combinaciones de predicados simples hechas con los operadores lógicos *AND, OR*, *XOR* y *NOT*.

AND, *XOR* y *OR* se aplican a dos operandos, mientras que *NOT* se aplica a uno solo. En todos los casos, los operandos son otros predicados.

Los predicados compuestos, al igual que los simples, pueden tomar los valores "Verdadero", "Falso" o "Desconocido".

Cuando se utiliza *AND*, el resultado es "Verdadero" cuando los dos predicados lo son.

Cuando se utiliza *OR*, el resultado es "Verdadero" cuando lo es cualquiera de sus operandos.

XOR devuelve "Verdadero" cuando los dos predicados son uno verdadero y otro falso y "Falso" en caso de que sean iguales.

Si hay más de dos predicados el valor devuelto será "Verdadero" si hay un número impar de verdaderos y "Falso" en caso contrario.

Cuando se utiliza *NOT*, el resultado es "Verdadero" cuando el predicado sobre el que se aplica es "Falso".

EJEMPLO 4.18

Seleccionar el nombre de los jugadores pívot que ganen más de 100.000 euros:

```
SELECT nombre FROM jugador
WHERE posicion = "pivot" AND salario > 100000;
```

EJEMPLO 4.19

Seleccionar el nombre de jugadores de los equipos 1 y 2 que jueguen como pívot:

```
SELECT nombre FROM jugador
WHERE posicion = "base" AND (equipo=1 OR equipo=2);
```

Debemos tener cuidado cuando hay más de dos predicados ya que la expresión lógica puede cambiar si no incluimos paréntesis. En el caso anterior, si omitimos los paréntesis obtendríamos los jugadores base del equipo 1 y todos los del equipo 2.

ACTIVIDADES 4.1

» Realice consultas para obtener la siguiente información sobre las bases de datos *liga* y *motorblog*:

a. Datos de jugadores del equipo 3 ordenados por apellido.
b. Datos de los jugadores que sean pívot ordenados por su identificador.
c. Datos de jugadores de más de dos metros y ganen menos de 40.000 euros.
d. Datos de los partidos jugados en febrero.
e. Nombre y apellido de los capitanes.
f. Datos de jugadores de los equipos 1 y 2 que ganen más de 80.000 euros al mes.
g. Título de noticias que contengan una dirección web.
h. Enlaces que no tengan *www*.
i. Enlaces que terminen en *rss* ó *xml*.
j. Enlaces con el formato *http://loquesea.loquesea.loquesea/loquesea*

4.3.8 FUNCIONES DE AGREGADO

Estas funciones (también llamadas de columnas o colectivas) permiten obtener un solo valor como resultado de aplicar una determinada operación a los valores contenidos en una columna.

Son aquellas cuyo argumento es una colección de valores tomados de los pertenecientes a una o más columnas o campos de una tabla. Se llaman también por ello funciones de columna.

Se aplican a la colección de valores del argumento y producen un único resultado a partir de ellos. Son las siguientes:

- *AVG*: devuelve la media de los valores de la colección.
- *MAX*: devuelve el valor máximo de la colección.
- *MIN*: devuelve el valor mínimo.
- *SUM*: devuelve la suma.
- *COUNT*: devuelve el número de elementos que tiene la colección.

Antes de aplicar las funciones se construyen uno o más grupos de filas. La forma de construir grupos se especifica mediante la cláusula *GROUP BY* (que veremos más adelante). Si no se emplea *GROUP BY* se considera un solo grupo formado por todas las filas de la tabla que cumplen el predicado de la cláusula *WHERE*. A todas ellas se les aplican las funciones colectivas y el resultado será una tabla con una sola fila y con tantas columnas como expresiones haya en la cláusula *SELECT*.

Reglas y formatos de las funciones de agregado

Antes de aplicar una función de agregado a la colección de valores de su argumento se eliminan los valores nulos, si existen.

Si la colección es vacía, la función *COUNT* devuelve un valor cero y las demás un valor nulo.

Para *AVG*, *MAX*, *MIN* y *SUM* el resultado tiene el mismo tipo de dato que el argumento. Este debe ser numérico para *AVG* y *SUM* y puede ser de cualquier tipo para *MAX* y *MIN*.

Si el argumento es de tipo *DECIMAL(p,s)* el resultado de la función *SUM* es también de tipo *DECIMAL* salvo para la función *AVG* que devolvería el resultado con más decimales.

Si el argumento es de tipo *INTEGER* o *SMALLINTEGER* la función *AVG* puede perder cifras decimales al calcular la media, al ser el resultado también de tipo entero.

Hay tres formatos:

- **Formato 1**

  `nom_función ( [DISTINCT] nom_columna )`

  - *nom_función*: cualquiera de las vistas.
  - *nom_columna*: nombre de una columna. No puede ser una expresión.

  La palabra *DISTINCT* no se considera un argumento de la función. Se emplea para, antes de aplicar la función de columna a los valores de la colección, eliminar de ella los valores repetidos. Evidentemente, el uso de *DISTINCT* con *MAX* y *MIN* es, aunque lícito, absurdo.

  En una cláusula *SELECT* no puede especificarse *DISTINCT* más de una vez, ya sea dentro de una función o detrás de la cláusula *SELECT*.

- **Formato 2**

  `nom_función (expresión)`

  - *nom_función*: cualquiera, excepto *COUNT*.
  - *expresión*: en la que debe haber al menos un nombre de columna y no puede haber otra función colectiva.

- **Formato 3**

  `COUNT (*)`

  El asterisco indica cualquier campo. Solo es válido para la función *COUNT*.

  Devuelve el número de filas que hay en el grupo sobre el que se aplica.

EJEMPLO 4.20

Calcular el número de jugadores que miden más de dos metros:

```
SELECT COUNT(comision) FROM jugador WHERE altura > 2,00;
```

Calcular el salario medio de todos los jugadores:

```
SELECT AVG(salario) AS "Salario Medio" FROM jugador;
```

Encontrar el salario más alto, el más bajo y la diferencia entre ambos:

```
SELECT MAX(salario), MIN(salario), MAX(salario) - MIN(salario) "Diferencia
salarios" FROM jugador;
```

Hallar el número de ciudades en las que hay equipos registrados:

```
SELECT COUNT (DISTINCT ciudad) FROM equipo;
```

Obtener el salario mensual neto de cada jugador suponiendo un IRPF del 18%:

```
SELECT SUM(salario *0,82/12) "Salario menual" FROM jugador;
```

4.3.9 CLÁUSULA GROUP BY. CONSULTAS CON AGRUPAMIENTO DE FILAS

Existe la posibilidad de formar grupos de filas de acuerdo con un determinado criterio para aplicarles después una función colectiva.

Cláusula opcional de la sentencia *SELECT* que sirve para agrupar filas.

Si se especifica, debe aparecer después de la cláusula *WHERE*, si ésta existe.

✓ **Formato**

```
GROUP BY col1 [, col2]...
```

Donde *col1*, *col2*, son nombres de columnas a las que denominaremos columnas de agrupamiento.

La cláusula *GROUP BY* indica que se han de agrupar las filas de la tabla de modo que todas las que tengan iguales valores para las columnas de agrupamiento formen un grupo.

Pueden existir grupos de una sola fila.

Los valores nulos se consideran iguales. Se incluyen en el mismo grupo.

Una vez formados los grupos, para cada uno de ellos se evalúan las expresiones de la cláusula *SELECT*. Por lo tanto, cada uno de ellos produce una única fila en la tabla resultante.

Las columnas que participen en estas expresiones y no sean de agrupamiento solo pueden especificarse en los argumentos de funciones colectivas. Dicho de otro modo, si aparece una columna en un *SELECT* y no está incluida en una función colectiva debe ser una columna de agrupamiento o sino la consulta será errónea.

EJEMPLO 4.21

Seleccionar el número de jugadores por equipo:

```
SELECT COUNT(*) GROUP BY equipo;
```

Seleccionar el salario, mínimo y máximo de los jugadores, agrupados por equipo:

```
SELECT equipo, MIN(salario), MAX(salario)
FROM jugador
GROUP BY equipo;
```

Como veremos más adelante puede hacerse agrupaciones sobre más de un campo.

4.3.10 CLÁUSULA HAVING

Cláusula opcional de la sentencia *SELECT* utilizada para filtrar los resultados de una función de agregado cuando hay agrupamiento de filas.

✓ **Formato**

```
HAVING condición
```

Indica que, después de haber formado los grupos de filas, se descarten aquellos grupos que no cumplan la condición expresada con un predicado.

Como ya hemos visto, la configuración de las filas en grupos se realiza mediante la cláusula *GROUP BY* o, si ésta no existe, formando un solo grupo con todas las filas.

Si se especifica la cláusula *GROUP BY*, ésta debe preceder a la cláusula *HAVING*.

La condición es un predicado simple o compuesto en el que las columnas que participen y no sean de agrupamiento deberán figurar como argumentos de funciones colectivas.

EJEMPLO 4.22

Seleccionar el salario medio de cada equipo, pero solo para aquellos cuya media sea superior a 50.000:

```
SELECT AVG(salario) FROM jugador GROUP BY equipo HAVING AVG(salario) > 50000;
```

La cláusula *HAVING* puede utilizarse también sin un *GROUP BY* previo. En este caso se aplica la condición al único grupo de filas formado por todas las filas de la tabla resultante.

Funcionamiento de consultas con agrupamiento de filas

En este punto conviene describir en detalle cómo funciona el agrupamiento en MySQL.

El agrupamiento ocurre cuando, o bien se utiliza la cláusula *GROUP BY*, o bien se utilizan funciones colectivas en las expresiones de la cláusula *SELECT*, o bien se dan ambos casos.

Si se especifica *GROUP BY* se agrupan las filas que tengan iguales valores en las columnas de agrupamiento. Si no, se asume que todas las filas forman un único grupo.

Una vez formados los grupos:

- Para cada grupo se evalúan las expresiones de la cláusula *SELECT*, dando lugar a una fila en la tabla resultante.
- Las columnas que no sean de agrupamiento solo pueden usarse como participantes en los argumentos de funciones colectivas, ya sea en las expresiones de la cláusula *SELECT* o en la condición de la cláusula *HAVING*.

La palabra *DISTINCT* solo puede especificarse una vez, bien en la cláusula *SELECT* o bien dentro de funciones colectivas en la condición de la cláusula *HAVING*. Este límite no rige para las sentencias subordinadas que pueda haber en los predicados de las cláusulas *WHERE* o *HAVING*.

ACTIVIDADES 4.2

» Indique los comandos SQL necesarios para obtener la siguiente información:

a. Número de partidos jugados en febrero.
b. *Id* de equipo y suma de las alturas de sus jugadores.
c. *Id* de equipo y salario total de cada equipo para equipos con más de 4 jugadores registrados.
d. Número de ciudades distintas.
e. Datos del jugador más alto.

4.4 SUBCONSULTAS

En muchas ocasiones no conocemos de antemano el valor de una condición en un predicado de la cláusula *WHERE* o *HAVING* y a que depende del valor de otra consulta. Por ejemplo, si queremos saber que jugadores cobran más que Gasol. En este caso no conocemos el salario de Gasol así que se requiere una consulta adicional. Para evitar hacer dos consultas se usan las consultas subordinadas o subconsultas. En nuestro ejemplo quedaría así:

EJEMPLO 4.23

```
SELECT * FROM jugadores WHERE salario> (SELECT salario FROM jugadores WHERE
apellido='Gasol');
```

El segundo *SELECT* debe ir entre paréntesis y devolver como resultado un único valor. Es decir, la tabla resultante debe tener una sola columna y una fila o ninguna. Además, no se puede especificar en ella la cláusula *ORDER BY*. Si el resultado de esta sentencia *SELECT* es una tabla vacía, su valor se toma como "desconocido".

Una sentencia subordinada de otra puede tener a su vez otras sentencias subordinadas a ella. Llamamos sentencia externa a la primera de todas, la que no es subordinada de ninguna. Una sentencia es antecedente de otra cuando esta es su subordinada directa o subordinada de sus subordinadas a cualquier nivel.

A las sentencias subordinadas suele llamárselas anidadas. Puede haber varios niveles de anidamiento según el SGBD.

También sirve para funciones de agregado.

EJEMPLO 4.24

Calcular el número de jugadores por equipo que cobra más que el salario medio de todos los jugadores:

```
SELECT equipo, COUNT(*) FROM jugador WHERE salario > (SELECT AVG (salario) FROM
jugador) GROUP BY equipo
```

Las subconsultas pueden ser parte de los siguientes predicados:

- Predicados básicos de comparación.
- Predicados cuantificados (*ANY*, *SOME*, *ALL*).
- Predicado *EXISTS*.
- Predicado *IN*.

Predicados cuantificadores (ALL, SOME, ANY)

Como hemos visto, cuando se utiliza una sentencia *SELECT* subordinada en un predicado de comparación, el resultado debe ser un valor único (una tabla con una sola fila y una sola columna).

Pero se permite que el resultado de la sentencia *SELECT* subordinada tenga más de un valor si ésta viene precedida de una de las palabras reservadas *ALL*, *SOME*, *ANY* (palabras cuantificadoras). Cuando se utilizan estas palabras, los predicados en los que participan se denominan predicados cuantificados.

En ellos, el resultado de la ejecución de la sentencia *SELECT* subordinada debe ser una tabla con una sola columna y cero o más filas.

- **Cuantificador *ALL***

  El predicado cuantificado es verdadero si la comparación es verdadera para todos y cada uno de los valores devueltos por la *SELECT* subordinada.

  Si la *SELECT* subordinada devuelve una tabla vacía, el predicado cuantificado toma el valor "Verdadero".

  Si devuelve uno o más valores y alguno de ellos es nulo, el predicado cuantificado puede ser:

  - "Falso": si para alguno de los valores no nulos la comparación toma el valor "Falso".
  - "Desconocido": si la comparación es verdadera para todos los valores no nulos.

  Si devuelve uno o más valores y ninguno de ellos es nulo, el predicado cuantificado es:

  - "Verdadero": si la comparación lo es para todos los valores de la tabla devuelta. En otro caso es "Falso".

EJEMPLO 4.25

Obtener el nombre de los jugadores que ganen más que todos los del equipo 2:

```
SELECT nombre FROM jugador WHERE salario > ALL (SELECT salario FROM jugador
WHERE equipo= 2);
```

- **Cuantificador *ANY* o *SOME***

  El predicado cuantificado es verdadero si la comparación es verdadera para uno cualquiera de los valores devueltos por la ejecución de la sentencia *SELECT* subordinada.

  Si la sentencia subordinada devuelve una tabla vacía, el predicado cuantificado toma el valor "Falso".

  Si devuelve una o más filas y alguna de ellas es nula, el predicado cuantificado puede ser:

  - "Verdadero": si para alguno de los valores no nulos el resultado de la comparación es "Verdadero".
  - "Desconocido": si para todos los valores no nulos de la tabla el resultado de la comparación es "Falso".

  Si devuelve una o más filas y ninguna es nula, el predicado cuantificado es "Verdadero" si la comparación es verdadera para alguno de los valores. En cualquier otro caso es "Falso".

EJEMPLO 4.26

Seleccionar los jugadores que ganen más que alguno de los del equipo 5:

```
SELECT nombre FROM jugador WHERE salario > ANY (SELECT salario FROM jugador
WHERE equipo = 5);x
```

Predicado *IN*

Podemos considerar una subconsulta como un conjunto de valores con los que usar la cláusula *IN*.

EJEMPLO 4.27

Datos de los jugadores que jueguen en Zaragoza:

```
SELECT * FROM jugador WHERE equipo IN (SELECT id_equipo FROM equipo WHERE
ciudad='Zaragoza');
```

En este caso la subconsulta devuelve los equipos de Zaragoza y los compara con los equipos de la tabla jugador. Cada coincidencia será una fila de la tabla resultante.

Predicado *EXISTS*

Devuelve "Verdadero" si la subconsulta subsiguiente es no vacía y "Falso" en caso contrario.

EJEMPLO 4.28

Obtener los datos de los jugadores pero solo si hay más de 10 equipos:

```
SELECT * FROM jugador WHERE EXISTS (SELECT COUNT(*) FROM equipo HAVING
COUNT(*)>10);
```

Si la subconsulta no devuelve nada (o sea no hay más de 10 equipos) no se mostrará ningún jugador.

Este tipo de consultas tiene su verdadera fuerza en las consultas correlacionadas que veremos a continuación.

4.4.1 CONSULTAS CORRELACIONADAS

En las sentencias anidadas vistas hasta ahora, éstas no hacen referencia a columnas de tablas que no estén en su propia cláusula *FROM*. Esto significa que el resultado de la sentencia subordinada puede evaluarse independientemente de sus sentencias antecedentes de cualquier nivel. El SGBD las evalúa una sola vez y reemplaza los valores resultantes en el predicado donde se encuentre.

En las sentencias correlacionadas no ocurre así. Se llaman correlacionadas las sentencias subordinadas en las que se hace referencia a alguna columna de una tabla mencionada en la cláusula *FROM* de alguna de sus sentencias antecedentes.

De esta forma, una sentencia correlacionada no puede evaluarse independientemente de sus antecedentes, pues su resultado puede cambiar, según que filas se consideren en la evaluación de éstas en cada momento. El SGBD, por tanto, las evaluará múltiples veces, tantas como filas haya en la tabla de la consulta principal. El proceso en detalle es el siguiente:

- **1.** La consulta externa pasa los valores de cada fila de la consulta a la consulta interna o subconsulta.
- **2.** La consulta interna usa los valores que le pasa la consulta externa para evaluarlos.
- **3.** La consulta interna devuelve los valores que cumplan las condiciones a la consulta externa.
- **4.** Se repite el proceso para todas las filas de la consulta externa.

Dado que en estas consultas se hace referencia a más de una tabla y que los campos pueden tener el mismo nombre es normal usar prefijos para hacer referencia a los mismos y así evitar ambigüedades. Así para referirnos al nombre de un jugador escribiremos *jugador.nombre*. Del mismo modo para hacer más cómoda su escritura se usan alias para las tablas en la cláusula *FROM* tal como se hace en el siguiente ejemplo.

EJEMPLO 4.29

Obtener los datos de jugadores que miden más que la media de su equipo:

```
SELECT * FROM jugador j1 WHERE altura > (SELECT AVG(altura) FROM jugador j2
WHERE j1.equipo=j2.equipo);
```

En este caso se selecciona la primera fila de la tabla jugador y se envían sus valores a la subconsulta.

Se observa el uso del alias *j1* para la tabla jugador y *j2* para la tabla jugador de la subconsulta.

En ella se calcula la media teniendo en cuenta que se filtran las filas del mismo equipo que el jugador correspondiente a la fila que está siendo procesada.

Con el valor obtenido y el valor de la altura de la primera fila se verifica la condición y en caso afirmativo se guarda para ser mostrada al final de la consulta. El proceso se itera con el resto de filas de jugador.

Obtener los datos de equipos con más de 5 jugadores:

```
SELECT * FROM equipo e WHERE 5<(SELECT COUNT(*) FROM jugador j WHERE j.equipo=e.
id_equipo);
```

En este segundo caso se evalúa cada fila de equipo para calcular el número de jugadores en la subconsulta. Obviamente, hace falta considerar el equipo para calcular ese número por lo que la consulta es correlacionada Depende del valor de equipo que estemos considerando. Así, si la cuenta resulta mayor de 5 la fila correspondiente se mostrará en la tabla resultante.

Predicado *EXISTS* en consultas correlacionadas

Este predicado es frecuentemente usado en subconsultas correlacionadas para verificar cuando un valor recuperado por la consulta externa existe en el conjunto de resultados obtenidos por la consulta interna. Si la sub consulta obtiene al menos una fila, el operador obtiene el valor "Verdadero" y termina. Si el valor no existe, se obtiene el valor "Falso". Consecuentemente, *NOT EXISTS* verifica cuando un valor recuperado por la consulta externa no es parte del conjunto de resultados obtenidos por la consulta interna.

EJEMPLO 4.30

Obtener los datos de los capitanes de los equipos:

```
SELECT * FROM jugador j1
WHERE j1.id_jugador EXISTS (SELECT * FROM jugador j2
WHERE j1.id_jugador = j2.capitan);
```

Esta consulta puede resolverse también con *IN*:

```
SELECT * FROM jugador j1
WHERE j1.id_jugador IN (SELECT j2.capitan FROM jugador j2
WHERE j2.capitan IS NOT NULL);
```

Uso de una subconsulta como una expresión

Podemos incluir una consulta dentro de una cláusula *SELECT* a modo de expresión.

EJEMPLO 4.31

Por ejemplo, si queremos saber los datos de los jugadores con el salario medio de su equipo y la diferencia de éste con el de cada jugador:

```
SELECT num_emp, sal, (SELECT AVG(sal) 'media' FROM emp) AS t, sal-(SELECT
avg(sal) 'media' FROM emp) AS diferencia;
```

Consultas con tablas derivadas

Otro tipo de subconsultas se dan cuando necesitamos usar una consulta en la cláusula *FROM*, es decir, como una tabla derivada.

EJEMPLO 4.32

Obtener el máximo salario total de todos los equipos:

```
SELECT max(tderivada.maxsal) FROM (SELECT sum(salario) 'maxsal' FROM jugador
GROUP BY equipo) AS tderivada;
```

Ahora la cláusula *FROM* actúa sobre una tabla derivada (con el alias *tderivada*), tal como lo hace sobre una tabla base considerando el resultado de la subconsulta como una tabla.

ACTIVIDADES 4.3

- Indique los comandos SQL necesarios para obtener la siguiente información:

  a. Datos del jugador más alto.
  b. Suma de alturas de los jugadores del CAI y Madrid.
  c. Datos de jugadores de equipos que hayan jugado algún partido contra el Valencia en casa.
  d. Resultado más repetido del Tenerife.
  e. Nombre de jugadores que midan más que todos los del Caja Laboral.
  f. Datos de jugadores cuyo salario sea mayor que el de sus capitanes.
  g. Datos del equipo con más jugadores registrados.
  h. Datos del equipo que ha jugado más partidos.
  i. Nombre de los jugadores mejor y peor pagados.
  j. Datos de equipos que se hayan enfrentado a todos los demás.

4.5 CONSULTAS SOBRE VARIAS TABLAS

En las consultas vistas hasta ahora, y con la excepción de las subconsultas, solo hemos necesitado una sola tabla para resolverlas ya que tanto la información a mostrar como las condiciones de filtrado se podían obtener mediante campos de dicha tabla. Sin embargo, en la mayoría de casos necesitaremos campos de otras tablas, bien porque necesitamos obtener más información (como por ejemplo si queremos saber el nombre del equipo de cada jugador además de sus datos personales) o bien porque las condiciones o filtros afecten a campos de otras tablas (como cuando necesitamos los jugadores del equipo CAI Zaragoza). Para estos casos necesitamos incluir en la cláusula *FROM* las tablas requeridas por la consulta en un proceso conocido como producto cartesiano o combinación de tablas.

Este proceso, cuando ocurre entre dos tablas, tiene como producto una nueva tabla resultado de la combinación de cada fila de la primera tabla con cada fila de la segunda de modo que la nueva tabla tiene un número de filas igual al producto de las filas de las dos tablas iniciales.

Por ejemplo la siguiente consulta:

```
SELECT * FROM equipo, jugador
```

Produce una nueva tabla con 14*5 filas.

Evidentemente no todas ellas son válidas puesto que estamos combinando cada jugador con todos los equipos.

A estas filas se les llama filas espurias y debemos deshacernos de ellas antes de seguir con el diseño de la consulta.

Para ello, debe incluirse un filtro con la cláusula *WHERE* que deje solamente las filas válidas. En nuestro ejemplo aquellas en que el campo común (o clave ajena) *id_equipo* es igual. De este modo quedaría:

```
SELECT * FROM equipo, jugador WHERE e.id_equipo=j.equipo
```

Así veríamos los datos de cada jugador incluidos los de su equipo.

Para eliminar la posible ambigüedad derivada del hecho de que puede haber campos con el mismo nombre es conveniente usar siempre prefijos para las tablas.

El proceso de diseño de una consulta de varias tablas se resume en:

- **1.** Analizar la consulta para ver las tablas necesarias para resolverla.
- **2.** Incluir dichas tablas en la cláusula *FROM*.
- **3.** Filtrar filas espurias usando campos comunes o claves ajenas.
- **4.** Añadir los filtros o cláusulas necesarias tal como si trabajásemos con una única tabla.

4.5.1 OPERACIONES DE REUNIÓN (JOIN)

Para indicar la combinación usamos el carácter "," que hace referencia a la llamada reunión interna. Sin embargo, podemos realizar distintos tipos de combinación o *JOIN*.

- ***INNER JOIN*: composición interna**

  Es la combinación de las tablas indicadas en la cláusula *FROM*, tal y como hemos visto en la sección anterior. En este caso se requiere el filtro adicional para eliminar filas espurias.

EJEMPLO 4.33

Obtener número de jugadores de equipos de Madrid:

```
SELECT COUNT(*) FROM jugador j, equipo e
WHERE j.equipo = e.id_equipo AND ciudad= "Madrid".
```

El uso de la coma es equivalente a usar *JOIN* que también puede ir precedido por las palabras *INNER* y *CROSS* (tal y como aparecen en la sintaxis de MySQL) indistintamente.

También puede usarse la cláusula *ON* en lugar de *WHERE* para especificar la condición de filtro de filas espúreas. Así el ejemplo anterior quedaría:

```
SELECT COUNT(*) FROM jugador j, equipo e
ON j.equipo = e.id_equipo AND ciudad= "Madrid"
```

- ***OUTER JOIN*: composición externa**

  En este tipo de combinaciones todas las filas se combinan incluso aunque tengan valores nulos en los campos comunes. Hay dos tipos, izquierda (*LEFT JOIN*) y derecha (*RIGHT JOIN*).

  LEFT JOIN: se combinan todas las filas de la primera tabla en la cláusula *FROM* con cada fila de la segunda tabla que cumpla la condición expresada con *ON* (en este tipo de consultas no se puede usar *WHERE* para comparar campos comunes).

EJEMPLO 4.34

Mostrar los datos de todos los jugadores incluyendo datos de sus equipos, en caso de tener:

```
SELECT COUNT(*) FROM jugador j LEFT JOIN equipo e
ON j.equipo = e.id_equipo;
```

El caso de *RIGHT JOIN* es igual salvo que se considera primero la tabla de la derecha.

- ***STRAIGHT_JOIN*: composición directa**

Es igual que el *JOIN* o reunión interna salvo que hace que se lea primero la primera tabla o más a la izquierda ya que en ocasiones el gestor lo puede hacer al revés y hacer la consulta más lenta o ineficiente. Esto es especialmente útil para la optimización de consultas.

En definitiva trabajar con dos o más tablas no difiere de trabajar con una, siempre que hayamos tenido cuidado de evitar registros falsos o espurios. El resto de operaciones son exactamente las mismas que vimos para el caso de una tabla.

ACTIVIDADES 4.4

- Indique los comandos SQL necesarios para obtener la siguiente información:
  a. Nombre de jugador, nombre de equipo y puesto del mismo.
  b. Datos de equipo y número de partidos que han jugado como locales.
  c. Datos de equipos con más de tres jugadores registrados.
- Repita la consulta anterior usando la cláusula *EXISTS*.
  a. Nombre de todos los equipos y datos de sus partidos como locales en caso de haberlos.
  b. Datos de equipos y salario máximo entre sus jugadores.
  c. Datos del partido con mayor puntuación.
  d. Nombre y número de victorias de cada equipo.
  e. Nombre de equipo, nombre de su capitán para cada equipo.
- Explique desde el punto de vista de la optimización las diferencias entre usar *EXISTS* en una consulta o usar combinación de tablas.

4.5.2 OPERACIONES DE UNIÓN/INTERSECCIÓN/DIFERENCIA

SQL soporta las tres operaciones del álgebra relacional sobre dos conjuntos de resultados o relaciones. Para ello ambas relaciones deben tener el mismo número de campos y dominios compatibles.

Sin embargo, aunque gestores como *Oracle* y SQL *Server* soportan todos ellos en MySQL solamente se implementa la unión. No obstante se pueden lograr la intersección y diferencia indirectamente como veremos.

Unión

En ocasiones podemos requerir que nuestros datos estén divididos en varias tablas. Por ejemplo, una empresa que vende productos deportivos podría tener en su base de datos una tabla para cada categoría de sus productos (atletismo, baloncesto, etc.). Aunque cada categoría tiene sus propios atributos, es normal que compartan algunos de ellos como el identificador, nombre, precio etc. De este modo, si queremos mostrar los datos comunes de todos ellos una unión sería el tipo de consulta más apropiado (aunque hay otras alternativas como la combinación).

Para efectuar una unión todas las consultas involucradas deben tener el mismo número y tipo de campos.

Los nombres de columna usados por el primer *SELECT* se usan como nombres de columna para los resultados retornados.

Sintaxis de *UNION*:

```
SELECT ...
UNION [ALL | DISTINCT]
SELECT ...
[UNION [ALL | DISTINCT]
SELECT ...]
```

Salvo que usemos la cláusula *ALL*, todos los registros devueltos son únicos, como si hubiéramos hecho un *DISTINCT* para el conjunto de resultados total. Si especificamos *ALL*, obtenemos todos los registros coincidentes de todos los comandos *SELECT* usados.

Aunque podemos unir resultados ordenados por cada *SELECT* si preferimos mostrar todos los valores ordenados podemos usar *ORDER BY* y *LIMIT* como en el siguiente ejemplo.

EJEMPLO 4.35

Mostrar, ordenados por nombre, los nombres de jugadores de los equipos 1 y 2:

```
(SELECT nombre FROM jugador WHERE equipo=1)
UNION
(SELECT nombre FROM jugador WHERE equipo=2)
ORDER BY 1 LIMIT 10;
```

Intersección

Es una operación entre dos conjuntos cuyo resultado es el conjunto de elementos comunes en ambos.

Como ya hemos señalado no existe una cláusula en MySQL para obtener la intersección de dos conjuntos de datos pero se puede hace usando combinaciones como en el siguiente ejemplo:

EJEMPLO 4.36

Obtener el listado de equipos que han jugado como locales y visitantes.

Si lo hiciésemos con otro gestor como *Postgresql*:

```
SELECT local FROM equipo
INTERSECT
SELECT visitante FROM equipo;
En MySQL podemos usan una combinación:
SELECT local FROM equipo a, equipo b WHERE a.local=b.visitante;
```

En este ejemplo realizamos una combinación de una tabla consigo misma (también llamada combinación reflexiva) filtrando aquellas filas que cumplen la condición de que el equipo local de la tabla a coincide con el visitante de la tabla *b*.

Diferencia

Es la operación entre dos conjuntos cuyo resultado es el conjunto de elementos que son distintos.

En otros gestores la cláusula SQL es *EXCEPT* (*Postgresql*) o *MINUS (SQL Server*).

EJEMPLO 4.37

Para obtener todos los nombres de jugadores del equipo 1 que no coincidan con ningún nombre del equipo 2.

En *Postgresql*:

```
SELECT nombre FROM equipo WHERE id_equipo=1
EXCEPT
SELECT nombre FROM equipo WHERE id_equipo=2;
```

En MySQL tenemos dos posibilidades, una subconsulta y una combinación:

```
SELECT nombre FROM equipo WHERE id_equipo=1 AND nombre NOT IN(SELECT nombre FROM
equipo WHERE id_equipo=2;
SELECT DISTINCT a.nombre
FROM jugador a LEFT JOIN jugador b USING a.nombre
WHERE (a.equipo=1 OR a.equipo=2)
AND (b.equipo=1 OR b.equipo=2)
AND b.nombre IS NULL;
```

En este último caso obtenemos una combinación izquierda de todos los jugadores del equipo *1combinados* con todos los del equipo 2. Aquellos registros no coincidentes aparecerán con el campo *nombre* de la segunda tabla como nulos.

RESUMEN DEL CAPÍTULO

En este capítulo hemos estudiado cómo acceder a los datos de nuestras bases de datos mediante consultas usando la cláusula *SQL SELECT* con toda su complejidad, pasando desde consultas simples sobre una tabla a consultas complejas que implican el uso de más tablas (mediante reuniones, uniones o subconsultas), funciones y expresiones regulares para comparación de patrones.

En este caso hemos utilizado el SGBD MySQL por su facilidad de uso y por proporcionar una interfaz gráfica de usuario (MySQL *Workbench*) muy amigable y eficiente.

EJERCICIOS PROPUESTOS

1. Obtenga la siguiente información sobre la base de datos *liga*:

- Obtener datos de todos los jugadores menos los de los equipos uno, dos y tres.
- Obtener el número de ciudades en las que hay equipos.
- Listado de partidos ordenado por equipo local y fecha.
- Número de partidos ganados por equipos locales.
- Nombres de jugadores que empiecen por "A" y tengan al menos 2 vocales.
- Datos del último partido incluyendo nombre de los equipos y jugadores.
- Datos de equipo y del capitán para equipos con que hayan ganado más de 2 partidos como visitantes.
- Realice una consulta para mostrar los equipos que no han jugado ningún partido como locales.

2. Obtenga la siguiente información sobre la base de datos *motorblog*:

- Datos de noticias que contengan una dirección IP.
- Muestre los títulos de las noticias invertidos y en mayúsculas.
- Muestre los enlaces sin el prefijo *http://www*.
- Datos de noticias que contengan la palabra "Alonso".
- Datos de la noticia con más comentarios.
- Muestre el titular de cada noticia con su antigüedad en segundos. Añada también antigüedad en meses, días horas minutos y segundos.
- Muestre datos de noticias que no contengan direcciones web.

TEST DE CONOCIMIENTOS

1 Indique la opción cierta:

a) Una consulta debe incluir como mínimo las cláusulas *SELECT* y *FROM*.
b) Una consulta debe incluir como mínimo las cláusulas *SELECT*, *FROM* y *WHERE*.
c) Una consulta debe incluir como mínimo las cláusulas *SELECT*, *ORDER BY* y *FROM*.
d) Una consulta debe incluir como mínimo la cláusula *SELECT*.

2 ¿Qué es cierto respecto a la cláusula *HAVING*?

a) Significa *tener*.
b) Sirve para poner un filtro sobre filas de las tablas.
c) Permite poner un filtro sobre grupos de valores.
d) Se usa solo con funciones de agregado.

3 Una consulta correlacionada:

a) Relaciona campos de dos o más tablas.
b) Se da cuando el resultado de la consulta secundaria o subconsulta depende de los valores de la tabla principal.
c) Es igual que una reunión externa.
d) Es igual que una reunión interna.

4 ¿Cuál de las siguientes afirmaciones es cierta?

a) Toda consulta correlacionada se puede resolver con una combinación de tablas.
b) Solo algunas consultas correlacionadas pueden resolverse con una combinación.
c) Las consultas correlacionadas no pueden en ningún caso resolverse con una combinación.

5 ¿Qué es el producto cartesiano?

a) La combinación de filas coincidentes de dos tablas.
b) La combinación de cada elemento de un conjunto con todos los elementos de otro conjunto.
c) Lo que hacemos cuando creamos un *JOIN* en una consulta.
d) Todo lo anterior, es cierto.

6 Si hace el producto cartesiano de tres tablas de 4, 5 y 10 filas, la tabla resultante, ¿cuántas filas tendrá?

a) 1000.
b) 2000.
c) 300.
d) 200.

7 El resultado de una consulta:

a) Solo existe en memoria cuando se realiza.
b) Se almacena en disco.
c) Se encuentra siempre en la caché.
d) Es una tabla con datos filtrados.

8 Una vista:

a) Es lo mismo que una consulta pero con los datos en disco.
b) Es lo que tenemos cuando guardamos una consulta.
c) Es una tabla virtual cuya definición es una consulta.
d) Es la definición de las tablas de la base de datos.

5 Edición de datos

OBJETIVOS DEL CAPÍTULO

- ✓ Aprender el uso de los comandos DML de SQL para la inserción, modificación y eliminación de datos de nuestras bases de datos.
- ✓ Entender el concepto de transacción y su uso en MySQL.
- ✓ Conocer los tipos de bloqueo y los tipos de bloqueo de tablas en MySQL.

En este capítulo trataremos la parte del lenguaje SQL relacionado con la edición de información y las operaciones que incluye, es decir, inserción (*INSERT*), modificación (*UPDATE*) y eliminación (*DELETE*) de los datos de nuestras bases de datos.

5.1 INSERCIÓN DE REGISTROS

Existen varias formas de agregar información. Podemos hacerlo mediante una sentencia *INSERT* normal, usando un *SELECT* o cargando los datos desde un fichero. Veremos todas ellas a continuación.

5.1.1 CLÁUSULA INSERT

Es el tipo más simple de inserción. Admite tres tipos de sintaxis.

Formato 1

```
INSERT [LOW_PRIORITY | DELAYED | HIGH_PRIORITY] [IGNORE]
    [INTO] tbl_name [PARTITION (partition_name,...)]
    [(col_name,...)]
    {VALUES | VALUE} ({expr | DEFAULT},...),(...),...
    [ ON DUPLICATE KEY UPDATE
      col_name=expr
        [, col_name=expr] ... ]
INSERT [INTO] { nombre_tabla | nombre_vista } [(lista columnas)]
{ VALUES (expresion [, expresion ]...) | sentencia_SELECT }
```

Donde:

- *LOW PRIORITY*: hace que la inserción se retrase mientras haya clientes leyendo de la tabla afectada. Sirve solo para tablas que admiten bloqueos como son las *MyISAM*, *MEMORY* y *MERGE*.
- *DELAYED*: permite continuar con otras operaciones mientras la inserción se retrasa hasta que no haya clientes accediendo a la tabla, es decir, es como la anterior pero permite continuar trabajando.
- *HIGH PRIORITY*: deshabilita el efecto de la variable de sistema *–low-priority-updates* si está activa (=1). Esta variable hace que las operaciones de modificación tengan menor prioridad que las de consulta.
- *IGNORE*: obvia los errores en la inserción. Por ejemplo, no podremos insertar registros con claves repetidas pero tampoco nos informará.
- *INTO*: es una cláusula opcional para indicar el nombre de la tabla o vista.
- *PARTITION*: especifica las particiones donde se pretenden insertar los datos.
- *DEFAULT*: sirve para usar el valor del campo por defecto creado cuando se definió la tabla.

- *Lista columnas*: podemos incluir entre paréntesis grupos de valores para insertar más de una fila en la misma sentencia.
- *Values*: es el conjunto de valores expresados mediante expresiones (normalmente valores literales) o procedentes de una consulta.
- *ON DUPLICATE KEY UPDATE*: cuando el valor de una clave (primaria o secundaria) se repite, ésta cláusula permite actualizar uno o varios campos del registro correspondiente.
- *expression*: es una columna de una tabla o el resultado de aplicar una función u operaciones sobre la misma. También puede ser el resultado de una subconsulta que implique únicamente una columna y una fila.

EJEMPLO 5.1

Insertar en la tabla jugadores a Antonio Martínez del equipo 6 cuyo *id* de capitán es el 13, fecha de alta uno de enero de 2010, salario 45000, altura 2.16 y cuyo puesto es pívot:

```
INSERT INTO jugadores VALUES(0,'Antonio', 'Martinez', 'pivot', 13, '2010-10-01',
45000, 6, 2.16);
```

El primer campo es de tipo *autonumérico* de manera que su valor vendrá dado por el valor del último jugador más uno.

Para insertar valores *autonuméricos* ponemos cero. El sistema calculará automáticamente el valor numérico correspondiente.

Los valores numéricos van sin comillas a diferencia del resto de tipos.

Formato 2

```
INSERT [LOW_PRIORITY | DELAYED | HIGH_PRIORITY] [IGNORE]
    [INTO] tbl_name [PARTITION (partition_name,...)]
    SET col_name={expr | DEFAULT}, ...
    [ ON DUPLICATE KEY UPDATE
      col_name=expr
        [, col_name=expr] ... ]
```

En este caso se permite especificar el nombre y valor de las columnas explícitamente con *SET*.

EJEMPLO 5.2

Para insertar un nuevo jugador con nombre Juan, *id* 16 y el resto de valores por defecto:

```
INSERT INTO jugador SET id=16, nombre='Juan';
```

Formato 3

A veces resulta útil o necesario insertar datos de otras tablas como, por ejemplo, cuando queremos crear históricos o añadir información redundante en nuestras tablas.

Para ello, podemos usar una consulta en la cláusula *INSERT* incluyéndola como expresión mediante un *SELECT*.

```
INSERT [LOW_PRIORITY | HIGH_PRIORITY] [IGNORE]
    [INTO] tbl_name [PARTITION (partition_name,...)]
    [(col_name,...)]
    SELECT ...
    [ ON DUPLICATE KEY UPDATE
      col_name=expr
        [, col_name=expr] ... ]
```

Ahora podemos insertar los valores procedentes de otra tabla o vista especificada mediante un *SELECT* como una subconsulta.

EJEMPLO 5.3

Insertar en la tabla *jugadores_histórico* (con los mismos campos que la tabla jugadores) los datos de jugadores que se dieron de alta antes del año actual:

```
INSERT INTO jugadores_historico SELECT * FROM jugadores WHERE YEAR(fecha_alta) <
YEAR(cur_date());
```

Ahora hemos incluido los registros cuyo año de alta es menor que el actual.

5.1.2 CLÁUSULA REPLACE

Funciona igual que *INSERT* excepto por el hecho de que si el valor de la clave primaria del registro a insertar coincide con un valor existente, éste se borrará para insertar el nuevo.

La sintaxis tiene también tres formas.

Formato 1

```
REPLACE [LOW_PRIORITY | DELAYED]
    [INTO] tbl_name
    [PARTITION (partition_name,...)]
    [(col_name,...)]
    {VALUES | VALUE} ({expr | DEFAULT},...),(...),...
```

Formato 2

```
REPLACE [LOW_PRIORITY | DELAYED]
    [INTO] tbl_name
    [PARTITION (partition_name,...)]
    SET col_name={expr | DEFAULT}, ...
```

Formato 3

```
REPLACE [LOW_PRIORITY | DELAYED]
    [INTO] tbl_name
    [PARTITION (partition_name,...)]
    [(col_name,...)]
    SELECT ...
```

5.2 MODIFICACIÓN DE REGISTROS

La modificación de información implica cambiar algunos o todos los valores de las columnas de una o varias tablas.

Para ello disponemos del comando *UPDATE* que puede funcionar en dos modos: en una única tabla y en modo *multitabla*. La sintaxis para ambos es la siguiente:

Formato para una sola tabla

```
UPDATE [LOW_PRIORITY] [IGNORE] table_REFerence
    SET col_name1={expr1|DEFAULT} [, col_name2={expr2|DEFAULT}] ...
    [WHERE where_condition]
    [ORDER BY ...]
    [LIMIT row_count]
```

Formato para varias tablas

```
UPDATE [LOW_PRIORITY] [IGNORE] table_references
    SET col_name1={expr1|DEFAULT} [, col_name2={expr2|DEFAULT}] ...
    [WHERE where_condition]
```

El significado de las cláusulas es similar al de las secciones anteriores.

La condición *WHERE* es la misma que estudiamos en el tema de consultas.

Para el caso de múltiples tablas se incluye la sentencia *table_references* que permite incluir una combinación o *JOIN* de dos o más tablas.

EJEMPLO 5.4

Sube el salario de los jugadores del equipo 5 en 1.000 euros:

```
UPDATE jugadores SET salario=salario+1000 WHERE equipo=5;
```

EJEMPLO 5.5

Añade un campo *id_capitan* en la tabla equipo y actualiza los valores según la información de la tabla jugador:

```
UPDATE equipos e JOIN jugador j ON e.id_equipo=j.id_jugador SET e.id_capitan=j.
capitan;
```

Podemos hacer actualizaciones basándonos en otras consultas mediante subconsultas usadas como una expresión.

En este caso la subconsulta debe devolver únicamente una columna y una fila.

EJEMPLO 5.6

Modificar el equipo del jugador con id 3 para que juegue en el Caja Laboral:

```
update jugadores set equipo=(select id_equipo from equipos where nombre='Caja
Laboral') where id_jugador=3;
```

Debe precisarse que en estos casos no es posible incluir subconsultas de la misma tabla sobre la que se hace la modificación.

5.3 BORRADO DE REGISTROS

La eliminación de datos de nuestras tablas funciona básicamente igual que la actualización con la siguiente sintaxis tanto para una sola tabla como para varias:

Formato para una sola tabla

```
DELETE [LOW_PRIORITY] [QUICK] [IGNORE] FROM tbl_name
    [WHERE where_condition]
    [ORDER BY ...]
    [LIMIT row_count]
```

Si no usamos el filtro *WHERE* se borran todos los registros de la tabla indicada. Otra forma, más eficiente, de hace resto es con el comando:

```
TRUNCATE TABLE tbl_name
```

Formato 1 para varias tablas

```
DELETE [LOW_PRIORITY] [QUICK] [IGNORE]
    tbl_name[.*] [, tbl_name[.*]] ...
    FROM table_references
    [WHERE where_condition]
```

Formato 2 para varias tablas

```
DELETE [LOW_PRIORITY] [QUICK] [IGNORE]
    FROM tbl_name[.*] [, tbl_name[.*]] ...
    USING table_references
    [WHERE where_condition]
```

En este último caso la cláusula *table_references* sirve como en el caso anterior para definir una combinación de dos o más tablas.

Con este tipo de borrados podemos borrar datos de más de una tabla incluyendo otras que sirve para filtrar las filas.

Por ejemplo, si disponemos de tres tablas *t*1, *t*2 y *t*3 podemos borrar datos de dos de ellas, *t*1 y *t*2, usando cualquiera de los siguientes comandos:

```
DELETE t1, t2 FROM t1, t2, t3 WHERE t1.id=t2.id AND t2.id=t3.id;
DELETE FROM t1, t2 USING t1, t2, t3 WHERE t1.id=t2.id AND t2.id=t3.id;
```

La opción *QUICK* hace que, para tablas *MyISAM* se acelere la eliminación ya que los índices creados sobre las filas eliminadas no se reciclan de modo que se evita el trabajo de reorganización de los mismos. Esto es útil cuando se prevé que las filas que se inserten después tengan índices parecidos.

El asterisco se usa por compatibilidad con *Access*.

El comando SQL de borrado admite también las cláusulas *ORDER BY* y *LIMIT*.

EJEMPLO 5.7

Eliminar todos los equipos que no hayan jugado partidos como locales:

```
DELETE equipo FROM equipo e LEFT JOIN partido ON e.id_equipo=p.elocal WHERE
p.elocal IS NULL;
```

Igual que en el caso anterior podemos usar subconsultas en la cláusula *WHERE* para filtrar los borrados.

EJEMPLO 5.8

Eliminar todos los jugadores del Caja Laboral:

```
DELETE FROM jugadores WHERE equipo=(SELECT id_equipo FROM equipo WHERE nombre='Caja
Laboral');
```

ACTIVIDADES 5.1

- Averigüe la utilidad del comando *TRUNCATE* y su diferencia con *DELETE*.
- Indique el comando necesario para aumentar el salario de los jugadores de más de dos metros un 10%. Use *REPLACE* y *UPDATE* y compruebe la diferencia.
- Agregue, usando MySQL *Workbench*, la columna *puntos_equipo* a la tabla *jugadores* para reflejar todos los puntos de su equipo. Actualice sus valores con los valores correctos en la tabla *equipos*.
- ¿Con qué comandos elimina todos los datos de las tablas en la base *liga*?
- Intente aumentar el *id_equipo* de la tabla *equipos* en una unidad para todos los registros. Explique lo que ocurre y cómo podría solucionarlo.
- Borre registros de equipos que no hayan jugado partidos.

5.4 BORRADOS Y MODIFICACIONES E INTEGRIDAD REFERENCIAL

En bases de datos en las que hemos implementado integridad referencial en algunas de sus tablas debemos considerar las reglas de borrado y modificación que impusimos en el diseño a la hora de eliminar o modificar registros. Hasta ahora hemos obviado esta parte y sin embargo puede ser una gran fuente de errores si no lo tenemos en cuanta.

En el caso particular del gestor MySQL esto hay que tenerlo en cuenta para las tablas o motores del tipo *InnoDB* que son las que permiten integridad referencial.

Así, en MySQL, tanto cuando borramos como cuando modificamos registros, tenemos cuatro posibilidades en la definición de la integridad referencial:

- *NO ACTION*

  En este caso se impide la eliminación o modificación de un registro en una tabla que tiene registros relacionados (mediante alguno de sus tributos comunes) en otras tablas.

- *RESTRICT*

  Es equivalente a *NO ACTION*.

- *SET NULL*

  Permite borrar o actualizar un registro en la tabla 'padre' poniendo a *NULL* el campo o campos relacionados en la tabla 'hija' (salvo que se hayan definido como *NOT NULL*).

- *CASCADE*

  Es el valor más habitual ya que propaga las modificaciones o borrados a los registros de la tabla hija relacionados con los de la tabla padre.

Trabajar con integridad referencial puede generar muchos problemas si no observamos cuidadosamente lo anterior. En particular podemos distinguir los siguientes:

Inserción de datos

Es posible que cuando queramos hacer inserciones individuales o masivas de datos la integridad referencial suponga una fuente de errores, especialmente cuando hay relaciones entre campos de dos tablas.

Por ejemplo, si en la tabla *jugadores* de la base de datos *liga* definimos una clave ajena (equipo) hacia la clave principal de la tabla *equipo* y en la tabla *equipo* definimos la clave ajena *id_capitan* hacia la clave principal de la tabla *jugador*. En este caso, si queremos hacer una inserción masiva de todos los datos del equipo y de los jugadores la integridad referencial nos lo impedirá debido a que si insertamos primero los datos de equipos, no podremos introducir un equipo cuyo capitán no existe en la tabla *jugador* y si lo hacemos al revés insertando primero los datos de jugadores tampoco podemos introducir un jugador cuyo equipo no existe en la tabla *equipo*.

Este tipo de problemas se puede evitar insertando primero los datos e impidiendo después las restricciones de integridad.

En todo caso, para inserciones masivas en las que no se da este tipo de relaciones dobles debemos prestar atención al orden de inserción de los datos. Para ello introduciremos primero los datos de las tablas principales (aquellas a las que apuntan las claves ajenas) o las que no tienen claves ajenas y después las secundarias o las que contienen claves ajenas que apuntan a dichas tablas principales.

Modificación de datos

Las modificaciones de datos no suelen generar problemas, ya que se suele definir la integridad referencial de tipo *CASCADE* de modo que cualquier cambio en atributos clave se propaga automáticamente a las claves ajenas con las que se relaciona.

En todo caso, si la restricción es de tipo *SET NULL* será una fuente de valores nulos en los campos relacionados además de que deberemos tener en cuenta que los campos de las claves ajenas se hayan definido como de tipo *NULL*.

Borrado de datos

Cuando borramos registros debemos tener en cuenta el tipo de borrado definido. Si, como suele ocurrir se definió el borrado en modo *CASCADE*, los datos de registros relacionados se borrarán automáticamente en todas las tablas de forma que ésta operación debe hacerse cuando se está muy seguro de sus implicaciones.

Para el caso de borrados masivos de todos los datos ocurre a la inversa que en el caso de la inserción.

A modo de ejemplo veamos qué posibilidades se darían si quisiéramos borrar todos los datos de una base de datos:

- Si el modo es *CASCADE*: debemos eliminar en primer lugar los registros de las tablas principales. Por ejemplo, al eliminar un departamento desaparecerían también los registros de profesores que trabajen en él.
- Si el modo es *NO ACTION* o *RESTRICT*: deberemos eliminar en primer lugar los registros de las tablas que contienen las claves ajenas y después los de las tablas principales. En este caso tendríamos que eliminar primero los profesores de un departamento para poder eliminar el departamento.
- Si el modo es *SET NULL*: tendremos deberemos borrar los datos de cada tabla en cualquier orden.

5.5 TRANSACCIONES

Una transacción es un conjunto de órdenes (en nuestro caso comandos SQL) que se ejecutan de manera atómica o indivisible, es decir o se ejecutan todas o no se ejecuta ninguna.

Para ser consideradas como tales deben cumplir las cuatro propiedades ACID:

- **Atomicidad**: asegura que se realizan todas las operaciones o ninguna, no puede quedar a medias.
- **Consistencia** o **integridad**: asegura que solo se empieza lo que se puede acabar.
- **Aislamiento**: asegura que ninguna operación afecta a otras pudiendo causar errores.
- **Durabilidad**: asegura que una vez realizada la operación, ésta no podrá cambiar y permanecerán los cambios.

El ejemplo cásico de transacción es una transferencia económica en la que debe sustraerse una cantidad de una cuenta, hacer una serie de cálculos relacionados con comisiones, intereses etc. e ingresar en otras cuentas. Todo ello debe ocurrir de manera simultánea como si fuese una sola operación ya que de otro modo se generarían inconsistencias.

Una de las características de los sistemas gestores es si permiten o no el uso de transacciones en sus tablas. En el caso de MySQL esto depende del tipo de tabla o motor utilizado. MySQL soporta distintos tipos de tablas tales como *ISAM*, *MyISAM*, *InnoDB* y *BDB* (Berkeley *Database*).

Las tablas que permiten transacciones son del tipo *InnoDB*. Están estructuradas de forma distinta que *MyISAM*, ya que se almacenan en un solo archivo en lugar de tres y, además de transacciones, permiten definir reglas de integridad referencial.

Las transacciones aportan una fiabilidad superior a las bases de datos. Si disponemos de una serie de operaciones SQL que deben ejecutarse en conjunto, con el uso de transacciones podemos tener la certeza de que nunca nos quedaremos a medio camino de su ejecución. De hecho, podríamos decir que las transacciones aportan una característica de "deshacer" a las aplicaciones de bases de datos.

Para este fin, las tablas que soportan transacciones, como es el caso de *InnoDB*, son mucho más seguras y fáciles de recuperar si se produce algún fallo en el servidor, ya que las instrucciones se ejecutan o no en su totalidad. Por otra parte, las transacciones pueden aumentar el tiempo de proceso de instrucciones.

Volviendo al ejemplo anterior, si una cantidad de dinero es transferida de la cuenta de un cliente (*cc1*) a otro (*cc2*), se requerirán por lo menos dos instrucciones de actualización:

```
UPDATE cuentas SET balance = saldo - cantidad_transferida WHERE cod_cliente=cc1;
UPDATE cuentas SET balance = saldo + cantidad_transferida WHERE cod_cliente = cc2;
```

Estas dos consultas deben trabajar bien, ¿pero qué sucede si ocurre algún imprevisto y se cae el sistema después de que se ejecuta la primer instrucción, pero la segunda aún no se ha completado? El cliente 1 tendrá una cantidad de dinero descontada de su cuenta, y creerá que ha realizado su pago, sin embargo, el cliente 2 pensará que no se le ha depositado el dinero que se le debe. En este sencillo ejemplo se ilustra la necesidad de que las consultas, o bien sean ejecutadas de manera conjunta o que no se ejecute ninguna de ellas. Es aquí donde las transacciones toman un papel crucial.

Los pasos para usar transacciones en MySQL son:

1. Iniciar una transacción con el uso de la sentencia *START TRANSACTION* o *BEGIN*.
2. Actualizar, insertar o eliminar registros en la base de datos.
3. Si se quieren los cambios a la base de datos, completar la transacción con el uso de la sentencia *COMMIT*. Únicamente cuando se procesa un *COMMIT* los cambios hechos por las consultas serán permanentes.
4. Si sucede algún problema, podemos hacer uso de la sentencia *ROLLBACK* para cancelar los cambios que han sido realizados por las consultas que han sido ejecutadas hasta el momento.

En tablas *InnoDB*, toda la actividad del usuario se produce dentro de una transacción. Si el modo de ejecución automática (*autocommit*) está activado, cada sentencia SQL conforma una transacción individual por sí misma. MySQL siempre comienza una nueva conexión con la ejecución automática habilitada.

Si el modo de ejecución automática se deshabilitó con *SET AUTOCOMMIT* = 0, entonces puede considerarse que un usuario siempre tiene una transacción abierta. Una sentencia SQL *COMMIT* o *ROLLBACK* termina la transacción vigente y comienza una nueva. Ambas sentencias liberan todos los bloqueos *InnoDB* que se establecieron durante la transacción vigente. Un *COMMIT* significa que los cambios hechos en la transacción actual se convierten en permanentes y se vuelven visibles para los otros usuarios. Por otra parte, una sentencia *ROLLBACK*, cancela todas las modificaciones producidas en la transacción actual.

Si la conexión tiene la ejecución automática habilitada, el usuario puede igualmente llevar a cabo una transacción con varias sentencias si la comienza explícitamente con *START TRANSACTION* o *BEGIN* y la termina con *COMMIT* o *ROLLBACK*.

EJEMPLO 5.9

Vamos a ejecutar algunas consultas para ver cómo trabajan las transacciones. Lo primero que tenemos que hacer es comprobar el estado de la variable *autocommit*.

```
mysql> SHOW VARIABLES LIKE 'autocommit';
```

Si tiene el valor 1 la desactivamos con *SET*. Otra opción es realizar los ejemplos con *START TRANSACTION*.

A continuación creamos una tabla, en la base de datos *test*, del tipo *InnoDB* e insertamos algunos datos.

Para crear una tabla *InnoDB*, procedemos con el código SQL estándar *CREATE TABLE*, pero debemos especificar que se trata de una tabla del tipo *InnoDB* (*TYPE = InnoDB*). La tabla se llamará *trantest* y tendrá un campo numérico. Primero activamos la base *test* con la instrucción *USE* para después crear la tabla e introducir algunos valores.

```
mysql>USE test;
mysql> CREATE TABLE trantest(campo INT NOT NULL
PRIMARY KEY) TYPE = InnoDB;
mysql> INSERT INTO trantest VALUES(1),(2),(3);
```

Una vez cargada la tabla iniciamos una transacción.

```
mysql> BEGIN;
Query OK, 0 rows affected (0.01 sec)
mysql> INSERT INTO trantest VALUES(4);
Query OK, 1 row affected (0.00 sec)
```

Si en este momento ejecutamos un *ROLLBACK*, la transacción no será completada y los cambios realizados sobre la tabla no tendrán efecto.

```
mysql> ROLLBACK;
```

Si ahora hacemos un *SELECT* para mostrar los datos de *trantest* veremos que no se ha llegado a producir ninguna inserción.

Ahora vamos a ver qué sucede si perdemos la conexión al servidor antes de que la transacción sea completada.

```
mysql> BEGIN;
Query OK, 0 rows affected (0.00 sec)
mysql> INSERT INTO trantest VALUES(4);
Query OK, 1 row affected (0.00 sec)
mysql> SELECT * FROM trantest;
+-------+
| campo |
+-------+
| 1 |
| 2 |
| 3 |
| 4 |
4 rows in set (0.00 sec)
mysql> EXIT;
Bye
```

Cuando obtengamos de nuevo la conexión, podemos verificar que el registro no se insertó, ya que la transacción no fue completada.

Ahora vamos a repetir la sentencia *INSERT* ejecutada anteriormente, pero haremos un *COMMIT* antes de perder la conexión al servidor al salir del monitor de MySQL.

```
mysql> BEGIN;
Query OK, 0 rows affected (0.00 sec)
mysql> INSERT INTO innotest VALUES(4);
Query OK, 1 row affected (0.00 sec)
mysql> COMMIT;
Query OK, 0 rows affected (0.02 sec)
mysql> EXIT;
Bye
```

Una vez que hacemos un *COMMIT*, la transacción es completada y todas las sentencias SQL que han sido ejecutadas previamente afectan de manera permanente a las tablas de la base de datos.

Hay instrucciones SQL que, dadas sus características, implican confirmación automática. Éstas son:

- Instrucciones del *DDL* que definen o modifican objetos de la base de datos. *CREATE*, *ALTER*, *DROP*, *RENAME* y *TRUNCATE*.
- Instrucciones que modifican tablas de la base de datos administrativa llamada *mysql*. *GRANT* y *REVOKE*.
- Instrucciones de control de transacciones y bloqueo de tablas. *START TRANSACTION*, *BEGIN*, *LOCK* y *UNLOCK*.
- Instrucciones de carga de datos. *LOAD DATA*.
- Instrucciones de administración de tablas. *ANALIZE*, *CHECK*, *OPTIMIZE* y *REPAIR*.

Existen además dos comandos para la gestión de transacciones, son:

- *SAVEPOINT id*: es una instrucción que permite nombrar cierto paso en un conjunto de instrucciones de una transacción.
- *ROLLBACK TO SAVEPOINT id*: permite deshacer el conjunto de operaciones realizadas a partir del identificador de *savepoint*.
- *RELEASE SAVEPOINT id*: elimina o libera el *savepoint* creado.

Cualquier operación *COMMIT* o *ROLLBACK* sin argumentos eliminará todos los *savepoints* creados.

EJEMPLO 5.10

```
mysql> START TRANSACTION;
mysql> INSERT INTO test.trantest VALUES(1);
mysql> SAVEPOINT 1;
mysql> INSERT INTO test.trantest VALUES(2),(3),(4);
mysql> ROLLBACK TO 1;
```

Este sencillo ejemplo hace que solo se inserten realmente (se confirmen) los datos del primer *INSERT*. Podemos comprobarlo con un *SELECT*.

ACTIVIDADES 5.2

- ¿Qué diferencia hay entre las instrucciones *START TRANSACTION* y *BEGIN*?
- Inicie dos terminales *MS-DOS* para conectarse al servidor MySQL. Inicie en una de ellas una transacción sobre la base *ebanca* en la que se va a transferir 100 euros de la cuenta 3 a la 4. Es decir, debe incrementarse el saldo de una y decrementarse el de la otra.
- Desde la otra terminal intente modificar la tabla de movimientos actualizando el saldo primero de la cuenta 5 y después de la 6 antes de efectuar *COMMIT* en la primera consola. ¿Qué ocurre? Haga ahora *COMMIT* en la primera consola. Explique lo que sucede.
- Si iniciamos una transacción y de pronto terminamos nuestra sesión, ¿qué operación hace el servidor, un *COMMIT*, un *ROLLBACK* o indefinido?
- En el ejercicio anterior, después de actualizar la cuenta 3, ¿podrá otro usuario tener acceso de lectura sobre la tabla *cuentas*? Explíquelo.
- ¿Qué ocurre si en mitad de una transacción sin confirmar modificamos la variable *autocommit* para ponerla a 1? ¿Se deshará o confirmará la transacción o habrá un resultado imprevisto?

5.6 POLÍTICAS DE BLOQUEO DE TABLAS

Bloquear una tabla o vista permite que nadie más pueda hacer uso de la misma de modo que tenemos la exclusividad de lectura y/o escritura sobre ella.

MySQL permite el bloqueo de tablas por parte de clientes con el objeto de cooperar con otras sesiones de clientes o de evitar que estos puedan modificar datos que necesitamos en nuestra sesión.

Los bloqueos permiten simular transacciones, así como acelerar operaciones de modificación o de inserción de datos.

5.6.1 COMANDOS DE BLOQUEO DE TABLAS

La instrucción para bloqueo de tablas es *LOCK* sigue la siguiente sintaxis:

```
LOCK TABLES
    tbl_name [[AS] alias] lock_type
    [, tbl_name [[AS] alias] lock_type] ...
lock_type:
    READ [LOCAL]
  | [LOW_PRIORITY] WRITE
```

Para desbloquear tablas (solo podemos desbloquear todas las tablas a la vez) usamos la instrucción *UNLOCK TABLES*.

Para obtener un bloqueo de todas las tablas de la base de datos usamos:

```
LOCK TABLES WITH READ LOCK
```

Bloquear una tabla implica indicar su nombre (*tbl_name*) o alias y el tipo de bloqueo, lectura o escritura (*READ*/*WRITE*).

5.6.2 TIPOS DE BLOQUEO

Existen dos tipos de bloqueo:

- *READ [LOCAL]*

  En este caso la sesión o cliente que tiene el bloqueo puede leer pero ni él ni ningún otro cliente podrán escribir en la tabla.

  Es un bloqueo que pueden adquirir varios clientes simultáneamente y permite que cualquiera, incluso sin bloqueo, pueda leer las tablas bloqueadas.

  El modificador *LOCAL* permite que haya inserciones concurrentes de otros clientes mientras dura el bloqueo.

- *[LOW PRIORITY] WRITE*

  La sesión o cliente que adquiere este tipo de bloqueo puede leer y escribir en la tabla pero ningún otro cliente podrá acceder a ella o bloquearla.

5.6.3 ADQUISICIÓN-LIBERACIÓN DE UN BLOQUEO

Cuando necesitamos adquirir bloqueos debemos hacerlo en una única sentencia, ya que si separamos las instrucciones automáticamente se desbloquean las anteriores quedando activo solamente el último bloqueo.

En ese momento solo tendremos acceso a las tablas bloqueadas.

Los bloqueos de escritura tienen por defecto mayor prioridad ya que implican modificación de datos que deben hacerse lo más rápido posible. Así si una sesión adquiere un bloqueo de lectura y otra sesión pretende uno de lectura, éste tendrá prioridad sobre otras solicitudes de bloqueos de lectura subsecuentes. De este modo hasta que la sesión que solicitó el bloqueo de escritura no libere dicho bloqueo no se podrán adquirir nuevos bloqueos de lectura.

Esto cambia si el bloqueo de escritura se adquiere con la opción *LOW_PRIORITY* en cuyo caso si se permite que los bloqueos de lectura se adquieran antes que el de escritura. De hecho el bloqueo de escritura solo se obtendrá cuando no queden bloqueos de lectura pendientes.

La política de bloqueos de MySQL sigue la siguiente secuencia:

- **1.** Ordena internamente las tablas a bloquear.
- **2.** Si una tabla debe bloquearse para lectura y escritura sitúa la solicitud de bloqueo de escritura en primer lugar.
- **3.** Se bloquea cada tabla hasta que la sesión obtiene todos sus bloqueos.

De este modo se evita el conocido *deadlock* o bloqueo mutuo, fenómeno que hace que el acceso a los bloqueos se pueda prolongar indefinidamente al no poder ningún proceso obtenerlos.

Si adquirimos un bloqueo sobre una tabla, todos los bloqueos activos en ese momento se liberan automáticamente.

Si comenzamos una transacción todos los bloqueos se liberan automáticamente.

5.6.4 BLOQUEOS Y TRANSACCIONES

El uso de bloqueos está íntimamente ligado a las transacciones, especialmente para tabla de tipo transaccional como *InnoDB* y *Cluster*.

En tablas *InnoDB* los bloqueos se adquieren a nivel de fila permitiéndose que varios usuarios puedan bloquear varias filas simultáneamente.

En tablas *InnoDB* todo es una transacción, de hecho, como ya hemos señalado, si *autocommit* está activado (=1), cada operación SQL es en sí misma una transacción. En este caso podemos iniciar una transacción con *START TRANSACTION* o *BEGIN* y terminarla con *COMMIT* para que los cambios sean permanentes o *ROLLBACK* para deshacer los cambios.

En el caso de *autocommit* inactivo se considera que siempre hay una transacción en curso en cuyo caso las sentencias *COMMIT* y *ROLLBACK* suponen el final de dicha transacción y comienzo de la siguiente.

Tipos de bloqueo en *InnoDB*

En este tipo de tablas diferenciamos dos tipos de bloqueo:

- **Bloqueo compartido** (s): permite a una transacción la lectura de filas. En este caso varias transacciones pueden adquirir bloqueos sobre las mismas filas pero ninguna transacción puede modificar dichas filas hasta que no se liberen los bloqueos.

- **Bloqueo exclusivo** (x): permite a una transacción bloquear filas para actualización o borrado. En este caso las transacciones que deseen adquirir un bloqueo exclusivo deberán esperar a que se libere el bloqueo sobre las filas afectadas.

También se soporta el "bloqueo de múltiple granularidad" según el cual una transacción pude indicar que va a bloquear algunas filas de una tabla bien para lectura (IS) o para escritura (IX). Es lo que se denomina una intención de bloqueo.

De este modo es más fácil para MySQL gestionar posibles conflictos evitando los temidos *deadlocks* ya que permite a varias transacciones compartir la reserva de una tabla puesto que el bloqueo se produce fila a fila en el momento de la modificación. Así si dos transacciones reservan la misma tabla, solo en el momento en que una de ellas esté modificando una fila, ésta quedará bloqueada.

Ejemplos de este tipo de bloqueo son:

- Sentencias *SELECT...LOCK IN SHARE MODE*: para bloqueo tipo IS. De este modo se crea un bloqueo de lectura sobre las filas afectadas por la consulta *SELECT*.

EJEMPLO 5.11

Supongamos que queremos agregar un registro en la tabla jugador pero asegurándonos de que existe su equipo (suponemos además que no hay integridad referencial).

Para asegurar que existe el equipo haríamos una consulta sobre equipo para comprobarlo y después insertaríamos el jugador. Sin embargo, nadie nos asegura que entre medio se elimine dicho equipo. Para evitarlo haríamos la consulta de este modo:

```
SELECT * FROM equipo WHERE nombre='id_equipo' LOCK IN SHARE MODE;
```

Con lo que conseguimos un bloqueo de lectura de modo que mientras no se confirme o deshaga la transacción nadie podrá modificar los datos de equipo.

- Sentencias *SELECT... FOR UPDATE*: para bloqueo tipo IX. De este modo se bloquean para escritura las filas afectadas por la consulta *SELECT*, así como las entradas de índice asociadas.

EJEMPLO 5.12

Si queremos añadir un nuevo jugador con un *id* determinado por el valor de un contador almacenado en la tabla contador. Si hacemos un bloqueo de lectura es posible que más de una transacción acceda al mismo valor de contador para dos jugadores distintos de manera que se producirá un error al ser un campo clave y no poder repetirse. Para evitarlo usaríamos un bloque de escritura o exclusivo para después incrementar el contador con la siguiente orden:

```
SELECT num_jugadores FROM contador FOR UPDATE;
UPDATE num_jugadores SET num_jugadores= num_jugadores+1;
```

Ahora cualquier transacción que quiera leer el campo *num_jugadores* deberá esperar a que se libere el bloqueo exclusivo y, por tanto, obtendrá el valor correcto.

Niveles de aislamiento

Los niveles de aislamiento hacen referencia al grado de actualización de los datos que leemos de una base de datos. Así distinguimos 4 niveles:

- *READ UNCOMITTED*

  Las lecturas se realizan sin bloqueo de manera que podemos estar leyendo un dato que ya ha sido modificado por otra transacción. Es lo que se denomina lectura inconsistente o sucia.

- *READ COMMITED*

  En este tipo de lectura en cada instrucción se usan los valores más recientes y no los de comienzo del bloqueo. Es decir, si en alguna instrucción se modifica un valor que después se usará en otra, el valor será el modificado y no el original cuando se adquirió el bloqueo.

- *REPETEABLE READ*

  Es el valor por defecto. En este caso se obtiene el valor establecido al comienzo de la transacción. Es decir, aunque durante la transacción los valores cambien, se tendrán en cuenta siempre los del comienzo.

- *SERIALIZABLE*

  Es como la anterior con la diferencia de que ahora de manera interna se convierten los *SELECT* en *SELECT… LOCK IN SHARE MODE* si *autocommit* está desactivado.

Con el comando *SET TRANSACTION* podemos establecer el nivel deseado de aislamiento de nuestras transacciones indicando si es a nivel global o solo para nuestra sesión actual.

La sintaxis es:

```
SET [GLOBAL | SESSION] TRANSACTION ISOLATION LEVEL
  {
       READ UNCOMMITTED
     | READ COMMITTED
     | REPEATABLE READ
     | SERIALIZABLE
   }
```

5.6.5 INSERCIONES CONCURRENTES

Son inserciones que permiten la lectura simultánea de datos de una tabla. Es decir, mientras en una sesión se está modificando una tabla, otras sesiones pueden leer de dicha tabla.

El motor de MySQL *MyISAM* soporta inserciones concurrentes para facilitar la competencia de lectura y escritura sobre este tipo de tablas. Esto se da normalmente cuando la tabla no contiene huecos en sus ficheros de datos, es decir no hay filas borradas entre el resto de filas.

Este comportamiento está controlado por una variable de sistema llamada *concurrent_insert* cuyos valores posibles son los siguientes:

- *AUTO* ó 1: en cuyo caso se activan las inserciones concurrentes.
- 0: en cuyo caso se impiden las inserciones concurrentes.
- 2: se permiten las inserciones incluso aunque haya filas borradas entre los datos de la tabla.

Estudiaremos las variables de sistema en el segundo curso de este ciclo en administración de bases de datos. De momento basta con saber que existen y tienen ciertos valores que se pueden consultar y modificar con los comandos *SHOW VARIABLES* y *SET* respectivamente.

Para el caso de que estén habilitadas este tipo de inserciones no se hace necesario el uso de la cláusula *DELAYED* del comando *INSERT* por motivos obvios.

Para el caso de la sentencia *LOAD DATA* si usamos la cláusula *CONCURRENT* permitimos el uso de inserciones concurrentes siempre que se cumpla que la tabla no contiene huecos.

La cláusula *HIGH PRIORITY* también desactiva el uso de inserciones concurrentes.

Para bloqueos de tablas para lectura la cláusula *LOCAL* permite el uso de inserciones concurrentes que se ejecutan mientras el bloqueo está activo.

ACTIVIDADES 5.3

- ¿Qué tipo de tablas soportan bloqueo?
- ¿Es lo mismo usar *BEGIN* que *LOCK* en tablas *InnoDB*?
- Si adquiero un bloqueo *FOR UPDATE*, ¿podrá otro usuario modificar la tabla bloqueada?
- Compruebe el nivel de aislamiento de su servidor.
- Modifíquelo a *READ COMMITED* e inicie una transacción para mover 100 euros de la cuenta 1 a la 2. Lea ahora los valores desde otro cliente antes de hacer *COMMIT* y confirme el tipo de lectura.

RESUMEN DEL CAPÍTULO

Este capítulo se ha dedicado a la manipulación de tablas y datos en bases de datos relacionales en lo que respecta a la inserción, importación, exportación y modificación de los mismos.

Hemos estudiado con detalle cómo afecta la integridad referencial a la edición de datos.

Finalmente, hemos introducido el concepto de transacción y las políticas de bloqueo de tablas y cómo se implementan en MySQL.

EJERCICIOS PROPUESTOS

- **1.** Si hay dos inserciones simultáneas sobre un mismo registro de datos, una con la opción *DELAYED* y la otra con *HIGH PRIORITY*, ¿cuál se ejecutará antes?, ¿y si hay una tercera inserción, también simultánea y sin opciones?
- **2.** Actualice el valor de puesto para el jugador con *id*=4 cambiándolo a *ala-pívot* de tres formas distintas, usando una cláusula *INSERT*, *REPLACE* y *UPDATE*.
- **3.** Cree un fichero con datos de equipos de la liga ACB para insertarlos en la tabla *equipos* (separa los campos por comas y los registros por un guión). Incluya al principio una descripción con el contenido del fichero y la fecha de creación. Haga lo necesario para insertarlos usando *LOAD DATA*.
- **4.** Tenemos un fichero de noticias con registros de muchas noticias, pero algunas están repetidas. ¿Cómo podemos insertarlas todas de golpe sin preocuparnos de los errores debidos a la repetición de claves?
- **5.** Cree un fichero a partir de un fichero *rss* (en formato XML) de uno de sus *blogs* o periódicos preferidos y adáptelo para insertarlo en la tabla *noticias* de la base *motorblog* usando *LOAD XML*.
- **6.** Borre el equipo y sus jugadores para el equipo con menos puntos.
- **7.** Cree un vista con los datos de autores y noticias de la base *motorblog*. ¿Es actualizable?, ¿en qué casos? Compruébelo con un ejemplo.
- **8.** ¿Tiene sentido el uso de transacciones en la base de datos de un *blog*? Explíquelo.

9. Cree una transacción con las siguientes instrucciones:

- a. Active la base *ebanca*.
- b. Aumentar el saldo la cuenta 3 un 10%.
- c. Descontar el importe correspondiente en la cuenta 4.
- d. Generar los registros correspondientes en la tabla movimientos.
- e. Terminar.

10. Durante la transacción anterior (antes de su confirmación), ¿qué información ven los usuarios que consulten las cuentas afectadas?, ¿está actualizada? Explíquelo.

TEST DE CONOCIMIENTOS

1 ¿Qué es cierto respecto al comando *INSERT*?
a) Permite insertar registros de datos en tablas.
b) Permite actualizar datos en tablas.
c) Permite volcar información de tablas en un fichero.
d) Todo lo anterior es cierto.

2 Una inserción con alta prioridad:
a) Se ejecuta siempre antes que cualquier consulta.
b) Se ejecuta con mayor prioridad que las consultas.
c) Se ejecuta solo si no hay otra sentencia pendiente.
d) Se ejecuta antes que los *SELECT*, *UPDATE* y *DELETE* que haya en ese momento.

3 Un borrado con baja prioridad:
a) Se ejecuta solo cuando nadie ha bloqueado las tablas.
b) Se ejecuta solo cuando no hay clientes leyendo la tabla.
c) Se ejecuta en cuanto hay pocas consultas sobre la tabla.

4 Las inserciones concurrentes:
a) Permiten insertar varios registros de datos simultáneamente.
b) Permiten que dos clientes escriban simultáneamente en una tabla.
c) Permiten inserciones y lecturas concurrentes.
d) Todo lo anterior es cierto.

5 XML:
a) Es lo mismo que *xhtml*.
b) Es una especificación para codificar documentos.
c) Solo sirve para publicar noticias.
d) Es un tipo de dato en MySQL.

6 De los siguientes programas y comandos, ¿cuáles me sirven para hacer una copia de seguridad de mis datos?
a) *SELECT*.
b) *INSERT*.
c) *mysqldump*.
d) Todos los anteriores.

7 La variable *autocommit*:

a) Hace un *ROLLBACK* automático si hay algún problema en una transacción.
b) Hace un *ROLLBACK* automático si hay algún problema en una transacción.
c) Hace *COMMIT* tras la ejecución cada instrucción SQL.
d) Con valor cero inhabilita el uso de transacciones.

8 Iniciar una transacción:

a) Equivale a bloquear todas las tablas.
b) Equivale a desbloquear todas las tablas bloqueadas previamente para esa sesión con *LOCK TABLES*.
c) Bloquea todas las tablas para escritura.
d) Bloquea para escritura las tablas propiedad del usuario.

9 Obtener un bloqueo de lectura sobre una tabla:

a) Implica que nadie más va a poder leer la tabla.
b) Me asegura que no será actualizada mientras la leo.
c) Me permite modificar los datos mientras mantiene los datos originales para acceso de lectura del resto de usuarios.

10 ¿Para qué sirven los bloqueos de tablas?

a) Para acelerar la actualización de datos.
b) Para emular transacciones en tablas no transaccionales.
c) Para todo lo anterior.

6 Otros objetos de la base de datos

OBJETIVOS DEL CAPÍTULO

- ✓ Entender el concepto de vista en una base de datos.
- ✓ Aprender a manipular vistas.
- ✓ Conocer los sinónimos de objetos de bases de datos.
- ✓ Aprender a enlazar (vincular) tablas entre sistemas de bases de datos.

Además de tablas, los gestores de bases de datos permiten trabajar con otros objetos.

Entre los más importantes y útiles se encuentran las vistas que nos permiten, entre otras cosas, adaptar los datos a cada usuario o aplicación.

En este capítulo trataremos las vistas y veremos también otros objetos relacionados como los sinónimos y la vinculación de nuestras bases de datos a otras bases de datos.

6.1 VISTAS

Una vista de base de datos es el resultado de una consulta SQL sobre una o varias tablas; también se le puede considerar una tabla virtual.

Las vistas tienen la misma estructura que una tabla: filas y columnas. La única diferencia es que solo se almacena de ellas la definición, no los datos. Los datos que se recuperan mediante una consulta a una vista se presentarán igual que los de una tabla. De hecho, si no se sabe que se está trabajando con una vista, nada hace suponer que es así. Al igual que sucede con una tabla, se pueden insertar, actualizar, borrar y seleccionar datos en una vista. Aunque siempre es posible seleccionar datos de una vista, en algunas condiciones existen restricciones para realizar el resto de las operaciones (actualización y borrado de datos) sobre vistas.

Una vista se especifica a través de una expresión de consulta (una sentencia *SELECT*) que la calcula y que puede realizarse sobre una o más tablas. Sobre un conjunto de tablas relacionales se puede trabajar con un número cualquiera de vistas.

La mayoría de los SGBD soportan la creación y manipulación de vistas.

6.1.1 VENTAJAS DE LAS VISTAS

Entre las ventajas de las vistas destacamos las siguientes:

- Representan un subconjunto de los datos de una o varias tablas.
- Simplifican la realización de combinaciones (*JOIN*) de tablas al poder definirlas como una única vista.
- Pueden actuar como tablas agregadas pudiendo resumir en una tabla el resultado de funciones de agregación aplicadas sobre varias tablas.
- Ocultan la complejidad de los datos evitando que el cliente deba conocer todo el diseño relacional subyacente a una base de datos.
- Ocupan poco espacio, ya que solo se almacena su definición.
- Proporcionan una capa adicional de seguridad, ya que evitan el acceso directo a los datos de las tablas subyacentes.

Gracias a las vistas (y a la asignación prudente de los permisos a los usuarios) es posible conseguir que diferentes usuarios tengan una percepción de la estructura de la base de datos, si bien muy diferentes de la que tiene realmente, e impedir que algunas categorías de usuarios puedan acceder a informaciones que no les competen.

Por ejemplo, supongamos que contamos con una tabla en la que se almacenan los datos personales de los empleados de una empresa, incluyendo sus sueldos. Es muy posible que nos interese restringir el acceso a los sueldos y a otros datos personales de los empleados a ciertos usuarios mientras que otros datos pueden ser públicos. Una forma de hacerlo consiste en definir una vista que contenga solo la información relativa a los datos públicos. Así, todos los usuarios autorizados (con permisos de acceso a dicha vista) podrán acceder a dichos datos, pero no a los que consideremos privados.

De este modos podemos particionar las tablas d enuestras bases para ofrecer a cada usuario la información que convenga en cada caso.

Además, las vistas a menudo contribuyen a facilitar la independencia entre aplicaciones y estructura de los datos, lo que hace que las bases de datos de los instrumentos sean tan útiles. Efectivamente, si en un momento determinado fuese necesario cambiar la estructura de la base de datos (descomponiendo, por ejemplo, una tabla en dos por motivos de eficacia), no habría que modificar todas las aplicaciones adaptándolas a la nueva estructura, sino que sería suficiente crear las vistas pertinentes, de modo que, desde el punto de vista de las aplicaciones, nada haya cambiado.

6.1.2 VISTAS EN MYSQL

En el gestor MySQL las vistas pueden crearse a partir de varios tipos de sentencias *SELECT*. Pueden hacer referencia a tablas o a otras vistas. Pueden usar combinaciones, *UNION* y *subconsultas*.

Podemos también, en ciertos casos borrar y actualizar los datos de una vista de forma que queden reflejados en los correspondientes campos de las tablas subyacentes. Existen ciertas restricciones:

- ✓ Que no se usen tablas temporales.
- ✓ No usar cláusulas *GROUP BY* ni *HAVING*.
- ✓ No usar uniones ni reuniones externas.
- ✓ No usar consultas correlacionadas.
- ✓ Para el caso de reuniones *INNER* podemos actualizar o insertar siempre y cuando los campos afectados sean únicamente los de una de las tablas implicadas en el *join*.

Además, las vistas reflejan instantáneamente los cambios producidos en las tablas de manera que aunque estos cambien se verán reflejados en la consulta que se haga sobre la vista.

Algunas vistas son actualizables. Esto significa que se las puede emplear en sentencias como *UPDATE*, *DELETE*, o *INSERT* para actualizar el contenido de la tabla subyacente. Para que una vista sea actualizable, debe haber una relación uno-a-uno entre los registros de la vista y los registros de la tabla subyacente.

Con respecto a la posibilidad de agregar registros mediante sentencias *INSERT*, es necesario que las columnas de la vista actualizable también cumplan los siguientes requisitos adicionales:

- No debe haber nombres duplicados entre las columnas de la vista.
- La vista debe contemplar todas las columnas de la tabla en la base de datos que no tengan indicado un valor por defecto.
- Las columnas de la vista deben ser referencias a columnas simples y no columnas derivadas. Una columna derivada es una que deriva de una expresión.

No puede insertar registros en una vista conteniendo una combinación de columnas simples y derivadas, pero puede actualizarla si actualiza únicamente las columnas no derivadas.

La cláusula *WITH CHECK OPTION* puede utilizarse en una vista actualizable para evitar inserciones o actualizaciones excepto en los registros determinados por la cláusula *WHERE* incluida en la definición de la vista.

Los comandos que nos permiten trabajar con vistas en MySQL son *CREATE VIEW*, *ALTER VIEW* y *DROP VIEW* y *SHOW CREATE VIEW*.

Creación de vistas, *CREATE VIEW*

```
CREATE
    [OR REPLACE]
    [ALGORITHM = {UNDEFINED | MERGE | TEMPTABLE}]
    [DEFINER = { user | CURRENT_USER }]
    [SQL SECURITY { DEFINER | INVOKER }]
    VIEW view_name [(column_list)]
    AS select_statement
    [WITH [CASCADED | LOCAL] CHECK OPTION]
```

Esta sentencia crea una vista nueva o reemplaza una existente si se incluye la cláusula *OR REPLACE*.

- *sentencia_select*: es una sentencia *SELECT* que proporciona la definición de la vista. Puede estar dirigida a tablas de la base o a otras vistas.
- *ALGORITHM*: indica el *algoritmo* que queremos que use. Existen *MERGE*, *TEMPTABLE* en cuyo caso se crea una tabla temporal y *UNDEFINED*, en cuyo caso dejamos que sea MySQL quien decida el algoritmo por sí mismo.
- *DEFINER*: permite determinar quién la cuenta asociada a la vista
- *SQL_SECURITY*: establece con que permisos se ejecutará la vista cuando se haga referencia a la misma pudiéndose elegir entre el que la definió (*DEFINER*) y el que la invoca (*INVOKER*).
- *WITH CHECK OPTION*: sirve para evitar modificaciones de filas que no están afectadas por la consulta que define la vista. Con *LOCAL* y *CASCADED* valor por defecto, se establece el alcance de esta comprobación, si es solo en la vista actual (*LOCAL*) o también se extiende a otras vistas incluidas en la actual (*CASCADED*).

EJEMPLO 6.1

Por ejemplo, para poder dar acceso a sus datos a un jugador de la base de datos liga podemos crear la siguiente vista con el algoritmo *MERGE*:

```
DELIMITER $$
mysql> create ALGORITHM=MERGE view vdatos_jugador as select * from jugador where
id_jugador=identificador_jugador$$
```

Así, mediante esta vista cada jugador solo tendrá acceso a sus datos.

El caso de *TEMPTABLE* tiene una gran ventaja y una gran desventaja:

- **Desventaja**: la vista no es actualizable, por lo que cualquier cambio se deberá hacer en la tabla original.
- **Ventaja**: los bloqueos se liberan antes, ya que la consulta de la vista se hace a partir de la tabla temporal. Esto permite que otros *threads* accedan antes a la tabla que ejecutando una consulta mucho más pesada usando el algoritmo *MERGE*.

Modificación de vistas, *ALTER VIEW*

```
ALTER [ALGORITHM = {UNDEFINED | MERGE | TEMPTABLE}]
    VIEW nombre_vista [(columnas)]
    AS sentencia_select
    [WITH [CASCADED | LOCAL] CHECK OPTION]
```

Tanto con la cláusula *REPLACE* en el comando *CREATE VIEW* como con *ALTER* podemos modificar una vista existente.

Eliminación, *DROP VIEW*

El comando que elimina vistas es el siguiente:

```
DROP VIEW [IF EXISTS]
    nombre_vista [, nombre_vista] ...
    [RESTRICT | CASCADE]
```

Consulta de vistas

Para la obtención de información de definición de una vista usamos *SHOW CREATE VIEW*.

También podemos acceder directamente a la tabla *VIEWS* de *IINFORMATION_SCHEMA*. Por ejemplo, para ver información de una vista en la base de datos *test* usamos lo siguiente:

```
SELECT VIEW_DEFINITION FROM INFORMATION_SCHEMA.VIEWS
WHERE TABLE_SCHEMA ='test';
```

ACTIVIDADES 6.1

- Cree una vista con el saldo total de las cuentas de cada cliente en la base de datos *ebanca*.
- Cree una vista con los datos de cada jugador incluidos los de su equipo en la base de datos *liga*.
- Intente modificar la vista anterior con otro usuario de la base de datos, haga lo necesario para permitirlo.
- Cree una vista que muestre para cada cuenta, el saldo y los datos del titular en la base *ebanca*.
- Cree una vista no actualizable que muestre el título de la noticia y fecha de las noticias en la base de datos *motorblog*. Intente sumar 1 día a las fechas de publicación para comprobar que es no actualizable.
- Cree una vista con las noticias del año actual. Intente modificar el año en una de ellas. Repítalo añadiendo la cláusula *WITH CHECK OPTION* y explique el resultado.

6.2 ENLACES A OTRAS BASES DE DATOS

A veces es necesario o conveniente acceder a tablas de otras bases de datos en un servidor remoto e incluso de un gestor distinto al nuestro.

Para ello existen varias técnicas que veremos a continuación.

6.2.1 ENLACES ENTRE TABLAS DE DISTINTOS GESTORES

A veces es conveniente permitir visualizar las bases de datos de una forma más cómoda, bien para facilitar el trabajo a usuarios que desconozca nuestro gestor o bien para poder usar herramientas de desarrollo de otros gestores que pueden faltar o ser más limitadas en el nuestro.

Un ejemplo claro lo constituye el gestor *Oracle*, que incorpora en su software de bases de datos herramientas tanto de desarrollo (*Oracle Developer*) como de creación de informes (*Oracle Reports Services*). Si nuestras bases están hechas con MySQL, por ejemplo, podemos aprovechar dichas herramientas manteniendo nuestras bases de datos en MySQL.

Otro ejemplo puede ser usar el programa Base de LibreOffice o Access como interfaz de trabajo para bases de datos MySQL.

EJEMPLO 6.2

En el siguiente ejemplo explicamos cómo acceder a tablas MySQL desde un gestor como base del paquete ofimático LibreOffice.

1. Una vez descargado e instalado el paquete de la página oficial (*http://www.libreoffice.org/*) lo iniciamos desde *Inicio → Programas → LibreOffice → Base*.
2. A continuación veremos un cuadro de diálogo similar a lo siguiente:

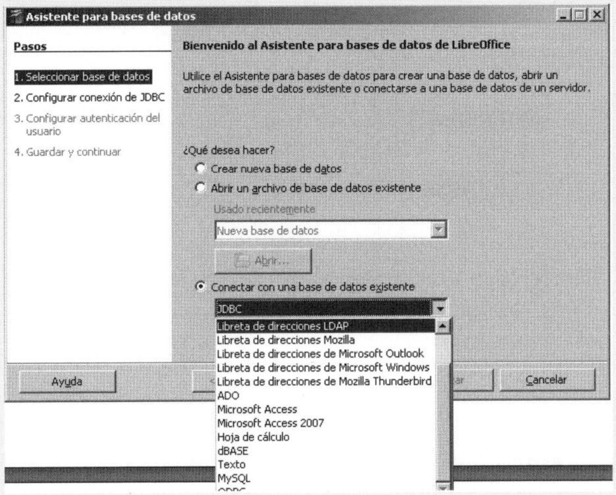

Figura 6.1. *Vista del asistente para enlazar datos de Libreoffice a la base liga de MySQL*

En él se nos da la opción de crear una nueva base de datos o conectarnos a una existente. Si elegimos esto último veremos varias opciones de conexión usando diferentes *drivers* o conectores (programas que nos permiten acceder a bases de datos de otros gestores), en particular MySQL, que es el que seleccionamos.

3. Ahora se nos pregunta por si queremos usar *JDBC* u *ODBC* como medio de conexión. Elegimos *JDBC* por ser más óptimo.
4. En este momento debemos indicar los parámetros de nuestro servidor: base de datos, nombre o IP del equipo servidor y puerto en el que escucha el servidor MySQL.

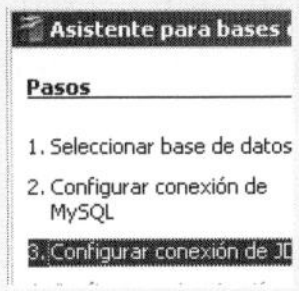

Figura 6.2. *Configuración de parámetros de la conexión JDBC*

5. Finalmente se nos pide el nombre de usuario, así como si la base de datos requiere contraseña o no y, después de finalizar, podremos guardar la base de datos con el nombre que queramos en nuestro equipo.
6. Cuando abramos el fichero guardado podremos trabajar con la base de datos tal y como haríamos desde MySQL.

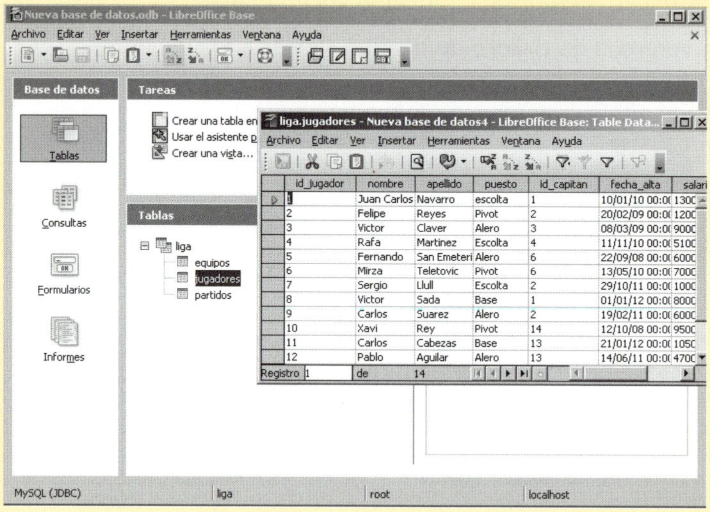

Figura 6.3. *Vista de la tabla de jugadores desde Libreoffice Base*

6.2.2 VÍNCULOS A BASES DE DATOS REMOTAS

Otro uso típico de enlaces es cuando necesitamos acceder a tablas en otros gestores del mismo tipo pero situados en bases de datos de equipos remotos. Para este caso veremos dos ejemplos, en Oracle y MySQL.

Oracle (*Database link*)

Un *Database Link* es como un puntero desde una base de datos hacia otra base de datos remota. Esto nos permitirá acceder a las tablas de la base de datos remota como si fueran tablas de nuestra misma base de datos.

Por ejemplo tengo la tabla *t1* en mi base de datos *oracle1* y quiero hacer un *SELECT* sobre la *t2* de la base de datos *oracle2*. Si creamos en *oracle1* un *database link* llamado por ejemplo, *oracle2dblink*, esta consulta sería tan simple como ejecutar:

```
SELECT * FROM t2@oracle2dblink
```

Desde nuestra base de datos *oracle1*, podríamos estar consultando los datos de la tabla *t2* de la base de datos remota *oracle2*.

Para crear enlaces a bases de datos usamos la siguiente sintaxis:

```
CREATE [ SHARED ] [ PUBLIC ] DATABASE LINK dblink
  [ CONNECT TO
    { CURRENT_USER
    | user IDENTIFIED BY password
      [ dblink_authentication ]
    }
  | dblink_authentication
  ]
  [ USING 'connect_string' ] ;
```

Donde:

- *SHARED*: indica si el enlace usa una misma conexión compartida, requiere autenticación de enlace.
- *PUBLIC*: para crear un enlace disponible para todos los usuarios. Si se omite, el enlace será privado, solo disponible para el usuario que lo crea.
- *dblink*: especifica el nombre del enlace.
- *CONNECT TO*: permite habilitar una conexión a la base remota.
- *CURRENT_USER*: especifica el usuario que se conecta a la base remota y que, por tanto, debe tener una cuenta en la base del servidor remoto.
- *user IDENTIFIED BY password*: indica las credenciales de conexión.
- *dblink_authentication*: credenciales del usuario para el enlace de tipo *SHARED*.
- *USING connect_string*: especifica el servicio de nombres al que nos conectamos. Éste está determinado por los siguientes parámetros de red:

```
DESCRIPTION = (ADDRESS = (PROTOCOL = TCP) (HOST =
hostname)(PORT = 1521)) (CONNECT_DATA = (SID = sidname))
```

El *sidname* es el identificador de la base de datos a la que nos conectamos.

En el siguiente ejemplo creamos un *Database link* para enlazar con la base de datos liga de un servidor remoto.

EJEMPLO 6.3

Para crear el *database link* podemos ejecutar:

```
CREATE DATABASE LINK liga_DBLINK CONNECT TO root IDENTIFIED BY root USING
'(DESCRIPTION = (ADDRESS = (PROTOCOL = TCP) (HOST = Hostname)(PORT = 1521))
(CONNECT_DATA = (SID = liga)))'
```

Crearíamos entonces un *dblink* llamado "*liga_dblink*" que nos permite conectar desde la base de datos actual a la base remota *liga*, situada en el *host="Hostname"* y con el SID="*liga*".

Ahora si quisiéramos usar el enlace, por ejemplo para una consulta, ejecutamos la *SELECT* concatenando al identificador de la tabla "*@liga_dblink*":

```
SELECT id,name FROM Usuarios@liga_dblink;
```

Tipos de enlaces en Oracle

Según qué usuarios pueden acceder a los mismos se permiten tres tipos de enlaces:

- *Private*: el propietario es el usuario que crea el enlace. En este caso se crea el enlace dentro de un esquema específico del servidor. Solo el propietario puede acceder al enlace.
- *Public*: el propietario es el usuario especial *PUBLIC*. Es un enlace visible por todos los usuarios de las bases de datos en el servidor permitiéndoles acceso a los objetos de la base de datos remota correspondiente.
- *Global*: el propietario es *PUBLIC*. Se da cuando Oracle usa un servidor de directorio (*Directory Server*) en cuyo caso el enlace es accesible desde cualquier servidor dentro del directorio mediante los servicios de nombres de red (*net service name*).

Tipos de usuarios de enlaces

Cuando creamos un enlace determinamos también los usuarios del mismo que son los siguientes.

- **Usuarios conectados**: son los que se usan cuando no se especifica ninguno en la creación del *link* (no tiene que ser el que creó el enlace, sino el que lo usa en ese momento).
- **Usuario actual**: es un usuario global especial especificado mediante *CURRENT_USR* en la creación del enlace.
- **Usuario fijo**: es aquel cuyas credenciales están incluidas en la definición del enlace. Éstas se usarán para la autenticación en el equipo servidor remoto.

MySQL y el motor de almacenamiento Federated

El servidor MySQL no soporta directamente enlaces. Sin embargo, posee un tipo de motor que permite usar bases distribuidas llamado FEDERATED.

Es un motor que accede a datos en tablas de bases de datos remotas en lugar de tablas locales.

Las tablas federadas se crean con el comando *DDL CREATE TABLE* incluyendo la opción *CONNECTION* con la siguiente sintaxis:

```
scheme://user_name[:password]@host_name[:port_num]/db_name/tbl_name
```

Donde:

- *scheme*: es el protocolo, actualmente solo se permite MySQL.
- *user_name / password / host_name / port_num*: el usuario/contraseña/equipo/puerto de la conexión. Deben existir en la base remota.
- *db_name*: el nombre de la base que incluye la tabla remota.
- *tbl_name*: el nombre de la tabla remota.

También se puede usar el comando *CREATE SERVER* para omitir el uso de *CONNECTION*.

Para ver su funcionamiento veremos un ejemplo concreto.

EJEMPLO 6.4

Supongamos que disponemos de dos servidores en ejecución, en la misma máquina o en distintas.

Queremos acceder a una tabla remota en uno de los servidores (dentro de la base de datos *test*) que se define así:

```
CREATE TABLE remote_table(
    id      int(20) NOT NULL auto_increment,
    name    varchar(32) NOT NULL default '',
    other   int(20) NOT NULL default '0',
    PRIMARY KEY  (id),
    KEY name (name),
    KEY other_key (other)
)
```

La opción de tabla (*ENGINE*) puede ser cualquiera.

A continuación, creamos una tabla de tipo *FEDERATED* en el servidor local para acceder a la tabla remota:

```
CREATE TABLE federated_table (
    id      int(20) NOT NULL auto_increment,
    name    varchar(32) NOT NULL default '',
    other   int(20) NOT NULL default '0',
    PRIMARY KEY  (id),
    KEY name (name),
    KEY other_key (other)
)
ENGINE=FEDERATED
DEFAULT CHARSET=latin1
CONNECTION='mysql://root@equipo_remoto:9306/test/remote_table';
```

La estructura de esta tabla debe ser exactamente la misma que la de la tabla remota, excepto que la opción de tabla *ENGINE* debe ser *FEDERATED*.

El motor *FEDERATED* crea solo el fichero *federated_table.frm* en la base de datos *test*.

La información del equipo remoto indica el servidor remoto al que se conecta el servidor local, y la información de base de datos y tabla indica la tabla remota a usar como fichero de datos. En este ejemplo, el servidor remoto está indicado para ser *remote_host* corriendo en el puerto 9306, así que para probar el ejemplo deberíamos arrancar ese servidor para que escuche en el puerto 9306.

El motor *FEDERATED* tiene algunas limitaciones:

- No hay soporte para transacciones.
- No hay forma que el motor *FEDERATED* sepa si la tabla remota ha cambiado. La integridad de los datos en la tabla local debe comprobarse si hay algún cambio en la base de datos remota.
- El motor *FEDERATED* soporta comandos *SELECT*, *INSERT*, *UPDATE*, *DELETE* e índices. No soporta *ALTER TABLE*, *DROP TABLE*, o cualquier otro comando DDL.
- Las tablas *FEDERATED* no funcionan con la caché de consultas.

6.3 SINÓNIMOS

Un sinónimo es un alias o nombre alternativo para una tabla, vista, rutina, secuencia o base de datos.

Su uso es principalmente para facilitar a los usuarios acceder a estos objetos de las bases de datos que son propiedad de otros usuarios. Dado que esconden la identidad de los objetos proporcionan un mecanismo de seguridad para ellos.

Para crearlos únicamente se requiere su definición así que apenas ocupan espacio de almacenamiento.

Cuando son requeridos por una aplicación o usuario estos son redireccionados al objeto subyacente referenciado por el sinónimo.

El uso de sinónimos nos permite aislar las propiedades de un objeto de su referencia de forma que aunque cambien éstas no tengo que hacer modificaciones en las aplicaciones. Además, podemos evitar los nombres largos o farragosos usando referencias más simples.

Los sinónimos se crean con el comando *CREATE SYNONYM* y los objetos a que afecta deben existir en la misma base de datos o en una base remota a la que se accede mediante un *database link*, tal y como se explicó en el apartado anterior.

Distinguimos dos clases de sinónimos, los **públicos** y los **privados**.

6.3.1 SINÓNIMOS PÚBLICOS/PRIVADOS

Los públicos son aquellos que pueden ser utilizados por todos los usuarios del sistema. Son propiedad de un esquema especial llamado *PUBLIC* y los suele crear el propietario para que sean visibles por el resto de usuarios. Sin embargo, aunque sean visibles eso no significa que puedan realizar las operaciones *INSERT*, *DELETE*; *UPDATE* y *SELECT* sobre los objetos subyacentes, para ello necesitan el permiso correspondiente.

Los sinónimos privados son propiedad del esquema en que se definen y no son visibles por el resto de usuarios.

La sintaxis para su creación es:

```
CREATE [ OR REPLACE ] [ PUBLIC ] SYNONYM
    [ schema. ]synonym
    FOR [ schema. ]object [ @ dblink ] ;
```

Donde:

- *OR REPLACE*: se usa para redefinir un sinónimo previamente creado.
- *PUBLIC*: especifica que el sinónimo es público y visible para todos los usuarios aunque las operaciones que realicen deben tener los correspondientes permisos sobre los objetos subyacentes al sinónimo. La omisión de esta cláusula hace que el sinónimo sea privado y solo accesible por los usuarios de la base de datos.
- *schema*: indica la base de datos sobre la que se crea el sinónimo.

- *SYNONYM*: especifica el nombre del sinónimo.
- *FOR*: especifica el objeto sobre el que se crea el sinónimo.
- *schema*: indica el esquema o base de datos en que reside el objeto especificado en *FOR*.
- *dblink*: indica el enlace que se usa para acceder al objeto especificado en el *FOR*.

EJEMPLO 6.5

Para crear un sinónimo privado llamado *sequipos* sobre la tabla *equipos* de la base (*schema*) *liga*.

```
CREATE SYNONYM sequipos
   FOR liga.equipos;
```

Para crear un sinónimo público sobre la base remota *liga* en la tabla *equipos*:

```
CREATE SYNONYM sequipos
   FOR liga.equipos@remota.sierra.com;
```

Para eliminar sinónimos usamos la instrucción SQL DROP, indicando *PUBLIC* para el caso de que sea público, según la sintaxis:

```
DROP [PUBLIC] synonym
```

RESUMEN DEL CAPÍTULO

Este capítulo hemos hablado del tercer nivel de abstracción en el diseño de bases de datos, es decir, de la parte de los datos que sirven como interfaz de entrada a las bases de datos.

En primer lugar, hemos hablado de las vistas como objetos que nos permiten seleccionar una porción de nuestras bases de datos para hacerlas accesibles a aplicaciones o usuarios permitiendo agregar un nivel de seguridad, así como adecuar la información a cada contexto.

En segundo lugar, hemos tratado los enlaces, vínculos o referencias a bases remotas mediante el uso de *Database links* en Oracle o bases federadas en MySQL.

Por último, hemos tratado el tema de los sinónimos como alias o nombres alternativos para objetos de nuestras bases de datos centrándonos en Oracle, dado que MySQL a fecha de hoy no permite todavía su implementación.

EJERCICIOS PROPUESTOS

- **1.** Crear dos instancias de Oracle Express 11g en dos equipos distintos (equipos reales o máquinas virtuales).
- **2.** Agregar la base de datos *liga* a uno de los servidores.
- **3.** Cree el usuario *'uliga'* con todos los permisos sobre la base de datos *liga*.
- **4.** Cree, con el usuario anterior, un enlace a dicha base desde el otro servidor.
- **5.** Crear un sinónimo público y otro privado para el enlace y comprobar cómo diferentes usuarios pueden o no acceder al enlace.
- **6.** ¿Qué permisos debemos otorgar a un usuario para que pueda modificar datos de la tabla equipos mediante el enlace creado?
- **7.** Ejecute mediante Virtualbox tres equipos virtuales con un servidor MySQL.
- **8.** Divida la base de datos *motorblog* entre dos de esos equipos.
- **9.** Cree en el tercer equipo una base de datos federada que se vincule con las tablas según su ubicación. Compruebe que las operaciones en las tablas federadas se ejecutan en los servidores remotos.
- **10.** Use el programa Access para acceder a la base de datos MySQL de un compañero (puede hacerlo también a equipos virtuales).

TEST DE CONOCIMIENTOS

1 ¿Qué definición se ajusta mejor a lo que son las vistas?

a) Tablas especiales.
b) Ficheros especiales en una base de datos.
c) Partes de una tabla.
d) Objetos que definen una sección de la base de datos.

2 En una vista actualizable:

a) Podemos actualizar información solo de la vista.
b) Podemos modificar información de todas las tablas subyacentes en todos los casos.
c) Podemos modificar información de todas las tablas subyacentes solo en algunos casos.
d) Podemos modificar información de una sola tabla subyacente.

3 ¿Que diferencia hay entre una vista y una tabla?
- a) La vista no ocupa espacio.
- b) La tabla ocupa espacio.
- c) La vista solo es una definición mientras que la tabla incluye también datos.
- d) Todas las anteriores son ciertas.

4 Las bases federadas de MySQL:
- a) Son bases distribuidas.
- b) Se reparten entre más de dos servidores.
- c) Son solo un motor más de almacenamiento.
- d) Permiten enlazar tablas remotas.

5 ¿Cuál de las siguientes afirmaciones es más acertada respecto a los sinónimos en Oracle?
- a) Solo se pueden crear sobre secuencias.
- b) Solo se pueden crear sobre tablas.
- c) Se pueden crear sobre cualquier objeto de las bases de datos.
- d) Solo sirven para tablas y rutina.

6 Cuando creo un enlace a una tabla de una base de datos remota Oracle:
- a) Los datos de la tabla se replican.
- b) Los datos permanecen en el lugar original.
- c) Los datos se reparten entre los servidores.
- d) Los datos permanecen en la base original solo si el enlace es público.

7 Cuando defino un enlace en una base Oracle:
- a) Debo incluir las credenciales.
- b) Si no incluyo credenciales será un enlace de tipo "usuario conectado".
- c) Si incluyo la palabra *AUTHENTICATED* usaré ese usuario para las operaciones sobre la base de datos enlazada.
- d) Si incluyo *CURRENT_USER* el usuario debe existir en ambas bases de datos.

7 Optimización de consultas

OBJETIVOS DEL CAPÍTULO

- ✓ Conocer los conceptos relacionados con la indexación.
- ✓ Aprender a gestionar índices.
- ✓ Optimizar la ejecución de sentencias de consulta SQL.

Una de las tareas más importantes de los administradores de bases de datos es la de optimizar el funcionamiento de los servidores para que, sin perder la calidad de servicio, consuman la menor cantidad posible de recursos del sistema.

Así, deben conseguir, por un lado, ajustar de manera óptima las variables de configuración de los servidores y, por otro, hacer que las operaciones que los clientes realizan en él sean lo más eficientes posible. Entre estas operaciones una de las más costosas en cuanto a consumo de recursos es la de hacer consultas a bases de datos.

En este capítulo explicaremos cómo se realizan las consultas y que formas hay de optimizarlas para que supongan un coste mínimo en recursos.

7.1 ÍNDICES

Cuando buscamos información sobre por ejemplo un cliente en nuestra base de datos el sistema operativo se encarga de acceder al disco duro para ir buscando los datos del cliente cuya información requerimos. Normalmente esta búsqueda se realiza en base a uno o varios campos o atributos. En nuestro ejemplo podríamos usar el DNI que nos permite identificar un único cliente. Así, el sistema va leyendo los distintos DNI en busca de una coincidencia.

Si pensamos que puede haber cientos, miles o millones de clientes este proceso podría llevar demasiado tiempo. Para acelerarlo se hace uso de los índices que son ficheros o estructuras de datos que contienen uno o varios valores de una tabla (normalmente claves primarias o secundarias) y un apuntador que indica la dirección de almacenamiento de la fila o filas correspondientes a esos valores. De este modo el sistema simplemente leyendo el archivo de índices es capaz de conocer rápidamente la ubicación de cada registro de datos evitando así accesos innecesarios a disco.

Al aumentar drásticamente la velocidad de acceso, los índices se suelen crear sobre aquellos campos sobre los cuales se hacen frecuentes búsquedas.

Para comprender mejor lo que son y cómo funcionan podemos pensar en un ejemplo con una consulta sobre nuestra base de datos '*ebanca*'. Imaginemos que queremos obtener el detalle de un movimiento concreto en una cuenta de un cliente, algo como:

```
SELECT * FROM movimientos WHERE codigo_cuenta=2324
```

Para hacer la consulta MySQL debe ir leyendo uno a uno todos los registros de la tabla movimientos e ir seleccionando los que coincidan con el número de cuenta indicado. Considerando que puede haber millones de registros esto puede ser un trabajo muy poco eficiente.

Sin embargo, si tuviésemos ordenados los registros por el código de cuenta todo sería tan fácil como localizar el número y capturar los datos. Para lograr esto se usan índices o campos indizados. Son lo mismo que un índice cualquiera de un libro. Permiten localizar rápidamente lo que me interesa y saber donde está para ir a buscarlo.

Los índices se crean sobre campos que suelen ser muy utilizados en consultas, para crearlo en este ejemplo usaríamos el comando:

```
ALTER TABLE movimientos ADD INDEX (codigo_cuenta)
```

De este modo le decimos al servidor que cree una lista ordenada con todos los números de cuenta en la tabla movimientos, es decir crea una nueva tabla donde se reflejan los números de cuenta y su posición dentro de la tabla tal como se hace en un índice normal de un libro.

Esto hace que sacrifiquemos algo de espacio de almacenamiento a costa de ahorrar CPU en el procesamiento de consultas.

Normalmente, los índices se crean sobre campos que son también campos clave o parte de una clave primaria o secundaria, ya que son campos sobre los que se suelen hacer consultas. Podemos decir que prácticamente toda clave va a ser un índice aunque lo contrario obviamente no es cierto.

Antes de profundizar en el uso de índices veremos conceptos importantes relacionados con los mismos.

7.1.1 TIPOS DE ÍNDICES

El uso de índices es crucial en un sistema gestor ya que supone una mejora considerable de la velocidad de muchas consultas.

Existen una variedad de tipos de índices que la mayoría de gestores implementan.

En general podemos distinguir los siguientes:

- **Únicos**

  Son índices que se crean sobre campos cuyos valores no se repiten o son únicos. Es el caso de claves primarias y secundarias.

  Son muy útiles ya que permiten localizar rápidamente los registros puesto que cada búsqueda implica un solo acceso al archivo de índice. Sin embargo, su mantenimiento resulta más costoso sobre todo si los valores cambian mucho con el tiempo.

- **Con valores repetidos**

  Son índices sobre uno o varios campos cuyos valores se pueden repetir. Son menos eficientes que los anteriores ya que se requiere un mayor acceso al índice para recuperar los registros.

- **Parciales**

  Como hemos visto los índices intercambian espacio por optimización de consultas. Esto no siempre es lo mejor ya que depende del campo sobre el cual indicemos. Supongamos que hacemos un índice sobre el campo pcontenido en la base *blog*. Dicho campo tiene un tamaño de 255 caracteres o *bytes*, suponiendo que tenemos tres millones de noticias nos queda un espacio aproximado de 600 MB de espacio en disco extra. Si quisiéramos ahorrar espacio a costa de disminuir un poco el rendimiento podríamos crear índices parciales usando la mitad del tamaño del campo por ejemplo.

- **Multicolumna**

  Existe también la posibilidad de crear índices usando más de un campo o columna. Esto resulta especialmente útil cuando las consultas se suelen hacer sobre dichas columnas, es decir, si se usan con frecuencia y simultáneamente en cláusulas *WHERE*.

- **Secundarios y *Cluster***

  Para el caso de la mayoría de tablas usadas por los gestores se guardan los índices en archivos separados que contienen una lista de valores de índice y un valor que representa el *offset* del registro en la tabla. De este modo cualquier búsqueda requiere dos accesos a disco, uno para buscar en el índice y otro para localizar el registro.

  En los índices denominados *cluster* se guardan las claves primarias junto con los propios registros ordenados con respecto a la clave primaria así que las búsquedas por clave primaria son tremendamente rápidas.

  Hay situaciones en que conviene tener cuidado al usar índices *cluster*:

  - Al usar varios índices secundarios, si la clave primaria es grande habrá muchas copias, una para cada índice secundario, suponiendo un derroche de espacio en disco.
  - Al usar consultas de modificación de claves primarias.
    - Debe reorganizarse el *tablespace* o lugar en que guardamos los datos para reubicar el nuevo registro.
    - Actualizar los índices secundarios sobre ese registro.

  Conviene pues elegir las claves primarias moderadamente pequeñas y sobre campos lo más estáticos posibles, es mejor usar el DNI a un número de teléfono, por ejemplo, para identificar a un cliente.

- **Basados en funciones**

  En ocasiones una consulta muy repetida implica el uso de alguna función que se aplica sobre un campo. Por ejemplo, si tenemos almacenado la altura de un jugador en centímetros y sin embargo se suele consultar en metros podemos crear un índice que almacene el resultado de la función de conversión. Esto es recomendable solo para datos que no cambien demasiado en el tiempo. No sería apropiado por ejemplo para el caso de conversión de un saldo entre euros y dólares puesto que el valor cambia diariamente.

7.1.2 ÍNDICES EN MYSQL

Cuando creamos índices en MySQL podemos indicar no solo la estructura del índice (*hash* o *b-tree*) que queremos, sino, además, el tipo. Entre ellos se encuentran los siguientes:

- *UNIQUE*: formados por campos cuyo valor no se repite en la tabla.
- *PRIMARY*: son índices sobre los campos que forman parte de la clave primaria de una tabla. Para este caso es mejor que sean numéricos y en caso de no saber cual elegir como clave conviene crear un identificador *autonumérico*.
- **full-text**: formados por uno o varios campos de texto y utilizados para la búsqueda de palabras dentro de un campo (típicamente para campos de gran tamaño) en funciones de búsqueda de cadenas (*full-text search*), solo para tablas de tipo *MyISAM* y en campos de tipo *CHAR*, *VARCHAR* y *TEXT*. Éste tipo de búsquedas se realizan con el comando SQL *MATCH...AGAINST* cuya sintaxis es:

  ```
  MATCH (col1,col2,...) AGAINST (expr [search_modifier])
  ```

  Donde se buscan coincidencias de ciertas columnas con una cadena (*expr*). El modificador *search_modifier* permite establecer el tipo de búsqueda.

  Se usa sobre todo en consultas para buscar cadenas dentro de columnas de gran tamaño.

- *SPATIAL*: son índices usados para datos de tipo espacial como *LINE* o *CURVE*.

Para el caso de columnas de tipo *CHAR*, *VARCHAR* y *TEXT* pueden crearse índices parciales que incluyan un número de caracteres para crear el índice (para el caso *TEXT* es obligatorio especificar dicho número). Lo mismo ocurre para los tipos *BINARY*, *VARBINARY* y *BLOB* (igual que con *TEXT* aquí es obligatorio indicar el número) cambiando caracteres por *bytes*.

EJEMPLO 7.1

El siguiente comando crea un índice con prefijo de 100 caracteres sobre la tabla noticias de *motorblog*:

```
CREATE INDEX icontenido on noticias(contenido(100));.
```

Además de los índices, es conveniente conocer los tipos de tablas o motores de almacenamiento en MySQL. Cada uno de ellos tiene sus propias características en cuanto al uso de índices que conviene conocer para un uso óptimo de los mismos.

MySQL permite principalmente dos motores de almacenamiento, *MyISAM* e *InnoDB*. Entre ellos la principal diferencia es si son transaccionales, es decir permiten el uso de las cláusulas *COMMIT* para confirmar un conjunto de comandos SQL y *ROLLBACK* para deshacerlos o invalidarlos de modo que las transacciones sean íntegras. Son motores ideales para sistemas con muchas modificaciones y lecturas concurrentes. Es el caso de *InnoDB*, que es actualmente el motor por defecto en el servidor MySQL.

Por otro lado, el motor *MyISAM* es no transaccional lo que permite más rapidez y menos requisitos de memoria y almacenamiento a costa de una menor seguridad en las operaciones sobre los datos.

A continuación, veremos las características de los motores más importantes en lo que respecta a los índices que usan.

Índices en tablas *MyISAM*

Cuando creamos una tabla de este tipo se crean tres ficheros con el mismo nombre y extensión *.frm* para la estructura de la tabla, *.MYD* para los datos y *.MYI* para sus índices.

Usan índices de tipo *b-tree* como estructura de índice permitiendo la compresión por prefijo para claves de tipo cadena como por ejemplo una URL donde el prefijo *http* es común a todos los valores clave.

También permite claves empaquetadas. Esta característica se configura con la opción *PACK_KEY=1* en el comando *CREATE TABLE* que hace compresión sobre números y cadenas. Si su valor es 0 evita cualquier compresión y si es *DEFAULT* comprime solo cadenas.

Otra característica es la escritura retardada controlada por la opción *delay_key_write* puesto a *ON* por defecto como variable de servidor en cuyo caso permite especificar si queremos diferir la escritura o modificación de índices hasta que se cierre la tabla lo que es muy útil para modificaciones masivas de datos.

Índices en tablas *heap*

Estas tablas se usan para trabajos masivos ya que se almacenan completamente en memoria. Pueden usar índices *b-tree* y *hash* (por defecto). Combinar la rapidez de este tipo de tablas y la flexibilidad de los índices *btree* permite un gran rendimiento.

Índices en tablas *BDB*

Son tablas en las que los índices se guardan junto con los datos de las tablas y estos solo pueden ser de tipo *b-tree*.

Proporcionan compresión por prefijo, índices *cluster* y requieren una clave primaria como en *InnoDB*.

Índices en tablas *InnoDB*

Este tipo de tablas usan las denominadas *tablespaces* para el almacenamiento de datos e índices. Por defecto, si no se especifica otra cosa en las variables de configuración (ver tema 5 sobre optimización) cuando creamos tablas *InnoDB* se crean en el directorio de datos dos ficheros de datos *autoextensibles* de 10MB llamado *ibdata1* y dos ficheros dc 5MB llamados *ib_logfile0* e *ib_logfile1* para los registros.

La definición de las tablas y columnas *InnoDB* se guardan igualmente en fichero con extensión *.frm*.

Los índices son almacenados junto con los datos dentro de estos ficheros de datos. Utiliza **índices cluster** explicados anteriormente.

En cuanto a la estructura de índice usan el tipo *b-tree* y no permiten empaquetado ni compresión.

No requieren claves primarias ya que es el servidor el que, si no las define el administrador, las crea internamente.

7.1.3 GESTIÓN DE ÍNDICES

Si surgen problemas de lentitud en ciertas consultas o si un índice da problemas en una tabla necesitamos saberlo. En particular datos como que columnas están indexadas, cuantos valores tienen o cuanto de grande es el índice son informaciones relevantes a la hora de optimizar el funcionamiento de nuestra base de datos.

Los comandos para la gestión de índices son:

Creación de índices

```
CREATE [UNIQUE|FULLTEXT|SPATIAL] INDEX index_name
    [index_type]
    ON tbl_name (index_col_name,...)
    [index_type]
index_col_name:
    col_name [(length)] [ASC | DESC]
index_type:
    USING {BTREE | HASH}
```

Donde indicamos:

- *UNIQUE, FULLTEXT* o *SPATIAL*: el tipo de índice.
- *index_name*: el nombre del índice.
- *index_type*: si es *btree* o *hash*.
- *index_col_name*: nombre de la columna sobre la que se crea el índice, tamaño y orden en que se almacena.

Mostrar los índices

```
SHOW {INDEX | INDEXES | KEYS}
    {FROM | IN} tbl_name
    [{FROM | IN} db_name]
    [WHERE expr]
```

Donde podemos usar indistintamente *INDEX, INDEXES* o *KEYS* para ver los índices de cierta tabla especificada por *FROM* o *IN.* Podemos incluir un filtro según los campos que devuelve el comando.

La salida contiene los siguientes campos:

- *Table*: nombre de la tabla que contiene el índice.
- *Non_unique*: si es (1) o no (0) único (*UNIQUE* o *PRIMARY*).
- *Key_name*: nombre del índice.
- *Seq_in_index*: si es parte de un índice multicolumna, ¿cuál es su número de orden dentro del índice? Esto es importante, ya que los valores de índice se almacenan concatenados y ordenados según los valores de las columnas más a la izquierda.
- *Column_name*: el nombre del campo o columna usado para crear el índice.
- *Collation*: cómo está ordenado el índice. El valor *A* indica ascendente y *null* sin ordenar.
- *Cardinality*: estimación del número de valores distintos en el índice. Valor actualizado por el comando *analyze table* o el programa *myisamchk –a*.
- *Sub_part*: número de caracteres indexados si la columna no está totalmente indexada. El valor es *null* si el índice es sobre la columna complete.
- *Packed*: cómo está empaquetada la columna. El valor es *null* si no hay empaquetamiento.
- *Null*: si la columna admite valores nulos.
- *Index_type*: estructura usad para el índice (*btree*, *hash*, *fulltext* o *rtree*).

Aplicando el comando sobre la base *ebanca*:

```
mysql>SHOW INDEXES FROM movimiento
******************* 1. row *****************
       Table: movimiento
  Non_unique: 0
    Key_name: PRIMARY
Seq_in_index: 1
 Column_name: fecha
   Collation: A
 Cardinality: 0
    Sub_part: NULL
      Packed: NULL
        Null:
  Index_type: BTREE
     Comment:
```

Este índice es único (clave principal, y tiene 0 elementos, no está empaquetado y es de tipo *b-tree*).

Eliminar índices

```
DROP INDEX index_name ON tbl_name
```

EJEMPLO 7.2

Sobre la base de datos ebanca creamos y eliminamos un índice en el campo *nombre* de la tabla de *clientes*:

```
CREATE INDEX inombre ON  CLIENTES(nombre);
DROP INDEX inombre ON clientes;
```

También se pueden gestionar los índices usando el comando *ALTER TABLE ADD INDEX* o *ALTER TABLE DROP INDEX* tal y como se indica en el manual de MySQL. Por ejemplo, para añadir un índice de tipo *b-tree* a nuestra tabla cliente usaríamos algo así:

```
ALTER TABLE cliente ADD INDEX nombre USING BTREE
```

Y para eliminarlo:

```
ALTER TABLE cliente DROP INDEX nombreindice
```

Los índices no pueden actualizarse directamente, sino que deben ser eliminados y después añadidos.

Es conveniente obtener ciertas estadísticas de índices sobre todo porque a lo largo del tiempo las tablas que cambian mucho generan ineficiencias en sus índices como son la fragmentación de bloques y las estadísticas incorrectas.

Para ello, disponemos del comando *OPTIMIZE TABLE* que permite *defragmentar* una tabla, así como actualizar y reordenar índices. Es importante sobre todo cuando manejamos tablas que sufren muchos cambios tanto en sus datos como en sus índices. Funciona solo sobre tablas tipo *MyISAM* y *Archive,* para tablas *InnoDB* el comando está mapeado, es decir, funciona pero usando los comandos *ALTER TABLE* y *ANALYZE TABLE.* Éste último se encarga de actualizar los índices de una tabla con el fin de optimizar las consultas. Para tablas *InnoDB*, *MyISAM* y *archive* actualiza los índices añadiendo cierto nivel de compresión o empaquetamiento en los mismos.

Veremos más sobre esto en la sección de optimización, más adelante en este capítulo.

ACTIVIDADES 7.1

- Use los todos los comandos que conozca para ver información de los índices en la tabla *cliente* de la base de datos *ebanca* y justifique su existencia.
- Use el comando *OPTIMIZE TABLE* dos veces seguidas sobre tablas *MyISAM* e *InnoDB* y explique el resultado. ¿Para qué se usa dicho comando?
- ¿Qué tablas de la base *ebanca* considera importante optimizar? Justifique su respuesta.
- Cree un índice de tipo *fulltext* sobre los campos *titulo* y *contenido* de la tabla *noticias*. Haga un ejemplo de búsqueda de noticias relacionadas con motor y calcule la diferencia de tiempos.
- Use el ejemplo del ejercicio anterior para ver la diferencia de tiempos entre usar el índice o no usarlo.

7.1.4 PROCESAMIENTO DE CONSULTAS

En esencia, el proceso es muy simple, un usuario o aplicación acceden al servidor a través de una interfaz (navegador, función de un lenguaje de programación, etc.) buscando cierta información. El servidor devuelve los datos siempre que se cumplan los requisitos de acceso y los permisos sean correctos.

El proceso normal de una consulta se divide en tres etapas, a saber: *parseo*, *análisis* y *optimización*, pero antes el servidor consulta la caché para evitar repetir el proceso para cada *SELECT.*

Caché de consultas

Cualquier *SELECT* que se quiera ejecutar en el servidor es buscado previamente en la caché. MySQL almacena cada consulta (salvo las que incluyan la opción *SQL_NO_CACHE*) en la caché usando un *hash* y siempre y cuando dicha opción esté activada con la variable de servidor *query_cache_type=ON* ó 1. Otros posibles valores son *OFF* ó 0 y 2 ó *DEMAND*. En el caso *ON* se cachean todas las consultas salvo las que incluyen la opción *SQL_NO_CACHE*, en el caso *OFF* no se usa la caché (aunque se mantiene) para repetir consultas y en el caso *DEMAND* solo se *cachean* consultas con la opción *SQL_CACHE*.

Solo las consultas que se repiten muchas veces interesa que sean cacheadas. No obstante, debemos ser conscientes de que no todas las consultas son cacheables, en particular no se cachean aquellas que forman parte de una subconsulta y las que figuran en el cuerpo de un procedimiento, función, *trigger* o evento.

Parseo, análisis y optimización

Una vez que no se encuentra una consulta en la *caché* debe ser procesada por el servidor. En primer lugar, se *parsea* y analiza teniendo en cuenta aspectos como:

- El tipo de consulta: si es de tipo *INSERT*, *UPDATE*, *SELECT* o *DELETE* o un comando administrativo como *GRANT* o *SET*.
- Tablas involucradas.
- Contenido de la cláusula *WHERE* (si existe).
- Otros modificadores, como *GROUP BY*, *ORDER BY*, etc.

De este modo la consulta se trocea en piezas más básicas que son tomadas por el optimizador que a su vez intenta obtener la información necesaria de la manera más óptima posible.

No es el objeto de este libro entrar en detalles sobre este tema así que es suficiente que sepamos que detrás de una consulta hay un proceso complejo cuyo objeto es lograr que su procesamiento sea lo más rápido posible.

Para ello, MySQL toma decisiones en función de la consulta las cuales están relacionadas con varios aspectos especialmente los relacionados con los índices creados sobre columnas de las tablas implicadas en las consultas.

7.1.5 OPTIMIZACIÓN DE CONSULTAS E ÍNDICES

Para optimizar consultas es imprescindible tener en cuenta tres aspectos fundamentales:

- **Cómo se ejecutan**: cada fila de la primera tabla de una consulta se procesa comparándola con cada fila de las tablas subsiguientes en una subconsulta u siguiente tabla en una combinación.
- **Qué índices hay**: si se ha creado más de un índice sobre un mismo campo el servidor debe elegir el más óptimo para lo cual en general se regirá por su cardinalidad o número de registros.
- **Cómo se almacenan los índices**: como hemos visto, en general los índices son archivos ordenados (por la columna o columnas) que contienen registros de la/s columna/s indizada/s junto con la dirección física del registro con los datos de la tabla correspondiente. Si el índice contiene varias columnas el orden es según las columnas más a la izquierda en la definición del índice.

La mejor forma de mejorar el rendimiento de consultas es crear índices sobre los campos más consultados o usados con mayor frecuencia en consultas. Sin embargo, crear demasiados índices también puede suponer un derroche de espacio y perjudicar al rendimiento al tener que buscar los índices adecuados en cada consulta y mantenerlos sincronizados con los datos. Como siempre, debemos buscar una situación de compromiso.

Si una consulta afecta solamente a campos indexados, por ejemplo los que forman parte de una clave primaria, no es necesario acceder a los datos de la tabla, sino que podemos usar directamente el archivo de índices para obtener el resultado. Por ejemplo, la consulta que devuelve los títulos de todas las noticias en la base de datos *motorblog* es mucho más rápida si hay un índice sobre el campo título ya que de este modo el servidor no necesita acceder a los datos directamente en el fichero de datos, sino simplemente usando el fichero de índices. En este concepto reside la clave (nunca mejor dicho) de la optimización de consultas.

Los índices son especialmente importantes en las siguientes operaciones:

- Consultas con cláusulas *WHERE* que contienen columnas indexadas. De este modo se puede hacer un filtro previo usando únicamente el archivo de índice.
- Para descartar filas en consultas, ya que si hay más de un índice sobre una misma columna el servidor elegirá el más restrictivo, o sea el que menos filas contenga.
- En combinaciones de tablas cuando existe un índice sobre los campos comunes.
- Para encontrar el valor de una función de agregado sobre campos indexados sin necesidad de acceder a los registros en disco.
- Para ordenar o agrupar campos indizados de tablas siempre que se haga sobre la parte más a la izquierda del índice (o los primeros campos del mismo).
- Para casos en que solo se requieren columnas indizadas no se precisará acceder a los datos de la tabla. Sin embargo, para tablas pequeñas o tablas sobre las que se accede a gran parte de sus campos el uso de índices puede ser ineficiente.

MySQL soporta índices multicolumna de hasta 16 campos. Son índices que incluye más de un campo. Estos se almacenan internamente como una conjunto ordenado de valores resultado de concatenar los valores de los campos implicados.

De este modo, cuando hagamos una consulta que use estos campos MySQL solo usará los índices si el conjunto de valores a buscar pertenece a un rango conocido para las columnas de la izquierda y opcionalmente para las de la derecha (según su orden en la definición del índice).

EJEMPLO 7.3

Por ejemplo, si tenemos un índice sobre los campos *título* y *fecha* de la tabla noticias en la base *motorblog*, en las siguientes consultas sí se usará:

```
SELECT * FROM noticias WHERE titulo='hidrógeno';
SELECT * FROM noticias
  WHERE titulo='hidrógeno' AND fecha='2011-10-10';
SELECT * FROM noticias
  WHERE titulo='hidrógeno'
  AND (fecha='2012-10-10' OR fecha='2011-10-10');
SELECT * FROM noticias
  WHERE titulo='hidrógeno' AND fecha >='2011-10-10';
```

Esto es así porque el optimizador sabe exactamente que filas de índice seleccionar (recordemos que los índices se almacenan ordenados).

EJEMPLO 7.4

Sin embargo, en los siguientes ejemplos no se usan índices, ya que en estos casos se necesita recorrer todo el archivo de índices para comprobar la condición *WHERE*:

```
SELECT * FROM noticias WHERE fecha='2011-10-10';
SELECT * FROM noticias
  WHERE titulo='hidrógeno' OR fecha='2011-10-10';
```

Aunque estos consejos pueden ser útiles para tenerlos en cuanta a la hora de diseñar nuestra base de datos, lo mejor para ajustar los índices adecuados a nuestras necesidades es hacer uso de la sentencia *EXPLAIN* que nos permite conocer cuál es el plan que MySQL seguirá cuando realice ciertas consultas.

Comando *EXPLAIN*

Para la optimización de consultas la herramienta más típicamente utilizadas es *EXPLAIN*. Es un comando que permite obtener información sobre cómo se llevarán a cabo las consultas dependiendo de nuestras tablas, columnas y de las condiciones en nuestras cláusulas *WHERE*.

En su uso más simple devuelve la descripción de una tabla: *EXPLAIN* tabla igual que lo haría el comando *DESCRIBE* tabla o *SHOW COLUMNS FROM* tabla. Sin embargo, en conjunción con *SELECT* lo que devuelve es la estrategia de ejecución de la consulta. Esta es su sintaxis:

```
EXPLAIN [EXTENDED | PARTITIONS] SELECT select_options
```

- *EXTENDED*: nos permite obtener información adicional mientras que *PARTITIONS* nos da información para tablas particionadas.
- *select_options*: es la consulta propiamente dicha.

El uso de *EXPLAIN* permite detectar cuando un índice se usa o no, si se usa incorrectamente o ver si las consultas se ejecutan de forma óptima. De ese modo el administrador puede corregirlas y optimizarlas.

EJEMPLO 7.5

Por ejemplo, si queremos resultado de *EXPLAIN* en la consulta que obtiene los datos de un enlace de la tabla enlaces en *motorblog*:

```
EXPLAIN EXTENDED SELECT * FROM fuentes WHERE link_id=24\G
```

Es una consulta sencilla en la que el campo de búsqueda es un índice (*PRIMARY KEY*), así que MySQL solo tiene que encontrar la primera coincidencia en el índice, acceder a la fila correspondiente y devolver el resultado.

El resultado sería el siguiente:

```
id: 1
select_type: SIMPLE
table: fuentes
type: const
possible_keys: PRIMARY
key: PRIMARY
key_len: 8
ref: const
rows: 1
Extra:
```

- *id*: es el número de tabla en la consulta. En este caso solo hay una.
- *select_type*: es el rol de la tabla en la consulta pudiendo adquirir, entre otros, los siguientes valores:
  - *SIMPLE*: para consultas que no sean uniones o incluyan subconsultas.
  - *UNION*: haciendo referencia a la segunda o última consulta en una consulta de unión.
  - *DEPENDENT UNION*: lo mismo que la anterior pero cuando la última consulta depende de otras.
  - *UNION RESULT*: es el resultado de una unión.
  - *SUBQUERY*: hace referencia a la primer *SELECT* en una subconsultas.
  - *DEPENDENT SUBQUERY*: igual que la anterior pero cuando la consulta es dependiente de otra externa a ella. La palabra *DEPENDENT* nos informa sobre consultas correlacionadas.
  - *PRIMARY*: haciendo referencia a la primera consulta cuando hay subconsultas.
  - *DERIVED*: hace referencia a subconsultas dentro de cláusulas *FROM*.
- *Table*: es el nombre de la tabla de la que se extraen los registros.
- *Type*: indica qué tipo de valores se usan en la consulta. Valores posibles son *const* para constante, *ref*, *range*, *index* y *ALL*.
- *Possible_keys*: posibles índices que pueden usarse para buscar registros.
- *Key*: es el nombre del índice que MySQL ha decidido usar de entre todos los posibles.
- *Ref*: son las columnas o valores que se usan para hacer coincidir con la clave. Se utiliza cuando usamos parte del índice de una tabla.
- *Eq_ref*: se usa cuando se utiliza todo el índice primario o único de una tabla.
- *Rows*: indica el número de filas que MySQL piensa que debe examinar antes de devolver los resultados. Es solo una estimación que no necesariamente coincide con el número de filas devueltas.
- *Extra*: es para información adicional, como el uso de ciertas cláusulas o el uso de índices para obtener el resultado de la consulta (sin necesidad de acceder a los registros de la tabla y, por tanto, mucho más rápido).

Veremos a continuación cómo podemos optimizar distintos tipos de consultas usando el comando *EXPLAIN*:

Forzar índices

Cuando las tablas son pequeñas o simplemente si MySQL no lo considera apropiado puede ocurrir que no se usen índices. Es algo que podemos evitar con la siguiente cláusula en consultas *SELECT* después de la cláusula *FROM*.

```
USE|FORCE|IGNORE {INDEX|KEY}
        [{FOR {JOIN|ORDER BY|GROUP BY}] ([index_list])
```

Con *USE* indicamos a MySQL que use únicamente el índice especificado, si usamos *IGNORE* evitamos el uso del índice mientras que *FORCE* indica que se use el índice siempre que se pueda para resolver la consulta ya que acceder a la tabla en disco es con toda seguridad muy costoso en tiempo. El uso de *FOR* indica al servidor que use el índice solo para consultas específicas de combinación, de ordenación o agrupación.

EJEMPLO 7.6

En el siguiente ejemplo forzamos el índice *fecha* para la obtención de los datos de noticias:

```
SELECT * FROM noticias FORCE INDEX (fecha) ORDER BY fecha;
```

Optimizando consultas simples con *WHERE*

Para consultas con *WHERE* el servidor usa el tipo range indicando que la consulta requiere un cierto número de registros resultado de una serie de condiciones sobre algunos campos. Si esos campos están indexados veremos el valor range para el campo *type* en la salida de *EXPLAIN*. En el siguiente ejemplo obtenemos los datos de las fuentes cuyo identificador está entre 10 y 20. Primero lo hacemos con la tabla sin indexar.

EJEMPLO 7.7

```
EXPLAIN SELECT * FROM fuentes WHERE fuente_id between 10 AND 20;
id: 1
select_type: SIMPLE
table: fuentes
type: ALL
possible_keys: NULL
key: NULL
key_len: NULL
ref: NULL
rows: 71
Extra: Using where
```

Como vemos la consulta es simple, debe recorrer todas las filas de la tabla *fuentes* y usa un filtro *WHERE*. Obviamente no hay índices implicados, así que es muy ineficiente.

Si ahora indexamos con una clave primaria:

```
ALTER TABLE fuentes ADD PRIMARY KEY cp(link_id)
```

Obtenemos el siguiente resultado:

```
id: 1
select_type: SIMPLE
table: fuentes
type: range
possible_keys: PRIMARY
key: PRIMARY
key_len: 4
ref: NULL
rows: 1
Extra: Using where
```

Vemos que ahora se indica *range* como *type* (es decir, va a usar el archivo de índice para buscar las filas necesarias) y *rows* = 1, es decir el servidor estima que necesitará acceder aproximadamente a 1 filas para poder realizar la consulta. También se añade información extra indicando que hay un filtro *WHERE*. Si en lugar de mostrar todos los campos buscásemos solo uno como por ejemplo *fuente_id* el resultado sería similar pero en el campo *Extra* tendríamos también *Using index* indicando que puede resolver la consulta usando solamente el índice sin necesidad de leer la tabla en disco lo cual es deseable.

Puede ocurrir que el índice sea compuesto de varias partes o columnas. En este caso el modo de ejecución dependerá del orden que usemos en la creación del índice y las condiciones *WHERE*.

En el siguiente ejemplo obtenemos los datos de fuentes con un identificador mayor que 10 y fecha superior a enero de 2011. Previamente creamos un índice sobre los campos *id* y *fecha*:

```
CREATE UNIQUE INDEX inff(id, fecha) ON noticias;
EXPLAIN SELECT * FROM noticias WHERE id>10 AND fecha> '2011-01-01';
```

La salida de *EXPLAIN* muestra ahora una consulta de tipo *range* que requerirá aproximadamente acceder a un cierto número de filas en disco a través del uso de los índices correspondientes.

Sin embargo, si recordamos cómo se organizan los índices vemos que la misma consulta usando un *OR* no tendrá el mismo resultado ya que entonces el servidor no tiene modo de eliminar posibles filas usando el índice. Es decir, prevé que a priori cualquier fila del índice puede cumplir la condición. En el caso anterior al estar el índice ordenado por el campo *id* y haber una condición *AND* es capaz de calcular usando el índice el número de filas a leer en disco.

En general, si observamos que una consulta se realiza muchas veces y no es sobre un índice podemos pensar en indexarla para mejorar el rendimiento. Sin embargo, no debemos olvidar que indexar no es necesariamente lo mejor y que cada caso merece un estudio previo.

Optimizando consultas con *ORDER BY* y *GROUP BY*

En muchas consultas se incluyen cláusulas *ORDER BY* lo que obliga a hacer una ordenación sobre uno o varios campos. El proceso de ordenación es costoso y conviene evitarlo en la medida de lo posible. Su uso se refleja en la salida del comando *EXPLAIN* en el campo *Extra* cuando toma el valor *Using filesort*. Si los campos de ordenación están indizados la consulta se hará mucho más rápidamente. Pero no siempre será así, ya que debe cumplirse que la consulta se haga usando el mismo orden de los campos (o al menos los campos definidos en los primeros lugares) y que la ordenación no incluya campos de más de una clave.

EJEMPLO 7.8

Con el siguiente comando obtenemos el plan de ejecución de la consulta que obtiene los datos de los equipos ordenados por ciudad:

```
mysql>EXPLAIN SELECT * FROM equipo ORDER BY ciudad;
```

En el campo *Extra* de *EXPLAIN* veremos el valor:

```
Extra:Using filesort
```

Lo que indica la necesidad de ordenación. Como hemos señalado para evitarlo los campos de ordenación deben ser todos ellos parte de un índice y la ordenación debe ser en el mismo orden. En el siguiente ejemplo sobre la base del *motorblog* podemos verlo:

```
mysql>EXPLAIN SELECT * FROM noticias ORDER BY id;
```

El resultado no incluirá el valor *using filesort* anterior para el campo *Extra* lo que demuestra el uso de índices para la consulta.

Cuando usamos índices múltiples formados por más de un campo debemos tener en cuenta que en MySQL se almacenan en orden ascendente o descendente. Por ejemplo, el siguiente comando sobre la base *liga*:

EJEMPLO 7.9

```
mysql>EXPLAIN SELECT local FROM partido ORDER BY elocal, evisitante ASC;
```

Devolverá en su campo *Extra* el valor *'Using index'* dado que solo necesita recurrir al archivo de índice para recuperar el resultado. Sin embargo si cambiamos el *asc* a *desc* (en MySQL todos los índices se crean ordenados ascendentemente) obtenemos además la opción *'Using filesort'* indicando la necesidad de crear una tabla temporal para ordenar.

Los índices formados por más de un campo también requieren un *filesort* sí se consultan en orden distinto, por ejemplo:

EJEMPLO 7.10

```
mysql>EXPLAIN SELECT local FROM partido ORDER BY evisitante, elocal asc;
```

Requerirá indefectiblemente un *filesort*, ya que el índice formado por los campos local y visitante se almacenan en ese orden de forma que si se acceden en orden distinto debe usarse una tabla temporal para hacer la ordenación. Esto se generaliza para índices de más de dos campos. Siempre lo ideal es usar la parte más a la izquierda del índice.

Cuando tenemos además cláusulas *GROUP BY* puede ser que se requiera la creación de tablas temporales lo que se especifica con el valor '*Using temporary*' en el campo Extra de la salida de *EXPLAIN*. Esto ocurre sobre todo si usamos campos distintos en *GROUP BY* y *ORDER BY*.

EJEMPLO 7.11

En el siguiente ejemplo obtenemos el número de partidos de cada equipo como local:

```
mysql>EXPLAIN SELECT count(*) FROM partido GROUP BY elocal;
```

En este caso obtenemos en el campo *Extra* el valor *Using index* indicando que la consulta se puede realizar solamente usando el archivo de índices.

Sin embargo, si lo que queremos es el número de partidos de cada equipo como visitante, es decir:

```
mysql>EXPLAIN SELECT count(*) FROM partido GROUP BY evisitante;
```

En este caso el campo *Extra* contendrá el valor *Using index*, *Using temporary*, *Using filesort* indicando la necesidad del índice, de una tabla temporal y de una ordenación para realizar la consulta. Esto es así por la forma en que se almacena el índice ya que esta ordenado por local y no por visitante.

Otro ejemplo de índices multicolumna puede ser el siguiente: sobre la base de datos *motorblog*, en la tabla noticias creamos un índice sobre los campos *id* y autor en este orden. Si quisiéramos hacer la siguiente consulta:

```
SELECT autor from noticias WHERE id in (1,2,4,5,10);
```

Veríamos en el campo *Extra* el valor *Using where*; *Using index* indicando que la consulta se resuelve usando únicamente el índice. Sin embargo todavía deben revisarse todas las filas del índice. Esto es así porque el índice está ordenado por autor, id y entonces se deben comprobar todas las filas porque los valores de búsqueda no son los de ordenación. Para mejorar esta consulta una solución puede ser crear el índice al revés, es decir, sobre los campos id y autor. Al hacerlo el resultado es que en el campo *rows* de *EXPLAIN* indica el valor 5, lo que obviamente mejora considerablemente la consulta.

Sin embargo, el resultado sería el mismo si hubiésemos indizado solamente el campo *id*. Aunque en este caso hubiésemos necesitado accede a disco por no ser el campo autor parte del índice.

Para casos en que usamos agrupaciones como por ejemplo la siguiente consulta que obtiene el número de noticias de cada autor:

```
SELECT autor, count(id) FROM noticias GROUP BY autor;
```

Si usamos *EXPLAIN* vemos como se requiere una tabal temporal (*Using temporary*) además de una nueva lectura de la tabla ordenada (*Using filesort*). Podemos evitar esto último agregando la cláusula *ORDER BY null* al final de la consulta.

Optimizando consultas de más de un índice

Si una consulta puede usar dos índices distintos MySQL intentará ejecutar la que requiera el uso de menos filas. Para ello podemos ejecutar la sentencia *SHOW INDEX FROM nombre_tabla* y ver la cardinalidad. MySQL elegirá, salvo que le indiquemos lo contrario, aquella que tenga la cardinalidad menor. Lo vemos en el ejemplo siguiente:

EJEMPLO 7.12

```
mysql> SELECT titulo FROM noticias WHERE fecha>'2010-02-02' AND id>2000';
```

Al haber índices sobre ambos campos, MySQL debe elegir el más óptimo que será el que menos filas requiera para realizar la consulta. Si usamos *EXPLAIN* obtenemos que en este caso usará el índice sobre *fecha* mientras que si subimos de 2000 a 20000 en la condición de *id* se decantará por el índice sobre *id*.

ACTIVIDADES 7.2

- Elimine todos los índices de las tablas de la base *motorblog*.
- Cree un índice primario sobre el campo *id* de la tabla fuentes y realice las siguientes consultas antes y después de la creación del índice:

  a. select id from noticias where id=1000;
  b. select id from noticias where id>=1000;
  c. select * from noticias where id>=1000;

  Observe e interprete el resultado de cada campo en la salida de *EXPLAIN*.

  Recuerde que los índices están ordenados.
- Cree un índice de tipo *fulltext* con el comando *alter table* sobre el campo contenido de la tabla *noticias*. Averigüe el tamaño de dicho índice en KB.
- Realice las siguientes consultas:

  a. explain select titulo from noticias order by id;
  b. explain select * from noticias where id<222 order by id;

  Explique el valor *'Using filesort'* en el campo extra de *EXPLAIN*.

  ¿Por qué no aparece en la segunda consulta?
- Modifique el campo título a *VARCHAR(255).* Cree un índice formado por los campos *título* y *fecha*. Indique la diferencia en cuanto al uso de índices y ordenación (*filesort*) de las siguientes consultas:

  a. explain select fecha, titulo from noticias order by fecha limit 500;
  b. explain select fecha, titulo from noticias order by titulo limit 500;
  c. explain select fecha, autor from noticias order by fecha limit 500;
  d. explain select titulo, autor from noticias order by fecha limit 500;
  e. explain select * from noticias order by fecha limit 500;
  f. explain select fecha, autor from noticias order by titulo limit 500;
- Cree un índice sobre el campo *fecha* y realice las siguientes consultas:

  a. explain select id from noticias where id> 3000 and fecha> '1000-01-01';
  b. explain select id from noticias where id> 3000 and fecha> '2500-01-01';

  Analice y explique la salida obtenida.

Optimizando consultas de más de una tabla

Cuando hay una combinación de dos o más tablas el servidor debe establecer un orden de ejecución. Una vez ordenadas elige una fila de la primera tabla y procesa la consulta combinándola con cada fila de la segunda tabla, dicha combinación se combina de nuevo con cada fila de la tercera y así sucesivamente hasta la última tabla. La eficiencia de este proceso depende sobre todo de los índices existentes.

Para ver la eficiencia debemos fijarnos fundamentalmente en el valor del campo *type* en la salida de *EXPLAIN*.

Los valores posibles son:

- *eq_ref*: se da cuando la clave ajena de la tabla secundaria (la segunda que muestra *EXPLAIN* cuando la consulta es de dos tablas) es única en cuyo caso cada fila de la tabla principal se combina con una única fila de la secundaria.
- *ref*: es el caso contrario, la clave ajena no tiene por que ser única de forma que cada fila de la tabla principal se combina con cada coincidencia en la secundaria.
- *unique_subquery*: se usa cuando la subconsulta se basa solo en campos clave de una tabla de forma que es una función la que hace al cálculo sin necesidad de acceder a la tabla original.
- *index_subquery*: similar a la anterior pero permitiendo índices no únicos.

También es necesario entender el funcionamiento de este tipo de consultas desde el punto de vista del servidor. En general para una consulta de combinación de dos o más tablas el proceso es el siguiente:

1. El servidor lee la primera fila de la primera tabla.
2. A continuación compara dicha fila con cada fila de la segunda tabla según las condiciones *WHERE* especificadas.
3. Para cada coincidencia repite el proceso con la tercera tabla. El proceso se repite para cada fila de la segunda tabla con la tercera y así sucesivamente hasta recorrer todas las tablas.

Según *EXPLAIN* cada fila (*row*) de una tabla es usada para encontrar coincidencias en la segunda, y así sucesivamente.

Veamos algunos ejemplos de consulta que combina la tabla noticias y autor suponiendo que hemos suprimido los índices en ambas. En ese caso al hacer la siguiente consulta de las noticias del autor con *id = 1*:

```
mysql>SELECT * FROM autores STRAIGHT_JOIN noticias n ON
noticias.autor_id=autores.id_autor AND autores.id_autor=1\G
```

(Hemos usado un *STRAIGHT_JOIN* para asegurar que la combinación se realice en el orden que queremos para ilustrar mejor el uso de índices).

Obtenemos dos filas o *rows*:

```
*********************1. row ***************************
id: 1
select_type: SIMPLE
table: autor
type: ALL
possible_keys: NULL
key: NULL
key_len: NULL
ref: NULL
rows: 6
Extra: Using where
*********************2. row ***************************
id: 1
select_type: SIMPLE
table: noticias
type: ALL
possible_keys: NULL
key: NULL
key_len: NULL
ref: NULL
rows: 3843
Extra: Using where
```

Es decir, debemos recorrer todas las tablas (debido al *type ALL*) para obtener la consulta lo que es absolutamente lógico al no haber índices creados.

Esto es ineficiente puesto que implica recorrer 6 × 3.843 filas en disco. En tablas de mayor tamaño, o combinaciones de más tablas, la cifra puede llegar a ser astronómica.

Para optimizar la consulta podemos crear índices en la columna autor de la tabla noticias. De ese modo el servidor podrá recurrir al índice para hacer las comprobaciones de coincidencias. Dado que puede haber varias (*type: ref*) debe hacer una estimación según sus estadísticas internas. En nuestro caso obtenemos lo siguiente (es posible que debamos usar la cláusula *FORCE INDEX* dado el escaso número de filas de la tabla *autores*):

```
***********************1. row ***************************
id: 1
select_type: SIMPLE
table: autores
type: ALL
possible_keys: NULL
key: NULL
key_len: NULL
ref: NULL
rows: 6
Extra: Using where
```

```
***********************2. row ***************************
id: 1
select_type: SIMPLE
table: noticias
type: ref
possible_keys: iautor
key: iautor
key_len: 4
ref: const
rows: 1191
Extra:
```

Quedando claro el ahorro en lecturas a disco, ya que pasamos de leer 6 × 3.337 filas a 6 × 1.191 (en este caso el servidor estima que habrá unas 1.191 noticias para el autor con *id* 1).

Pero aún podemos optimizar más ya que si nos fijamos la condición *WHERE* que filtra al autor con un *id* determinado puede indexarse también como clave primaria:

```
ALTER TABLE autores ADD PRIMARY KEY(id_autor);
```

Al hacer *EXPLAIN* de nuevo obtenemos:

```
***********************1. row ***************************
id: 1
select_type: SIMPLE
table: autores
type: const
possible_keys: PRIMARY
key: PRIMARY
key_len: 4
ref: const
rows: 1
Extra:
***********************2. row ***************************
id: 1
select_type: SIMPLE
table: noticias
type: ref
possible_keys: iautor
key: iautor
key_len: 4
ref: const
rows: 1191
Extra:
```

De este modo la salida indica que necesitamos leer únicamente 1 × 1.191 filas en total. Al ser el índice único o de clave primaria el servidor solo necesitará leer, como máximo, una fila de la tabla de autores por cada fila de noticias.

El campo *type* anterior indica *const* ya que hemos usado un valor fijo como *id* de autor.

En el caso anterior vimos el tipo *ref* que se establece por haber varias posibles coincidencias de noticias con cada fila de autor. Es decir cada autor puede tener varias noticias. Esto ocurre porque el índice sobre *autor* en la tabla *noticias* no es único ni de clave primaria. Si hubiésemos hecho la consulta de este modo:

```
mysql>SELECT * FROM noticias FORCE INDEX(iautor) STRAIGHT_JOIN autores FORCE INDEX(primary)
WHERE noticias.autor_id=autores.id_autor;
**********************1. row **************************
id: 1
select_type: SIMPLE
table: noticias
type: ALL
possible_keys: iautor
key: NULL
key_len: NULL
ref: NULL
rows: 3337
Extra:
**********************2. row **************************
id: 1
select_type: SIMPLE
table: autores
type: eq_ref
possible_keys: PRIMARY
key: PRIMARY
key_len: 4
ref: motorblog.noticias.autor_id
rows: 1
Extra:
```

Ahora encontramos *eq_ref* en el campo *type* de la salida de *EXPLAIN*. Esto es así porque para cada fila de la tabla noticias hay un solo posible autor.

Al final el administrador, según los requisitos de sus usuarios y aplicaciones, debe decidir el orden correcto, así como los índices necesarios para cada consulta.

EJEMPLO 7.13

En el siguiente ejemplo estudiaremos el uso de una subconsulta para saber los datos de la noticia con mayor *id*, de nuevo usaremos la tabla noticias sin índices:

```
mysql> SELECT * FROM noticias n1 WHERE id=(SELECT max(id) FROM noticias n2)';
```

El resultado de *EXPLAIN* sobre esta consulta sería el siguiente:

```
**********************1. row **************************
id: 1
select_type: PRIMARY
table: n1
type: ALL
possible_keys: NULL
key: NULL
key_len: NULL
ref: NULL
rows: 3843
Extra: Using where
**********************2. row **************************
id: 2
select_type: SUBQUERY
table: n2
type: ALL
possible_keys: NULL
key: NULL
key_len: NULL
ref: NULL
rows: 3843
Extra:
```

Solamente destacamos el hecho de usar un *WHERE* en la primera tabla mientras que la segunda se trata como de tipo *SUBQUERY*.

Sin embargo si creamos un índice único:

```
CREATE UNIQUE INDEX in1 ON noticias(id);
```

El resultado ahora de *EXPLAIN*:

```
**********************1. row **************************
id: 1
select_type: PRIMARY
table: p1
type: const
possible_keys: in1
key: in1
key_len: 4
ref: const
rows: 1
Extra:
```

```
**********************2. row **************************
Id: 2
select_type: SUBQUERY
table: NULL
type: NULL
possible_keys: NULL
key: NULL
key_len: NULL
ref: NULL
rows: NULL
Extra: Select tables optimized away
```

Se observa que en la segunda tabla no se tiene nada en cuenta al ser una consulta trivial, solo necesita usar la primera, de ahí el contenido de *Extra*. Es decir, solamente usando el índice *id* puede realizar la consulta.

Ahora vemos qué ocurre para el caso de una consulta correlacionada en la que buscamos los datos de noticias cuyos autores se hayan registrado antes del año 2010:

```
EXPLAIN SELECT * FROM noticias n WHERE autor_id in(SELECT id_autor FROM autores a
WHERE a.id_autor=n.autor_id);
**********************1. row **************************
id: 1
select_type: PRIMARY
table: n
type: ALL
possible_keys: NULL
key: NULL
key_len: NULL
ref: NULL
rows: 3337
Extra: Using where
**********************2. row **************************
id: 2
select_type: DEPENDENT SUBQUERY
table: a
type: ALL
possible_keys: NULL
key: NULL
key_len: NULL
ref: NULL
rows: 6
Extra: Using where
```

Ahora la salida muestra como el campo *select_type* tiene el valor de *DEPENDENT SUBQUERY* indicando que la consulta es correlacionada.

Sin embargo debemos leer todas las filas de ambas tablas para poder realizarla. Su optimización pasa por crear los índices correspondientes sobre *autor_id* e *id_autor*.

Entonces obtenemos:

```
***********************1. row ***************************
id: 1
select_type: PRIMARY
table: n
type: ALL
possible_keys: NULL
key: NULL
key_len: NULL
ref: NULL
rows: 3337
Extra: Using where
***********************2. row ***************************
id: 2
select_type: DEPENDENT SUBQUERY
table: a
type: eq_ref
possible_keys: PRIMARY
key: PRIMARY
key_len: 4
ref: motorblog.n.autor_id
rows: 1
Extra: Using where; Using index
```

Como en el caso anterior, al ser el índice sobre *id* único solo necesita hacer una lectura a disco por cada fila de noticias, de ahí el tipo *eq_ref.*

Sin embargo, si en la subconsulta usáramos uno o más campos que no están indexados el campo *type* sería *ALL* indicando que se deben revisar todas las filas de la tabla en la subconsulta para cada fila examinada de la consulta externa o principal.

ACTIVIDADES 7.3

- Elimine los índices en la base *motorblog*.
- Realice la consulta que muestre todos los datos del autor con *id_autor*=1 y sus noticias.
- Interprete el resultado de aplicar *EXPLAIN* a la consulta anterior.
- Agregue un índice de clave primaria sobre la tabla *autor* y repita el ejercicio anterior.
- Diseñe una consulta para obtener todos los datos de autores y sus noticias.
- Aplique *explain* a esa consulta usando la cláusula *STRAIGHT_JOIN* para que el orden sea, primero noticias y después autores. ¿Cuántas filas en total deben consultarse?
- Repita el ejercicio previo usando la cláusula *FORCE INDEX* para la consulta anterior se use la clave primaria de autores. Hágalo también invirtiendo el orden de las tablas. Interprete el resultado.

7.2 SUGERENCIAS DE EJECUCIÓN DE CONSULTAS

La optimización de consultas es compleja y está muy ligada al tipo de aplicación y base de datos subyacente de modo que es imposible establecer un protocolo o unas reglas fijas a seguir para lograr dicha optimización.

Lo mejor es dejarse llevar por la experiencia y el sentido común. No obstante en este apartado consideraremos algunos consejos o *tips* generales que podemos/debemos tener en cuenta en nuestra labor diarias como administradores.

1. La importancia de las pruebas *benchmarking*

Antes de poner nuestras bases de datos en marcha la única forma de saber su eficiencia son las pruebas. Para tal fin existen varias herramientas disponibles que nos permitirán comprobar la respuesta de nuestras bases ante situaciones de estrés y detectar posibles cuellos de botella.

A continuación describimos brevemente algunas de ellas:

- Herramientas de pruebas de MySQL (MySQL *Benchmark Suite*)
  Incluye *scripts* hechos en *perl* para ejecutar pruebas de toda clase dentro del directorio *sql-becnch* siempre que hayamos descargado la versión con el código fuente.
- *mysqlslap*
  Es un programa incluido en la instalación de MySQL en Linux. Su uso es muy sencillo y permite simular operaciones SQL desde varios clientes y con varias iteraciones.
- *Sysbench*
  Programa de propósito general para todas las plataformas que permite detectar parámetros clave en un sistema que se ejecuta bajo una carga elevada.

2. Encontrar lo cuellos de botella

Después de las pruebas hay que revisar ciertos parámetros que nos digan el origen de los cuellos de botella. Para ello disponemos del registro de consultas lentas (*slow quey log*) y el programa *mtop* que nos informa sobre la carga del servidor del mismo modo que top nos informa sobre la carga del sistema.

También hay comandos propios de MySQL como *EXPLAIN*, *SHOW STATUS* y *SHOW PROCESSLIST* que permiten detectar quién y qué operaciones se ejecutan y qué recursos usan.

Desde luego no debemos olvidar herramientas como *top*, *vmstat*, *procinfo* en Linux y las utilidades de información del sistema (en la página de *sysinternals* de Windows) en Windows para obtener información más general sobre el sistema.

3. Ajustar el diseño

En el diseño físico es importante cada detalle por lo que debemos ajustar cada parámetro de la manera más óptima posible. Por ejemplo, usar un tamaño fijo para un NIF (*CHAR(9)*) es mejor que usar un tamaño variable (*VARCHAR(9)*) que desperdicia un *bit*.

Así mismo, es importante evitar la redundancia. Ésta a veces es beneficiosa los que nos puede obligar a desnormalizar. En todo caso siempre es mejor normalizar al máximo y desnormalizar bajo demanda.

4. Particionar las tablas

En ocasiones solo algunos campos son accedidos con frecuencia como por ejemplo cuando se obtienen los títulos de noticias en un *blog* que pueden aparecer en distintas partes del mismo (más vistas, recientes, etc.). En estos casos, debemos plantearnos la partición vertical de las tablas afectadas. En nuestro ejemplo los campos pesados como *contenido* del *blog* podrían ubicarse en una tabla aparte junto con el identificador de la noticia.

5. No abusar de los índices

No debemos crear índices para cada consulta ni de manera discrecional. No debemos olvidar que los índices ocupan un espacio proporcional al tamaño de nuestros datos. Si creamos demasiados colapsaremos la memoria. Además, su uso en campos que sufren muchos cambios requiere una actualización lo cual también es costoso. Entonces debemos limitar su uso a consultas frecuentes que impliquen datos más o menos estáticos.

6. Conocer los tipos de tabla

Cada gestor soporta distintos tipos de tabla y es importante conocer sus características de cara a su optimización. En MySQL las más importantes son *MyISAM* e *InnoDB*. Las primeras permiten consultas intensivas mientras que las segundas, orientadas a transacciones, son más eficientes en escrituras intensivas. Otra diferencia importante es la eficiencia de *COUNT*, mucho más rápido en las de tipo *MyISAM*.

7. Revisar los comandos de comprobación de tablas

Hay comandos para el mantenimiento de tablas e índices y que debemos ejecutar en ciertas ocasiones.

- *ANALYZE TABLE*: analiza y almacena la distribución de claves en una tabla. Ésta distribución se usa para determinar el orden que el servidor seguirá para combinar tablas en un *JOIN*, así como para decidir que índices se usarán en una consulta. Es útil después de insertar una gran cantidad de datos y cuando creamos un nuevo índice.
- *CHECK TABLE*: repara una tabla si sus datos o índices están corruptos.
- *OPTIMIZE TABLE*: reorganiza el espacio ocupado por una tabla. Muy útil después de hacer modificaciones en tablas con campos variables.

8. Observa las opciones específicas de los comandos MySQL

La mayoría de comandos SQL incluyen opciones para que su ejecución se haga de otro modo. Algunas de ellas que afectan a la optimización son:

SQL_NO_CACHE / SQL_CACHE

Son cláusulas que se usan para forzar o evitar el uso de la caché de consultas de MySQL.

En particular, se desaconseja el uso de la caché cuando realizamos consultas son muy variadas o los datos cambian mucho ya que en este caso no vale la pena malgastar la caché.

En otras ocasiones, si en un momento dado vamos a repetir una misma consulta un cierto número de veces nos interesa forzar con *SQL_CACHE*, el uso la caché para reducir el tiempo de ejecución.

- *HIGH_PRIORITY / LOW_PRIORITY*: permiten en comandos *INSERT*; *SELECT* O *DELETE* establecer la prioridad de ejecución de los mismos en función de nuestras necesidades.
- *STRAIGH_JOIN*: fuerza a realizar la combinación en el orden especificado en el *SELECT*.
- *SQL_BUFFER_RESULT*: obliga a almacenar el resultado de una consulta en una tabla temporal de modo que mientras se envía el resultado al cliente se puede seguir utilizando la tabla que está siendo consultada. Es útil para resultados o consultas pesadas.
- *SQL_SMALL_RESULT/SQL_BIG_RESULT*: informa al servidor sobre el posible tamaño del resultado de una consulta para que la procese de la forma más eficiente posible. Para el caso de *BIG_RESULT* utilizando tablas temporales.

9. Leer *blogs* específicos

Como *mysqlpeformanceblog.com* y foros y listas de correo de MySQL para estar al día en las nuevas actualizaciones y características, artículos o *White papers* específicos del tema.

RESUMEN DEL CAPÍTULO

En este capítulo hemos tratado el tema de la optimización de consultas. Es un tema complejo dado que el tipo y características de las consultas son muy variados y dependen en gran medida de la aplicación y usuarios que la utilizan.

Hemos tratado, en primer lugar, el concepto de índice y sus tipos, ya que estos son la principal herramienta para la optimización. En el caso de MySQL además disponemos del comando *EXPLAIN*, que permite prever cómo el gestor va a realizar las consultas en cuanto al número de filas que utilizará, tablas afectadas, índices etc.

Por último, hemos tratado de indicar una serie de sugerencias y consejos a tener en cuenta a la hora de diseñar y ejecutar nuestras consultas de manera que evitemos la congestión o uso excesivo de los recursos del servidor.

EJERCICIOS PROPUESTOS

1. Averigüe el nombre y significado (características) de las variables relacionadas con la caché. Use el comando *SHOW VARIABLES*.

2. Averigüe el tamaño de la variable *join_buffer_size*. ¿Para qué puede ser útil aumentarlo? ¿Cuál es su valor máximo?

3. Cree un índice no único sobre el campo noticia de la tabla *comentarios*.

Use *explain* e interprete el resultado con y sin *STRAIGHT_JOIN*.

4. Elimine los índices sobre las tablas *autor* y *noticias*.

Diseñe una consulta para obtener los datos de las noticias del autor número 2 usando una subconsulta. Interprete el resultado de *explain*.

5. Agregue un índice único sobre la tabla *autor*, *campo autor_id*, y repita el ejercicio anterior.

6. Suponga que las siguientes consultas se llevan a cabo con relativa frecuencia. Según lo visto optimícelas al máximo suponiendo que no hay ningún índice creado en ninguna tabla:

```
SELECT * FROM autor STRAIGHT_JOIN noticias
ON noticias.autor=autor.nombre AND
autor.id=1;
SELECT id FROM noticia WHERE id_autor
IN(SELECT autor_id FROM autores) AND
fecha_pub='2009-01-01';
SELECT id_comentario, autor FROM
comentarios;
```

7. Indique la diferencia entre *Using Temporary* y *Using filesort* en el campo *Extra* de *EXPLAIN*.

TEST DE CONOCIMIENTOS

1 ¿Cómo se almacenan los índices en tablas *InnoDB*?

a) Solo los valores con su dirección de memoria.
b) Las almacena directamente en el disco duro.
c) Se guardan en un fichero junto con los de las tablas *MyISAM*.
d) Se almacenan en ficheros separados.

2 ¿Cuál de los siguientes no es un tipo de índice?

a) *Btree*.
b) *Hash*.
c) *Spatial*.
d) *Fulltext*.

3 Un índice es:
a) Un fichero ordenado.
b) Un fichero con el valor de la clave primaria de una tabla.
c) Una estructura de datos tipo árbol.
d) Un fichero que contiene los valores de un campo y su dirección física.

4 ¿Qué significa *using temporary* en el contexto del comando *explain*?
a) Que hay que esperar un poco.
b) Que se necesita usar un directorio temporal para resolver la consulta.
c) Que se requiere una tabla temporal en memoria.
d) Que se requiere una tabla temporal en disco.

5 ¿Por qué podría interesar no usar la caché en una consulta?
a) Para obtener datos fiables.
b) Porque cambian mucho los datos.
c) Para tardar más tiempo.
d) Todo lo anterior es correcto.

6 Los índices en MySQL:
a) Siempre están ordenados.
b) Están ordenados ascendentemente.
c) Están ordenados descendentemente.
d) Se puede elegir el tipo de ordenación.

7 Las tablas tipo *memory*:
a) Guardan índices.
b) Existen solo en memoria.
c) Son copias de trozos de tablas.
d) Están en desuso.

8 En una consulta de una tabla con dos índices:
a) Se usa siempre el más pequeño.
b) Se usa el que menos accesos a disco requiera.
c) Se usa el que menos filas implique leer.
d) Se usan los dos si es posible.

9 Para reducir el tiempo de consultas pesadas, ¿qué es mejor?
a) Activar el registro de consultas lentas.
b) Aumentar la caché de consultas.
c) Indizar los campos afectados.
d) Aumentar el espacio de almacenamiento del servidor.

10 Su aplicación va a tener muchas consultas. ¿Qué variables considera mejor monitorizar?
a) *thread_cache_size*.
b) *threads_cached*.
c) *threads_created*.
d) *max_connections*.

8 Construcción de guiones

OBJETIVOS DEL CAPÍTULO

- ✓ Dar a conocer la panorámica de los lenguajes de programación de bases de datos.
- ✓ Aprender las técnicas básicas de programación que incorpora MySQL.
- ✓ Conocer aplicaciones de la programación a bases de datos reales.
- ✓ Implementar y gestionar objetos de control de las bases de datos como procedimientos y funciones.

Toda aplicación informática consta de dos partes fundamentales y bien diferenciadas. Por un lado, los datos que se organizan en bases de datos de tipo relacional, orientado a objetos u otros. Por otro, el código o funciones que manipulan dichos datos para lograr la funcionalidad deseada.

Normalmente, esto último se logra mediante lenguajes de programación procedurales como C, *php*, *perl* etc. para bases de datos relacionales o, de modo más avanzado *C++*, *Java* o *Visual .NET* para bases objeto-relacionales (bases relacionales con características de objetos) u orientadas a objetos. Sin embargo, cada vez más los SGBD incorporan lenguajes propios que permiten integrar datos y funcionalidad dentro de la misma base de datos. Esto tiene varias ventajas:

- ✓ **Independencia del sistema operativo**: al poder usar la funcionalidad simplemente con la condición de poder instalar el SGBD en el sistema. No se requieren librerías o programas especiales para usar el lenguaje de programación.
- ✓ **Aplicaciones más ligeras**: parte de la carga de proceso se incorpora en el servidor con lo que las aplicaciones requieren menos desarrollo y código.
- ✓ **Facilidad de mantenimiento**: solamente se requiere actualizar el propio gestor sin necesidad de ajustes ajenos a él. Además, las modificaciones en las aplicaciones son menores al tener repartida la funcionalidad en el SGBD.

En este capítulo veremos una panorámica de la tecnología actual respecto a los lenguajes de programación en varios SGBD para después centrarnos en la programación dentro de MySQL.

8.1 LENGUAJES DE PROGRAMACIÓN Y BASES DE DATOS

Tradicionalmente las bases de datos se han limitado a servir de repositorios de datos organizados según ciertas relaciones en tablas. Dichos datos eran accedidos mediante interfaces de lenguajes de programación. Algunos de estos lenguajes permitían la inclusión de sentencias SQL como parte del código de la aplicación, es lo que se conoce como lenguajes tipo anfitrión como *Java*, PL/I o C. Esta característica se ha modificado para dar paso a API, funciones incorporadas por distintos lenguajes para acceder a servidores de datos. Así cada vez más lenguajes (*perl*, *python*, *Ruby*, *php*, etc.) amplían sus posibilidades en cuanto al acceso a bases de datos.

Al mismo tiempo los propios SGBD van incorporando cada vez más potentes lenguajes propios integrados en el software y que minimizan el desarrollo de aplicaciones en la parte del acceso a datos. Como ejemplos podemos citar los siguientes:

- *MySQL*: permite la definición de rutinas, disparadores, vistas y eventos mediante un lenguaje propio sin nombre específico.
- *ORACLE*: incorpora el llamado PL/SQL para la programación de objetos de la base de datos.
- *SQL Server*: incorpora el llamado Transact-SQL o T-SQL para la implementación de sentencias SQL, así como para programación de rutinas, disparadores y otros objetos.

- *Posgresql*: permite mediante el uso de módulos ser compilado para usar lenguajes diversos, el más habitual es PL/*pgsql* pero existen muchos otros como PL/PHP, PL/R o PL/*Java*.

En la actualidad se están dando cambios significativos ya que se están incorporando características de la programación orientada a objetos a las bases relacionales. Esto es así debido al auge de estos lenguajes y al uso de los mismos de tipos avanzados de datos (como objetos, métodos, herencia, *arrays*, etc.) no soportados por las bases de datos tradicionales.

8.2 PROCEDIMIENTOS Y FUNCIONES ALMACENADOS EN MYSQL

Las **rutinas** (procedimientos y funciones) almacenadas son un conjunto de **comandos** SQL que pueden almacenarse en el servidor. Una vez que se hace, los clientes no necesitan lanzar cada comando individual, sino que pueden en su lugar llamar al procedimiento almacenado como un único comando.

Las rutinas almacenadas pueden mejorar el rendimiento ya que se necesita enviar menos información entre el servidor y el cliente. El intercambio que hay aumenta la carga del servidor de la base de datos, ya que la mayoría del trabajo se realiza en la parte del servidor y no en el cliente.

Además, al ir integrados en la base de datos permiten la portabilidad a otros sistemas sin necesidad de adaptaciones.

Una función almacenada es un programa almacenado que devuelve un valor. Si bien los procedimientos almacenados pueden devolver valores a través de parámetros *OUT* o *INOUT* en las funciones solo se devuelven a través de cero o un único valor de retorno. A diferencia de los procedimientos almacenados, las funciones almacenadas se pueden utilizar en expresiones y pueden incluirse en otras funciones o procedimientos, así como en el interior de sentencias SQL como *SELECT*, *UPDATE*, *DELETE* e *INSERT*.

El esquema general de una rutina almacenada se resume en la siguiente imagen:

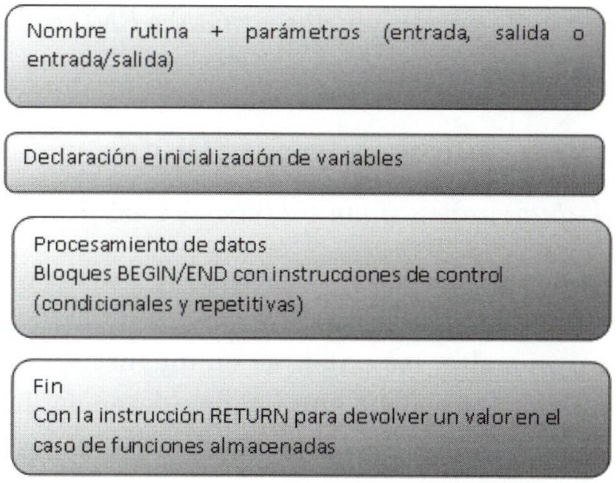

Figura 8.1. *Esquema general de una rutina*

8.2.1 SINTAXIS Y EJEMPLOS DE RUTINAS ALMACENADAS

Para construir nuestros propios **procedimientos** y **funciones** (así como otros objetos como *triggers* y vistas) necesitaremos un editor como *notepad++* u otro de nuestra preferencia y nuestros programas servidor y cliente de MySQL. También podemos crearlos directamente desde la consola cliente *mysql* o usando la GUI (*Graphical User Interface*) de MySQL Workbench.

La sintaxis general para la creación de un procedimiento o función es:

```
CREATE PROCEDURE sp_name ([parameter[,...]])
[characteristic ...] routine_body
CREATE FUNCTION sp_name ([parameter[,...]])
RETURNS type
[characteristic ...] routine_body
parameter:
[ IN | OUT | INOUT ] param_name type
type:
Any valid MySQL data type
characteristic:
LANGUAGE SQL
| [NOT] DETERMINISTIC
| { CONTAINS SQL | NO SQL | READS SQL DATA | MODIFIES SQL DATA }
| SQL SECURITY { DEFINER | INVOKER }
```

Donde:

- *sp_name*: es el nombre de la rutina almacenada.
- *parameter*: son los parámetros que en general se caracterizan por un tipo y un nombre. El tipo puede ser de entrada (*IN*), salida (*OUT*) o entrada/salida (*INOUT*).
- *routine_body*: es el cuerpo de la rutina formado generalmente por sentencias SQL. En caso de haber más de una debe ir dentro de un bloque delimitado por sentencias *BEGIN* y *END* como veremos en los siguientes ejemplos.
- *Deterministic*: indica si es determinista o no es decir si siempre produce el mismo resultado
- *Contains* SQL/*no* SQL: especifica si contiene sentencias SQL o no.
- *Modifies* SQL *data*/*Reads* SQL *data*: indica si las sentencias modifican o no los datos.
- SQL *security*: determina si debe ejecutarse con permisos del creador (*definer*) o del que lo invoca (*invoker*).

Los corchetes indican parámetros opcionales, las palabras en mayúsculas son reservadas del lenguaje SQL y el resto son opciones que se explican detalladamente en el manual de referencia. Todos los procedimientos o funciones se crean asociados a una base de datos que será la activa en ese momento o la que pongamos como prefijo en el nombre del mismo.

En resumen, una rutina obedece al siguiente esquema simplificado:

```
nombre(parametros)+modificadores
begin
declaración (DECLARE) y establecimiento de variables (SET)
proceso de datos (instrucciones sql/ instrucciones de control)
end
```

En lo sucesivo iremos explicando las cláusulas más habituales con distintos ejemplos. Dado su carácter ilustrativo los crearemos en la base de datos *test* creada por defecto en la instalación de MySQL.

Veamos un primer ejemplo de un procedimiento almacenado:

EJEMPLO 8.1

```
1. DELIMITER $$
2. DROP PROCEDURE IF EXISTS hola_mundo$$
3. CREATE PROCEDURE test.hola_mundo()
4. BEGIN
5. SELECT 'hola mundo';
6. END$$
```

Es un procedimiento muy simple cuyo único objeto es imprimir por pantalla la cadena 'hola mundo'. Este y otros ejemplos más complejos servirán de base para explicar su sintaxis. A continuación lo explicamos detalladamente por líneas:

- **Línea 1**. La palabra clave *DELIMITER* indica el carácter de comienzo y fin del procedimiento. Típicamente sería un **;**, pero dado que necesitamos un **;** para cada sentencia SQL dentro del procedimiento es conveniente usar otro carácter (normalmente $$ o //).
- **Línea 2**. Eliminamos el procedimiento si es que existe. Esto evita errores cuando queremos modificar un procedimiento existente.
- **Línea 3**. Indique el comienzo de la definición de un procedimiento donde debe aparecer el nombre seguido por paréntesis entre los que pondremos los parámetros en caso de haberlos. En este caso precedemos al nombre con la base de datos *test* a la que pertenecerá el procedimiento.
- **Línea 4**. *Begin* indica el comienzo de una serie de bloques de sentencias SQL que componen el cuerpo del procedimiento cuando hay más de una.
- **Línea 5**. Conjunto de sentencias SQL, en este caso un *SELECT* que imprime la cadena por pantalla.
- **Línea 6**. Fin de la definición del procedimiento seguido de un doble $ indicando que ya hemos terminado.

En caso de encontrarnos en un cliente (tanto desde nuestra consola como desde el *browser* de *mysql Workbench*) podemos ejecutar el código del procedimiento directamente. Si hemos usado un editor guardaremos el código en un fichero con un nombre y extensión apropiados, en este caso *hola_mundo.sql* que ejecutaremos desde el cliente con el comando *source*.

En nuestro caso crearemos el procedimiento con el comando *source*:

```
mysql> source hola_mundo.sql
Query OK, 0 rows affected, 1 warning (0.01 sec)
Query OK, 0 rows affected (0.00 sec)
```

Una vez creado estamos en condiciones de ejecutarlo llamándolo con la instrucción *CALL*:

```
mysql> call hola_mundo() $$
+-------------+
| Hola mundo |
+-------------+
| Hola mundo|
+-------------+
1 row in set (0.01 sec)
Query OK, 0 rows affected (0.01 sec)
```

Si queremos comprobar que el procedimiento existe en la base de datos *test* usaremos el comando *SHOW CREATE PROCEDURE hola_mundo;*.

Para realizar lo mismo usando el programa gráfico de MySQL, *Workbench* usaríamos un *script tab* en el que incluiríamos el código del procedimiento (podemos apreciar un ejemplo en el apéndice A).

Y la llamada se haría desde un *resulset* (pestaña para ejecución de consultas) usando también la instrucción *CALL*.

EJEMPLO 8.2

También podemos crear procedimientos directamente desde la consola *ms-dos*:

```
CREATE PROCEDURE version SELECT version(); $$
```

En este trivial ejemplo mostramos directamente la versión de MySQL usando la función versión.

Como hemos observado las sentencias *BEGIN* y *END* solo son necesarias en caso de tener más de una sentencia.

EJEMPLO 8.3

Procedimiento para obtener la fecha actual y un número aleatorio:

```
DELIMITER $$
CREATE PROCEDURE fecha()
LANGUAGE SQL
NOT DETERMINISTIC
COMMENT 'A Procedure'
SELECT CURRENT_DATE, RAND() FROM t $$
```

Observamos algunas líneas nuevas como *LANGUAGE* para indicar el lenguaje, *NOT DETERMINISTIC*, que indica que el algoritmo no siempre produce el mismo resultado cada vez que se llama y, *COMMENT*, para documentar el procedimiento con comentarios.

Estas cláusulas permiten configurar el comportamiento del procedimiento o funciones. Veremos y comentaremos otras a lo largo del capítulo.

En este ejemplo obtenemos la fecha actual (motivo por el cual es no *DETERMINISTIC*), así como un número aleatorio por pantalla.

Veamos unos ejemplos de dos funciones almacenadas creadas sobre la base de datos *test*:

EJEMPLO 8.4

```
DELIMITER $$
CREATE FUNCTION estado(in_estado CHAR(1))
    RETURNS VARCHAR(20)
BEGIN
    DECLARE estado VARCHAR(20);
    IF in_estado = 'P' THEN
        SET estado='caducado';
    ELSEIF in_estado = 'O' THEN
        SET estado='activo';
    ELSEIF in_status = 'N' THEN
        SET estado='nuevo';
    END IF;
    RETURN(estado);
END;$$
```

En este ejemplo la función recibe un valor de estado como entrada y comprueba su valor. Según cual sea asignará con el comando *SET* el valor abreviado a la variable *estado*, que es devuelta.

EJEMPLO 8.5

```
DELIMITER $$
CREATE FUNCTION esimpar(numero int)
       RETURNS int
BEGIN
DECLARE impar INT;
        IF MOD(numero,2)=0 THEN SET impar=FALSE;
        ELSE SET impar=TRUE;
        END IF;
        RETURN(impar);
END ;$$
```

En este caso recibimos un número como entrada devolviendo *TRUE* si es par y *FALSE* en caso de que sea impar.

Una función puede ser llamada con su nombre y una lista de parámetros con el tipo de dato apropiado. Veamos el siguiente ejemplo en el que llamamos a una función desde la línea de comandos:

EJEMPLO 8.6

```
mysql> SET @x=impar(42);
Query OK, 0 rows affected (0.00 sec)
mysql> SELECT impar(42);
```

En este ejemplo la función *impar* devuelve un 0 ó un 1 si la variable pasada como parámetro es o no par. Dicho valor se asigna a una variable de sesión *@x* que podemos mostrar con un *SELECT*. Otra opción es usar directamente la función como una expresión en la cláusula *SELECT*, tal y como se ve en el ejemplo.

Sin embargo, es más usual llamar a las funciones desde otras funciones o procedimientos como en el siguiente ejemplo:

EJEMPLO 8.7

```
DELIMITER $$
DROP PROCEDURE IF EXISTS muestra_estado$$
CREATE PROCEDURE muestra_estado(in numero int)
BEGIN
IF (esimpar(numero)) THEN
    SELECT CONCAT(numero," es impar");
ELSE
    SELECT CONCAT(numero," es par");
END IF;
END;$$
```

Ahora la nueva función nos muestra un mensaje indicando si el parámetro recibido es o no par.

De este modo las funciones permiten reducir la complejidad aparente del código encapsulando el código y simplificando por tanto su mantenimiento y legibilidad.

En estos ejemplos ya hemos incluido algunos ejemplos con instrucciones de control como *IF*. A continuación explicaremos los detalles de sintaxis más importantes.

8.2.2 PARÁMETROS Y VARIABLES

Igual que en otros lenguajes de programación los procedimientos y funciones usan variables y parámetros que determinan la salida del algoritmo.

Veámoslo en el siguiente ejemplo:

EJEMPLO 8.8

En este caso se recibe una variable entera de entrada llamada *parámetro1*. A continuación se declaran sendas variables *variable1* y *variable2* de tipo entero y se testea el valor del parámetro, en caso de que sea 17 se asigna su valor al a variable *v1* y sino la variable *v2* se le asigna el valor 30.

```
DELIMITER $$
DROP PROCEDURE IF EXISTS proc1 $$
CREATE PROCEDURE proc1 /*nombre */
(IN parametro1 INTEGER)         /*parametros */
BEGIN                            /*comienzo de bloque */
DECLARE variable1 INTEGER;      /*variables */
DECLARE variable2 INTEGER;      /*variables */
IF parametro1 = 17 THEN  /*instrucción condicional */
SET variable1 = parametro1;     /*asignación */
ELSE
SET variable2 = 30;             /*asignación */
END IF;                  /*fin de condicional*/
INSERT INTO t VALUES
(variable1),(variable2); /*instruccion sql */
END $$                   /*final de bloque*/
DELIMITER ;$$
```

Obviamente el ejemplo es irracional y solo tiene propósitos didácticos.

Encontramos dos nuevas cláusulas para el manejo de variables:

- *DECLARE*: crea una nueva variable con su nombre y tipo. Los tipos son los usuales de MySQL como *char*, *varchar*, *int*, *float*, etc. Esta cláusula puede incluir una opción para indicar valores por defecto. Si no se indica, dichos valores serán *NULL*. Por ejemplo:

  ```
  DECLARE a, b INT DEFAULT 5;
  ```

  Crea dos variables enteras con valor 5 por defecto.

- *SET*: permite asignar valores a las variables usando el operador de igualdad

Tipos de parámetros

También observamos la posibilidad de incluir un parámetro. Existen tres tipos:

- *IN*: es el tipo por defecto y sirve para incluir parámetros de entrada que usara el procedimiento. En este caso no se mantienen las modificaciones.

EJEMPLO 8.9

```
DELIMITER $$
CREATE PROCEDURE proc2(IN p INT) SET @x = p
$$

mysql> CALL proc2(12345)$$
Query OK, 0 rows affected (0.00 sec)
mysql> SELECT @x$$
+-------+
| @x |
+-------+
| 12345 |
+-------+
1 row in set (0.00 sec)
```

En este ejemplo de procedimiento se establece el valor de una variable de sesión (precedida por @) al valor de entrada p.

- *OUT*: parámetros de salida. El procedimiento puede asignar valores a dichos parámetros que son devueltos en la llamada.

EJEMPLO 8.10

```
CREATE PROCEDURE proc3(OUT p INT)  SET p = -5 $$
mysql> CALL proc3(@y)$$
mysql> SELECT @y$$
+------+
| @y |
+------+
| -5 |
+------+
```

En este caso hemos creado una nueva variable *@y* al llamar al procedimiento cuyo valor se actualiza dentro del mismo por ser ésta de tipo *OUT*.

- *INOUT*: permite pasar valores al procedimiento que serán modificados y devueltos en la llamada.

EJEMPLO 8.11

```
CREATE PROCEDURE proc4(INOUT p INT) SET p = p-5 $$
mysql> SET @y=0$$
mysql> CALL proc4(@y)$$
mysql> SELECT @y$$
+------+
| @y |
+------+
| -5 |
+------+
```

Esta vez usamos el mismo valor del parámetro para incrementar su valor previamente asignado con *SET*.

Alcance de las variables

Las variables tienen un alcance que está determinado por el bloque *BEGIN/END* en el que se encuentran. Es decir, no podemos ver una variable que se encuentra fuera de un procedimiento salvo que la asignemos a un parámetro *OUT* o a una variable de sesión (usando la @). El siguiente ejemplo ilustra lo dicho:

EJEMPLO 8.12

```
DELIMITER $$
CREATE PROCEDURE proc5()
BEGIN
DECLARE x1 CHAR(5) DEFAULT 'fuera';
BEGIN
DECLARE x1 CHAR(5) DEFAULT 'dentro';
SELECT x1;
END;
SELECT x1;
END; $$
```

Las variables *x1* del primer y segundo bloque *BEGIN/END* son distintas, solo tienen validez dentro del bloque como se demuestra en la llamada al procedimiento.

```
mysql> CALL proc5()$$
+--------+
| x1 |
+--------+
| dentro |
+--------+
+--------+
| x1 |
+--------+
| fuera |
+--------+
```

ACTIVIDADES 8.1

- Sobre la base de pruebas *test* cree un procedimiento para mostrar el año actual.
- Cree y muestre una variable de usuario con *SET.* ¿Debe ser de sesión o puede ser global?
- Use un procedimiento que sume 1 a la variable anterior cada vez que se ejecute.
- En este caso la variable es de entrada-salida, ya que necesitamos su valor para incrementarlo y, además, necesitamos usarlo después de la función para comprobarlo.
- Cree un procedimiento que muestre las tres primeras letras de una cadena pasada como parámetro en mayúsculas.
- Cree un procedimiento que muestre dos cadenas pasadas como parámetros concatenadas y en mayúscula.
- Cree una función que devuelva el valor de la hipotenusa de un triángulo a partir de los valores de sus lados.
- Cree una función que calcule el total de puntos en un partido tomando como entrada el resultado en formato *xxx-xxx.*

8.2.3 INSTRUCCIONES CONDICIONALES

En muchas ocasiones el valor de una o más variables o parámetros determinará el proceso de las mismas. Cuando esto ocurre debemos usar instrucciones condicionales de tipo simple o *IF* cuando solamente hay una condición, alternativas o *IF THEN ELSE* cuando hay dos posibilidades o múltiple o *CASE*. Cuando tenemos un conjunto de condiciones distintas.

IF-THEN-ELSE

Como hemos visto en el ejemplo 8.4 podemos incluir instrucciones **condicionales** usando *IF* o de manera más completa *IF-THEN-ELSE* para varias condiciones.

La sintaxis general para esta construcción es:

```
IF expr1 THEN
...
ELSEIF expr2 THEN
...
ELSE
...
END IF
```

En el siguiente ejemplo insertamos o actualizamos la tabla de prueba *t* en la base de datos *test* según el valor de entrada:

EJEMPLO 8.13

```
DELIMITER $$
CREATE PROCEDURE proc7 (IN par1 INT)
BEGIN
DECLARE var1 INT;
SET var1 = par1 + 1;
IF var1 = 0 THEN
INSERT INTO t VALUES (17);
END IF;
IF par1 = 0 THEN
UPDATE t SET s1 = s1 + 1;
ELSE
UPDATE t SET s1 = s1 + 2;
END IF;
END; $$
```

Cuando el valor de la *variable1* es 0 entonces hacemos una inserción, en caso de que sea 0 el parámetro de entrada actualizamos sumando 1 al valor actual y sino sumamos 2.

CASE

Cuando hay muchas condiciones el uso de la anterior estructura genera confusión en el código. Para estos casos es más apropiado el uso de la instrucción *CASE*.

Su sintaxis general es:

```
CASE Expression
        WHEN value THEN
            statements
        [WHEN value THEN
            statements ...]
        [ELSE
            statements]
    END CASE;
```

Donde *expr* es una expresión cuyo valor puede coincidir con uno de los posibles *val*, *val2*, etc.

En otro caso se ejecutan las instrucciones seguidas por *ELSE*.

En el siguiente ejemplo podemos ver su funcionamiento:

EJEMPLO 8.14

```
CREATE PROCEDURE proc8(IN parameter1 INT)
BEGIN
DECLARE variable1 INT;
SET variable1 = parameter1 + 1;
CASE variable1
WHEN 0 THEN INSERT INTO t VALUES (17);
WHEN 1 THEN INSERT INTO t VALUES (18);
ELSE INSERT INTO t VALUES (19);
END CASE;
END; $$
```

Observamos como cuando usamos comandos *SELECT* dentro de una rutina podemos usar la cláusula *INTO* que nos permite almacenar el resultado de una consulta en una variable definida dentro del procedimiento o función.

ACTIVIDADES 8.2

- Cree una función que devuelva 1 ó 0 si un número es o no divisible por otro.
- Use las estructuras condicionales para mostrar el día de la semana según un valor de entrada numérico, 1 para domingo, 2 para lunes, etc.
- Cree una función que devuelva el mayor de tres números pasados como parámetros.
- Sobre la base de datos *liga* y basándose en el séptimo ejercicio de las Actividades 8.1, cree una función que devuelva 1 si ganó el visitante y 0 en caso contrario. El parámetro de entrada es el resultado con el formato *xxx-xxx.*
- Cree un procedimiento que diga si una palabra, pasada como parámetro, es palíndroma.
- Cree una función en la base *liga* que compruebe si los partidos ganados por un equipo coinciden con el campo *pg* en la tabla *equipo*.
- Use una función para insertar registros de movimientos en una cuenta de un cliente comprobando previamente que la fecha es menor que la actual y que la operación no deja la cuenta en negativo. La función devolverá un 0 en caso de error de entrada y 1 en cualquier otro caso.

8.2.4 INSTRUCCIONES REPETITIVAS O LOOPS

Los *loops* permiten iterar un conjunto de instrucciones un número determinado de veces. Para ello MySQL provee tres tipos de instrucciones: *Simple loop*, *Repeat until* y *while loop*

- ***Simple loop***

Su sintaxis básica es:

```
[etiqueta:] LOOP
instrucciones
END LOOP
[etiqueta];
```

Donde la palabra opcional *label* permite etiquetar el *loop* para podernos referir a él dentro del bloque.

El siguiente ejemplo muestra un bucle infinito que no se recomienda probar:

```
Infinite_loop: LOOP
    SELECT 'Esto no acaba nunca!!!';
END LOOP inifinite_loop;
```

En el siguiente ejemplo etiquetamos el *loop* con el nombre *loop_label*. El *loop* o bucle se ejecuta mientras no lleguemos a la condición de la línea 8. En caso de que se cumpla la orden *LEAVE* termina el *loop* etiquetado como *loop_label*.

EJEMPLO 8.15

```
0. DELIMITER $$
1. CREATE PROCEDURE proc9()
2. BEGIN
3.        DECLARE cont INT;
4.        SET cont = 0;
5.        loop_label: LOOP
6.             INSERT INTO t VALUES (cont);
7.             SET cont = cont + 1;
8.             IF cont >= 5 THEN
9.                  LEAVE loop_label;
10.            END IF;
11.       END LOOP;
12. END; $$
```

Como vemos, todo el proceso queda delimitado en un bloque *BEGIN/END*, el cual incluye un bucle que comienza en la línea 5 y termina en la línea 11. A su vez éste bucle realiza la inserción de una fila con el valor del contador *cont* en la tabla *t* (si estamos en la base de datos *test* deberíamos crearla) en la línea 6, incrementa el valor del contador *cont*, en una unidad con *SET* en la línea 7 e incluye una instrucción condicional simple que comprueba el valor del contador *cont* de manera que cuando éste supere el valor 5 se producirá las salida del bucle con la instrucción *LEAVE* de la línea 9. Finalmente termina el *IF*.

Repeat until loop

Sintaxis general:

```
[etiqueta:] REPEAT
instrucciones
UNTIL expresion
END REPEAT [etiqueta]
```

En el siguiente ejemplo se muestran los números impares desde 0 a 10.

EJEMPLO 8.16

```
DELIMITER $$
CREATE PROCEDURE proc10()
BEGIN
DECLARE i int;
SET i=0;
loop1: REPEAT
   SET i=i+1;
IF MOD(i,2)<>0 THEN /*número impar*/
select concat(i," es impar");
END IF;
UNTIL i >= 10
END REPEAT;
END; $$
```

While loop

Sintaxis general:

```
[etiqueta:] WHILE Expression DO
instrucciones
END WHILE [etiqueta]
```

El siguiente ejemplo es igual que el anterior usando *while*.

EJEMPLO 8.17

```
DELIMITER $$
CREATE PROCEDURE proc10()
DECLARE i int;
SET i=1;
loop1: WHILE i<=10 DO
   IF MOD(i,2)<>0 THEN

   SELECT CONCAT(i," es impar");
   END IF;
   SET i=i+1;
END WHILE loop1;
```

ACTIVIDADES 8.3

- Sobre la base *test* cree un procedimiento que muestre la suma de los primeros *n* números enteros, siendo *n* un parámetro de entrada.
- Haga un procedimiento que muestre la suma de los términos 1/*n* con *n* entre 1 y *m*. es decir 1/2+1/3+...1/*m* siendo *m* el parámetro de entrada. Tenga en cuenta que *m* no puede ser cero.
- Cree una función que determine si un número es primo devolviendo 0 ó 1.
- Usando la función anterior cree otra que calcule la suma de los primeros *m* números primos empezando en el 1.
- Cree un procedimiento para generar y almacenar en la tabla *primos (primos(id, numero))* de la base *test* los primeros números primos comprendidos entre 1 y *m* (parámetro de entrada). Modifique el procedimiento para almacenar en la variable de salida *@np* el número de primos almacenado.
- Cree un procedimiento que genere *n* registros aleatorios en la tabla movimientos de la base *ebanca*. Cada registro deberá contener datos de clientes y cuentas existentes. La cantidad deberá estar entre 1 y 100.000 y la fecha será la actual.

8.2.5 SQL EN RUTINAS: CURSORES

Hasta ahora todos los ejemplos contenían instrucciones o expresiones referidas a cálculos matemáticos o de de cadenas sencillos sin implicar el uso de datos de una base de datos. Sin embargo el uso de procedimientos implica manipular datos de tablas de bases de datos lo que implica usar instrucciones SQL. En esta sección veremos ejemplos diversos de procedimientos que acceden a bases de datos haciendo uso de las **instrucciones** explicadas en apartados anteriores.

En general podemos usar cualquier instrucción de SQL, tanto perteneciente al *DDL, DML* o *DCL*.

Como siempre, veamos un ejemplo para empezar en el que usamos sentencias *sql* de definición (*DROP* y *CREATE*) y sentencias SQL de manipulación (*INSERT*, *UPDATE* y *DELETE*). El ejemplo incluye comentarios que lo explican.

EJEMPLO 8.18

```
DELIMITER $$
CREATE PROCEDURE simple_sql(  )
BEGIN
/*declaramos una variable entera con nombre I y valor por defecto 1*/
DECLARE i INT DEFAULT 1;
/* instrucción DDL para eliminar la table test_table*/
DROP TABLE IF EXISTS test_table ;
/*se crea una tabla nueva con los campos correspondientes*/
CREATE TABLE test_table(id INT PRIMARY KEY,campo1 VARCHAR(30))ENGINE=InnoDB;
/* bucle de 10 INSERT usando la variable i */
WHILE (i<=10) DO
INSERT INTO TEST_TABLE VALUES(i,CONCAT("record ",i));
SET i=i+1;
END WHILE;
/* Ejemplo de acualización usando la variable i*/
SET i=5;
       UPDATE test_table
SET some_data=CONCAT("actualizando ",i)
WHERE id=i;
/* DELETE con la variable i*/
DELETE FROM test_table WHERE id>i;
END;$$
```

EJEMPLO 8.19

En el siguiente ejemplo usamos la propiedad de las sentencias *SELECT* de enviar valores a variables usando *INTO*.

```
SELECT expresion1 [, expresion2 ....]
      INTO variable1 [, variable2 ...]
      otras instrucciones SELECT
DELIMITER $$
CREATE PROCEDURE motorblog.obtener_datos_noticia(id_noticia INT)
BEGIN
DECLARE vtitulo     VARCHAR(200);
DECLARE vcontenido   TEXT;
DECLARE vfecha DATE;
SELECT titulo, contenido, fecha INTO vtitulo, vcontenido, vfecha FROM noticias
WHERE id=id_noticia;
/* Procesamos los datos obtenidos, por ejemplo mostrándolos*/
SELECT vtitulo, vcontenido, vfecha;
END;$$
```

En el anterior ejemplo observamos como la sentencia *SELECT* asigna los valores de la fila seleccionada para asignarlos a su vez a nuevas variables internas del procedimiento.

No obstante, muchas veces querremos recuperar más de una fila para manipular sus datos, en estos casos no sirve la sentencia anterior y requerimos el uso de cursores. Conceptualmente, un cursor se asocia con un conjunto de filas o una consulta sobre una tabla de una base de datos.

Un cursor se crea usando la siguiente sintaxis:

```
DECLARE cursor_name CURSOR FOR SELECT_statement;
```

EJEMPLO 8.20

```
DECLARE cursor1 CURSOR FOR
SELECT titulo, contenido, fecha FROM noticias;
```

Y debe hacerse después de declarar todas las variables necesarias para el procedimiento.

Un ejemplo con variables sería:

EJEMPLO 8.21

```
DELIMITER $$
CREATE PROCEDURE cursor_demo(id_noticia INT)
BEGIN
DECLARE vid INT;
DECLARE vtitulo VARCHAR(30);
DECLARE c1 CURSOR FOR
SELECT id, titulo FROM noticias WHERE id=id_noticia;
END; $$
```

Hemos creado un cursor formado por los campos *id* y *titulo* de la tabla noticias cuyo *id* coincida con el parámetro *id_noticia* de entrada.

Comandos relacionados con cursores

Para manipular los cursores disponemos de una serie de comandos:

- *OPEN*: inicializa el conjunto de resultados asociados con el cursor.

```
OPEN cursor_name
```

- *FETCH*: extrae la siguiente fila de valores del conjunto de resultados del cursor moviendo su puntero interno una posición.

```
FETCH cursor_name INTO variable list;
```

- *CLOSE*: cierra el cursor liberando la memoria que ocupa y haciendo imposible el acceso a cualquiera de sus datos.

```
CLOSE cursor_name ;
```

En el siguiente ejemplo vemos cómo extraer una sola fila de una tabla:

EJEMPLO 8.22

```
DECLARE cursor1 CURSOR FOR SELECT titulo FROM noticias;
OPEN cursor1;
FETCH cursor1 INTO vtitulo, vcontenido, vfecha;
CLOSE cursor1;
```

Para el caso de más de una fila necesitamos un bucle:

EJEMPLO 8.23

```
DELIMITER $$
CREATE PROCEDURE cursor_demo2(id_noticia INT)
BEGIN
DECLARE tmp VARCHAR(30);
DECLARE cursor2 CURSOR FOR SELECT titulo FROM noticias;
   OPEN cursor2;
l_cursor: LOOP
FETCH cursor2 INTO tmp;
END LOOP l_cursor;
CLOSE cursor2;
END; $$
```

En el anterior ejemplo se produce un error similar al siguiente:

```
mysql> call simple_cursor_loop();
    ERROR 1329 (02000): No data to FETCH
```

Dado que cuando llegamos a la última fila no hay más datos que obtener así que necesitamos de algún modo detectar ese momento. Para ello usaremos un manejador de errores o *handler* (explicado en la siguiente sección). Para ello necesitamos la siguiente instrucción:

```
DECLARE CONTINUE HANDLER FOR NOT FOUND SET l_last_row_fetched=1;
```

Que hace dos cosas:

- Establecer la variable *ultima_fila* = 1.
- Permitir al programa continuar su ejecución.

Así nuestro procedimiento quedaría del siguiente modo:

EJEMPLO 8.24

```
DELIMITER $$
CREATE PROCEDURE cursor_demo3()
BEGIN
DECLARE tmp VARCHAR(200);
DECLARE lrf BOOL;
DECLARE nn INT;
DECLARE cursor2 CURSOR FOR SELECT titulo FROM noticias;
DECLARE CONTINUE HANDLER FOR NOT FOUND SET lrf=1;
SET lrf=0,nn=0;
OPEN cursor2;
l_cursor: LOOP
FETCH cursor2 INTO tmp;
SET nn=nn+1;
IF lrf=1 THEN
LEAVE l_cursor;
END IF;
END LOOP l_cursor;
CLOSE cursor2;
SELECT nn;
END; $$
```

Casi todos los cursores necesitan al menos un manejador para el caso de *NOT FOUND*.

En este caso hemos declarado dos nuevas variables, *lrf* (*last row fetched* o última fila extraída) que es una variable *booleana* con posibles valores 0 y 1 indicando si hemos llegado o no a la última fila del cursor, por su parte *nn* almacena el número de noticias o registros contenidos en el cursor gracias a la sentencia *LEAVE*. Podemos terminar el bucle cuando *lrf* adquiere el valor 1 o lo que es lo mismo, se alcanza el final del cursor.

Finalmente, cuando ejecutemos el procedimiento veremos el número de noticias gracias a la sentencia final *SELECT nn*.

Veremos ahora el mismo procedimiento con las distintas instrucciones de control ya comentadas:

Cursor con *repeat until*

EJEMPLO 8.25

```
DELIMITER $$
CREATE PROCEDURE cursor_demo4()
BEGIN
DECLARE tmp VARCHAR(200);
DECLARE lrf bool;
DECLARE nn int;
DECLARE cursor2 CURSOR FOR SELECT titulo FROM noticias;
DECLARE CONTINUE HANDLER FOR NOT FOUND SET lrf=1;
SET lrf=0,nn=0;
OPEN cursor2;
l_cursor: REPEAT
FETCH cursor2 INTO tmp;
set nn=nn+1;
IF lrf=1 THEN LEAVE l_cursor;
END IF;
UNTIL lrf
END REPEAT l_cursor;
CLOSE cursor2;
SELECT nn;
END; $$
```

Cursor con *while*

EJEMPLO 8.26

```
DELIMITER $$
CREATE PROCEDURE cursor_demo5()
BEGIN
DECLARE tmp VARCHAR(200);
DECLARE lrf bool;
DECLARE nn int;
DECLARE cursor2 CURSOR FOR SELECT titulo FROM noticias;
DECLARE CONTINUE HANDLER FOR NOT FOUND SET lrf=1;
SET lrf=0,nn=0;
OPEN cursor2;
l_cursor: WHILE(lrf=0) DO
FETCH cursor2 INTO tmp;
SET nn=nn+1;
IF lrf=1 THEN LEAVE l_cursor;
END IF;
END WHILE l_cursor;
CLOSE cursor2;
SELECT nn;
END; $$
```

Posiblemente, ésta última es la construcción más usada ya que, a diferencia de las anteriores, se evalúa la condición antes de leer un registro del cursor.

EJEMPLO 8.27

Para ilustrar lo visto hasta ahora veremos un ejemplo más elaborado en el que se obtienen y muestran el número de noticias publicadas de cada autor, para lo cual se precisan dos cursores:

```
DELIMITER $$
CREATE PROCEDURE noticias_autor(  )
   READS SQL DATA
BEGIN
DECLARE vautor,na_count INT;
DECLARE fin BOOL;
DECLARE autor_cursor cursor FOR SELECT id_autor FROM autor;
DECLARE noticia_cursor cursor FOR SELECT autor FROM noticias WHERE autor=vautor;
DECLARE CONTINUE HANDLER FOR NOT FOUND SET fin=1;
SET na_count=0;
OPEN autor_cursos;
autor_loop: LOOP
FETCH ac into vautor;
IF fin=1 THEN LEAVE autor_loop;
```

```
END IF;
OPEN noticia_cursor;
SET na_count=0;
noticias_loop: LOOP
FETCH nc INTO vautor;
IF fin=1 THEN LEAVE autor_loop;
END IF;
SET na_count=na_count+1;
END LOOP noticias_loop;
CLOSE noticia_cursor;
SET fin=0;
SELECT CONCAT('El autor',vautor,'tiene', na_count,' noticias');
END LOOP autor_loop;
CLOSE autor_cursor;
END;$$
```

Como vemos, para cada autor de la tabla de autores se obtiene un cursor con sus noticias. Éste se usa para contar el número de noticias y devolver el resultado usando un *SELECT* que muestra la información correspondiente a cada autor.

8.2.6 GESTIÓN RUTINAS ALMACENADAS

Las rutinas se manipulan con los comandos *CREATE* (ya visto), *DROP* y *SHOW*.

Eliminación rutinas

Para eliminar procedimientos o funciones usamos el comando *SQL DROP* con la siguiente sintaxis:

```
DROP {PROCEDURE | FUNCTION} [IF EXISTS] sp_name
```

Consulta rutinas

Podemos ver información más o menos detallada de nuestras rutinas usando los comandos:

```
SHOW CREATE {PROCEDURE | FUNCTION} sp_name
SHOW {PROCEDURE | FUNCTION} STATUS [LIKE 'pattern']
```

Donde, en el segundo caso podemos hacer un filtro por patrones.

Estos comandos y, en general, todos los de tipo *SHOW*, se nutren del diccionario de datos gracias a la tabla *INFORMATION_SCHEMA.ROUTINES*, que también podemos consultar con instrucciones *SELECT*.

ACTIVIDADES 8.4

- Haga un procedimiento que muestre el nombre del autor que más noticias ha publicado en el último mes.
- Desarrolle usando cursores un procedimiento que muestre los datos del cliente, la cuenta y el saldo de los clientes con saldo negativo en alguna de sus cuentas.
- Calcule con un procedimiento la suma de todos los ingresos y cargos (por separado) en todas las cuentas de *ebanca*.
- Cree un procedimiento que muestre el número máximo de partidos seguidos ganados por un equipo en casa.

8.2.7 MANEJO DE ERRORES

Cuando un programa almacenado encuentra una condición de error, la ejecución se detiene y se devuelve un error a la aplicación que llama. Ese es el comportamiento predeterminado. ¿Qué pasa si necesitamos otro tipo de comportamiento? ¿Qué pasa si, por ejemplo, queremos que la trampa de error, *log*, o informar al respecto y luego continuar con la ejecución de nuestra aplicación? Para ese tipo de control tenemos que definir controladores de excepciones en nuestros programas (iguales que los vistos en la parte de cursores).

Veamos un ejemplo de procedimiento sin manejo de errores:

EJEMPLO 8.28

```
CREATE PROCEDURE insertar_noticia
(titulo   VARCHAR(200), contenido TEXT, fecha DATE)
MODIFIES SQL DATA
BEGIN
INSERT INTO noticias(titulo, contenido, fecha) VALUES(in_location,in_address1,in_
address2,zipcode);
END$$
```

Funciona bien cuando no existe el registro:

```
mysql> CALL insertar_noticia('titulo1','noticia de prueba','11-10-2011');
```

Sin embargo, si intentamos insertar una noticia ya existente MySQL genera un error similar al siguiente:

```
ERROR 1062 (23000): Duplicate entry 'titulo1' for key 1
```

EJEMPLO 8.29

Que indica la existencia de una clave repetida en el campo título. En general los errores deben ser prevenidos y tratados o manejados. El mismo procedimiento con manejo de errores sería:

```
DELIMITER $$
CREATE PROCEDURE insertar_autor
(pautor INT,plogin VARCHAR(45),OUT estado VARCHAR(45))
MODIFIES SQL DATA
BEGIN
DECLARE CONTINUE HANDLER FOR 1062 SET estado='Duplicate Entry';
SET estado='OK';
INSERT INTO autores(id_autor, login) VALUES(pautor,plogin);
END;$$
```

EJEMPLO 8.30

Pero si queremos hacer algo con el error debemos usar la variable *out_status*. En el siguiente ejemplo llamamos al procedimiento dentro de otro procedimiento condicionando la salida al valor de la variable estado de tipo *out*:

```
CREATE PROCEDURE insertar_comentario
(pautor INT,pfecha DATE, pcontenido VARCHAR(30))
MODIFIES SQL DATA
BEGIN
DECLARE estado VARCHAR(20);
CALL insertar_autor(pautor, plogin, estado);
IF estado='Duplicate Entry' THEN
SELECT CONCAT('Warning: autor repetido ',pautor,'login',plogin) AS warning;
END IF;
INSERT  INTO  comentarios(autor,  contenido,  fecha)  VALUES(pautor,pcontenido,pfec
ha);
END;$$
```

Cuando llamamos al procedimiento *insertar_autor*, éste devuelve en la variable estado el valor almacenado en dicho procedimiento de forma que podemos controlar lo que ocurrió en el mismo y actuar en consecuencia. En nuestro ejemplo simplemente avisamos con un aviso o *warning*.

Sintaxis de manejador

```
DECLARE {CONTINUE | EXIT} HANDLER FOR
        {SQLSTATE sqlstate_code| MySQL error code| condition_name}
        handler_actions
```

- *Tipo de manejador*: *EXIT* o *CONTINUE*.
- *Condición del manejador*: estado SQL (*SQLSTATE*), error propio de MySQL o código de error definido por el usuario.
- *Acciones del manejador*: acciones a tomar cuando se active el manejador.

Tipos de manejador

- *EXIT*
  Cuando se encuentra un error el bloque que se está ejecutando actualmente se termina. Si este bloque es el bloque principal el procedimiento termina, y el control se devuelve al procedimiento o programa externo que invocó el procedimiento. Si el bloque está encerrado en un bloque externo dentro del mismo programa almacenado, el control se devuelve a ese bloque exterior.
- *CONTINUE*
  Para el caso de *CONTINUE*, la ejecución continúa en la declaración siguiente a la que ocasionó el error.

En cualquier caso, las declaraciones se define dentro de la curva (el controlador de las acciones) se ejecutan bien antes de la *EXIT* o *CONTINUE* se lleva a cabo.

Veremos ahora ejemplos de ambos tipos de controladores. En el siguiente ejemplo el procedimiento crea un registro de autor. Para manejar la posibilidad de que el autor ya exista se crea el manejador de tipo *EXIT* que en caso de activarse establecerá el valor de la variable *duplicate_key* a 1 y devolverá el control al bloque *BEGIN/END* exterior (de ahí el uso de dos bloques).

EJEMPLO 8.31

Se trata de insertar un autor cuya clave está repetida en la tabla:

```
DELIMITER $$
CREATE PROCEDURE insertar_autor(pautor INT,plogin VARCHAR(45))
MODIFIES SQL DATA
BEGIN
DECLARE duplicate_key INT DEFAULT 0;
BEGIN
DECLARE EXIT HANDLER FOR 1062 /* clave repetida*/
SET duplicate_key=1;
INSERT INTO autores(id_autor,login) VALUES(pautor,plogin);
END;
IF duplicate_key=1 THEN
SELECT CONCAT('error en la inserción clave duplicada') as "Resultado";
ELSE SELECT CONCAT('Autor ',plogin,' creado') as "Resultado";
END IF;
END;$$
call insertar_autor(8,'autor1');
```

Cuando llamemos a este procedimiento dos veces consecutivas observaremos el mensaje generado por el manejador informándonos del uso de una clave (*id_autor*) repetida.

Un ejemplo de la misma funcionalidad implementada con un controlador de *CONTINUE* sería:

EJEMPLO 8.32

```
CREATE PROCEDURE insertar_autor(pautor INT,plogin VARCHAR(45))
MODIFIES SQL DATA
BEGIN
DECLARE duplicate_key INT DEFAULT 0;
DECLARE CONTINUE HANDLER FOR 1062 /* Duplicate key*/
SET duplicate_key=1;
INSERT INTO autores(id_autor,login) VALUES(pautor,plogin);
IF duplicate_key=1 THEN
SELECT CONCAT('Error en la inserción de ',plogin,'clave duplicada') as "Resultado";
ELSE
SELECT CONCAT('Autor',plogin,' creado') as "Resultado";
END IF;
END$$
```

Un controlador de *EXIT* es más adecuado para los errores catastróficos ya que no permite ninguna forma de continuación de la tramitación.

Un controlador de *CONTINUE* es más adecuado cuando se tiene algún procesamiento alternativo que se ejecutará si la excepción se produce.

Un desencadenador de manejador define las circunstancias que activan un manejador. Pueden ser por un error de código, un error de SQL (*SQLSTATE*) o por una circunstancia definida por el usuario. Por defecto, al indicar un error numérico nos referiremos a un error de SQL, por ejemplo:

```
DECLARE CONTINUE HANDLER FOR 1062 SET duplicate_key=1;
```

Significa que cuando se produzca el error 1062 de MySQL la variable *duplicate_key* se pondrá a 1 (los códigos de error, como ya indicamos, se encuentran definidos en el manual de referencia, así como se pueden obtener usando la función *perror()* incluida por defecto en la distribución del servidor).

El mismo ejemplo anterior usando un error estándar o *SQLSTATE* quedaría:

```
DECLARE CONTINUE HANDLER FOR SQLSTATE '23000' SET duplicate_key=1;
```

RESUMEN DEL CAPÍTULO

Este capítulo se ha dedicado a la programación en bases de datos usando el gestor MySQL.

Hemos aprendido a crear bloques de código que nos permiten automatizar tareas al poder englobarlos con un nombre en lo que llamamos rutina almacenada de las que diferenciamos procedimientos y funciones.

La diferencia básica entre ambos es que los procedimientos no devuelven ningún valor, simplemente realizan su trabajo y terminan (aunque pueden mostrar información), mientras que las funciones devuelven cero o un valor allá donde son llamadas. De este modo pueden combinarse y ser ejecutadas dentro de otros procedimientos o funciones igual que hacemos con funciones predefinidas en el gestor.

Estos objetos permiten ampliar la funcionalidad del gestor para adaptarla a nuestras necesidades particulares dentro de nuestras aplicaciones.

Aunque no los hemos estudiado en este capítulo debe señalarse que, además de rutinas la programación, incluye la creación de otros objetos como los disparadores, o *triggers*, que ejecutan un código asociado ante un evento determinado y eventos que son trozos de código que se ejecutan con cierta regularidad o a ciertos momentos.

EJERCICIOS PROPUESTOS

1. Haga lo necesario para poder saber el mes y año con mejor saldo total en la base *ebanca*.

2. En la base *motorblog* haga un procedimiento que ponga en negrita cada ocurrencia de una palabra en el contenido de una noticia. Los parámetros son 0 para aplicarlo a todas las noticias o el *id* de la noticia.

3. Cree un procedimiento que encripte una cadena de caracteres cambiando cada letra por la siguiente, por ejemplo la *a* sería la *b* y así sucesivamente (usa las funciones *ASCII* y *CHAR*).

4. Haga lo necesario sobre la base de datos *ebanca* para alimentar la tabla *num_rojos* con datos de las cuentas que han tenido números rojos en algún momento del año.

5. Cree una función que devuelva 1 ó 0 si una frase es o no palíndroma.

6. Haga una función que devuelva el número de partidos jugados como local de un equipo pasado como parámetro en la base de datos *liga*.

7. Haga un procedimiento que actualice la variable de sesión con la media de puntos de un equipo como visitante.

8. Calcule con una función el número de partidos jugados en un mes dado. Usa el mes como parámetro.

9. Muestre, usando la función anterior, con un procedimiento el nombre de cada equipo, el número de partidos en los meses de enero a junio.

10. Haga lo necesario para obtener el árbitro, cuyos partidos han sumado más puntos.

TEST DE CONOCIMIENTOS

1 Diferencia entre procedimiento y función:
- a) Las funciones siempre devuelven un valor.
- b) Las funciones solo devuelven un valor como máximo.
- c) Los procedimientos no permiten variables *OUT*.
- d) Las funciones no pueden acceder a tablas.

2 Las variables de sesión:
- a) Van precedidas por una arroba.
- b) Desparecen al cerrar la sesión.
- c) Se reinician al cerrar la sesión.
- d) Permanecen asociadas a cada usuario siempre.

3 Una variable de entrada/salida:
- a) Es actualizable.
- b) Es de solo lectura.
- c) Entra y sale.
- d) No debe modificarse.

4 Los cursores en bases de datos:
- a) Sirven para almacenar consultas.
- b) Permiten acceder al resultado de una consulta dentro de una rutina.
- c) Son variables especiales en procedimientos.
- d) Ninguna de las anteriores es correcta.

5 Los errores en rutinas se controlan:
- a) Mediante un manejador o *handler*.
- b) Mediante otro procedimiento.
- c) Mediante otra función.
- d) Con la función *perro*.

6 ¿Cómo accedemos al código de una rutina?
- a) Consultando la base de datos MySQL.
- b) Consultado la base de datos *information_schema*.
- c) Es imposible.
- d) Se guardan compiladas.

9 Gestión de la seguridad de los datos

OBJETIVOS DEL CAPÍTULO

- ✓ Estudiar los tipos de fallos en un SGBD y procedimientos de recuperación.
- ✓ Aprender técnicas de copias de seguridad de nuestros datos.
- ✓ Conocer herramientas gráficas para facilitar la gestión de datos.
- ✓ Aprender a importar y exportar datos entre sistemas gestores.

Antes de poner en marcha un gestor de bases de datos debemos tener claro lo que hacer ante un fallo del sistema o una pérdida de información. Para ello disponemos de una serie de herramientas y técnicas que nos permiten tanto replicar nuestros datos como poder recuperarlos cuando hay algún fallo.

9.1 TIPOS DE FALLOS

Los posibles fallos o errores son muy variados y pueden ser debidos a distintas circunstancias. En general destacamos los siguientes:

- Fallo del sistema operativo en el que se ejecuta nuestro gestor.
- Fallo de energía que origina el apagado brusco de nuestras máquinas.
- Fallo en el sistema de ficheros.
- Fallo de algún elemento de hardware, memoria, disco duro, placa base, etc.
- Fallo humano por alguna acción que dé lugar a la pérdida o corrupción de información.

A priori hacer copias de seguridad es muy sencillo ya que simplemente debemos copiar regularmente los datos a un dispositivo externo o remoto. Sin embargo, en sistemas de bases de datos hay factores que complican su realización ya que en el momento de hacer la copia hay datos que pueden estar en proceso de modificación o simplemente se encuentren temporalmente en una caché a la espera de ser escritos a disco. Es por ello que los SGBD incorporan herramientas específicas que aseguran la correcta realización de copias, así como su posterior recuperación.

Para casos de fallos de energía o de sistema operativo, podemos asumir que el disco de datos de MySQL está disponible tras el reinicio. En este caso el sistema suele incorporar formas de recuperación automática. Por ejemplo, en el caso de tablas transaccionales *InnoDB* en MySQL puede haber datos inconsistentes debido al fallo, el servidor entonces lee sus registros y encuentra en ellos la lista de transacciones confirmadas y no confirmadas que todavía no han sido volcadas a sus archivos de datos y los vuelca. La información sobre este proceso de recuperación de errores se le muestra al usuario a través del registro de errores de MySQL.

En casos de fallos del sistema de fichero o de hardware, podemos asumir que el disco de datos de MySQL no está disponible tras el reinicio. Esto significa que MySQL no puede arrancar normalmente porque algunos bloques de datos del disco no son legibles. En este caso, es necesario reformatear el disco, instalar uno nuevo, o en cualquier caso, corregir el problema subyacente. Después es necesario recuperar nuestros datos de MySQL desde copias de seguridad, lo que significa que tenemos que tener copias ya realizadas. Para ello debemos diseñar una política de copias de seguridad a nuestra medida.

9.2 COPIAS DE SEGURIDAD DE BASES DE DATOS

La principal función de una copia de seguridad es permitir la recuperación de los datos, sin embargo también pueden servir para exportar nuestro esquema de bases de datos a otro servidor o para hacer migraciones de datos.

Hay muchas formas de hacer copias de seguridad, en primer lugar podemos usar copias directas usando programas como el comando *copy* de Windows o *cp* en el caso de Linux para copiar los ficheros que contienen nuestras tablas en una ubicación segura. Hay herramientas complementarias como *rsync* (*cwrsync* para Windows) para sincronizar archivos de forma remota o *winzip*, *tar* y *gzip* para empaquetar y comprimir las copias. Sin embargo, la mejor opción es usar herramientas específicas de cada sistema gestor.

9.2.1 TIPOS DE COPIAS DE SEGURIDAD

Según el tipo de copia que queramos podemos clasificarlas en:

- **Frio/Caliente**: podemos hacer copias, previo apagado del servidor, en frío o directamente mientras se está ejecutando, es decir, en caliente.
- **Física/lógica**: se pueden copiar los datos de modo físico, directamente desde el disco, tal como están organizados en archivos o de modo lógico generando ficheros con los comandos que crean los distintos objetos de las bases de datos, así como los propios datos que contienen.
- **Completa/incremental**: podemos copiar todos los datos de forma completa o de manera incremental copiando solamente aquellos que han cambiado respecto de la última copia.
- **Local/remota**: podemos elegir la ubicación de nuestras copias localmente en la misma máquina (en otra partición o disco) o remotamente en otro equipo o NAS.
- **Manual/automática**: cuando queremos hacer una copia puntual usaremos un método manual aunque lo normal es programar las copias para que se ejecuten de manera regular usando el programador de tareas cron en Linux o AT en Windows.

9.2.2 COPIAS DE SEGURIDAD EN MYSQL

El gestor MySQL incorpora varias herramientas para hacer copias de seguridad. En esta sección veremos ejemplos de creación de copias físicas, en frío y en caliente.

Copias físicas

Para este tipo de copias necesitamos simplemente copiar los ficheros de los datos de cada base de datos o tabla.

EJEMPLO 9.1

Para hacer una copia de todos los datos en un sistema Linux en frío.

Detenemos el servidor:
```
#>mysqladmin shutdown
```

Comprimimos y empaquetamos los datos en un nuevo fichero llamado *copia.tar.gz.*
```
#>tar -czvf copia.tar.gz /var/lib/mysql/
```

Copiamos el fichero a un nuevo directorio:
```
#>cp copia.tar.gz /backup/
```

Para la restauración haríamos el proceso inverso deteniendo previamente el servidor:
```
#>cd /var/lib/
#>tar -zvxf copia.tar.gz
```

Este fichero también nos sirve para migrar los datos a otro servidor mysql.

Para hacer copias en caliente necesitamos herramientas específicas. Para tablas de tipo *MyISAM* disponemos de *mysqlhotcopy* (solo para Linux) mientras que para *InnoDB* debemos recurrir a herramientas comerciales, la más utilizada es *Innodb Hot Backup*.

La sintaxis del comando es la siguiente:

```
mysqlhotcopy nombre_basedatos [/directoriobackup]
```

El programa admite una serie de opciones que pueden consultarte en la ayuda correspondiente o en la web de MySQL.

El directorio de *backup* es opcional, en caso de no incluirlo la copia se almacenará en el directorio de datos del servidor con el prefijo copia.

EJEMPLO 9.2

Para hacer una copia en caliente de las tablas *MyISAM* de la base de datos *mysql* en Linux en el directorio *backup*.
```
#>mysqlhotcopy -user root -password root mysql /backup/
```

Para hacer una copia y, seguidamente, empaquetarla:
```
#>mysqlhotcopy -user root -password root mysql /backup/ ; tar -cvzf copia.tar.gz
/backup/mysql/
```

Si además queremos incluir la fecha:
```
#>mysqlhotcopy -user root -password root mysql /backup/ ; tar -cvzf copia`date
+%d%m%y`.tar.gz /backup/mysql/
```

Para restaurar los datos debemos detener primero el servidor y copiarlos al directorio correspondiente como en el ejemplo anterior.

Copias lógicas

Las copias lógicas implican el uso de comandos SQL para bloquear las tablas y replicar las operaciones para la creación de los objetos de las bases de datos. Este proceso se ha integrado en el programa *mysqldump* de MySQL que mediante el uso de diferentes opciones nos permite configurar el tipo de copia.

La sintaxis básica, que admite tres formatos, es:

```
#>mysqldump [options] db_name [tbl_name ...]
#>mysqldump [options] --databases db_name ...
#>mysqldump [options] --all-databases
```

Donde además de las distintas opciones podemos indicar si queremos una copia de una tabla (*tbl_name*) de una base de datos completa (*db_name*) o de todas las bases (*all-databases*).

Entre las opciones más relevantes están:

```
--databases, -B
```

Vuelque varias bases de datos. Normalmente, *mysqldump* trate el primer argumento de la línea de comandos como un nombre de base de datos y los siguientes argumentos como nombres de tablas. Con esta opción, trata todos los argumentos como nombres de bases de datos.

```
--delete-master-logs
```

En servidores de replicación maestros (ver replicación en capítulo siguiente), borre los *logs* binarios tras realizar la operación de volcado.

```
--host=nombre_de_equipo, -h nombre_de_equipo
```

Vuelque datos de un servidor MySQL en el equipo dado. Por defecto, el equipo es *localhost*.

```
--lock-all-tables, -x
```

Bloquee todas las tablas de todas las bases de datos. Esto se consigue estableciendo un bloqueo de lectura global que dura durante todo el volcado. Esta opción desactiva automáticamente *--single-transaction* y *--lock-tables*.

```
--lock-tables, -l
```

Bloquee todas las tablas antes de comenzar el volcado. Las tablas se bloquean con *READ LOCAL* para permitir inserciones concurrentes en caso de tablas *MyISAM*. Para tablas transaccionales como *InnoDB* y *BDB*, *--single-transaction* es una opción mucho mejor, ya que no necesita bloquear las tablas.

Tenga en cuenta que al volcar múltiples bases de datos, *--lock-tables* bloquea tablas para cada base de datos separadamente. Así, esta opción no garantiza que las tablas en el fichero volcado sean lógicamente consistentes entre bases de datos. Tablas en bases de datos distintas pueden volcarse en estados completamente distintos.

```
--no-create-db, -n
```

Esta opción suprime el comando *CREATE DATABASE /*!32312 IF NOT EXISTS*/ db_name* que se incluye de otro modo en la salida si se especifica las opciones *--databases* o *--all-databases*.

```
--no-data, -d
```

No escribe ningún registro de la tabla. Esto es muy útil si solo quiere obtener un volcado de la estructura de una tabla.

```
--password[=contraseña], -p[contraseña]
```

La contraseña que usaremos para conectar con el servidor. Si usa la opción en forma corta (*-p*), *no* puede haber un espacio entre la opción y la contraseña. Si omite el valor de contraseña a continuación de la opción *--password* o *-p* en la línea de comandos, aparece un *prompt* pidiéndola.

```
--port=número_de_puerto, -P número_de_puerto
```

El puerto TCP/IP a usar en la conexión:

```
--protocol={TCP | SOCKET | PIPE | MEMORY}
```

Protocolo de conexión a usar:

```
--quick, -q
```

Esta opción es útil para volcar tablas grandes. Fuerza *mysqldump* a recibir los registros de una tabla del servidor uno a uno en lugar de recibir el conjunto completo de registros y guardarlos en memoria antes de escribirlos.

```
--single-transaction
```

Esta opción realiza un comando *SQL BEGIN* antes de volcar los datos del servidor. Es útil solo con tablas transaccionales tales como las *InnoDB* y *BDB*, ya que vuelca el estado consistente de la base de datos cuando se ejecuta *BEGIN* sin bloquear ninguna aplicación.

Cuando usemos esta opción, debemos tener en cuenta que solo las tablas *InnoDB* se vuelcan en un estado consistente. Por ejemplo, cualquier tabla *MyISAM* o *HEAP* volcadas mientras se usa esta opción todavía pueden cambiar de estado.

La opción *--single-transaction* y la opción *--lock-tables* son mutuamente exclusivas, ya que *LOCK TABLES* provoca que cualquier transacción pendiente se confirme implícitamente.

Para volcar tablas grandes, debemos combinar esta opción con *--quick*:

```
--flush-logs
```

Reinicie los *logs* del servidor antes de comenzar el volcado de datos:

```
--tab=ruta, -T ruta
```

Produce ficheros con datos separados por tabuladores. Para cada tabla volcada *mysqldump* crea un fichero *nombre_de_tabla.sql* que contiene el comando *CREATE TABLE* que crea la tabla, y un fichero *nombre_de_tabla.txt* que contiene los datos. El valor de esta opción es el directorio en el que escribir los ficheros.

Por defecto, los ficheros de datos se formatean usando tabuladores entre los valores de las columnas y una nueva línea tras cada registro. El formato puede especificarse explícitamente usando las opciones *--fields-xxx* y *--lines--xxx*:

```
--user=nombre_de_usuario, -u nombre_de_usuario
```

Nombre de usuario MySQL a usar al conectar con el servidor:

```
--verbose, -v
```

Modo explícito. Muestra más información sobre lo que hace el programa.

EJEMPLO 9.3

Para hacer una copia completa de todas las bases de datos:

```
#>mysqldump -uroot -proot -all-databases
```

Este comando vuelva la copia por pantalla. Si preferimos enviar la salida a un archivo:

```
#>mysqldump -uroot -proot -A > copia.sql
```

Copias incrementales

Las copias de seguridad deben programarse periódicamente. Sin embargo, puede ser muy costoso hacer siempre una copia completa de los datos ya que nos puede llevar mucho tiempo y recursos del sistema.

Por este motivo es mejor combinar copias completas con incrementales. Así, podemos hacer copias incrementales con regularidad mientras que las completas podemos dilatarlas en el tiempo.

Para hacer copias incrementales en MySQL disponemos de la variable de sistema *log-bin* cuyo valor es un fichero en el que se registrarán todas las operaciones SQL que produzcan cambios en las bases de datos.

De este modo podemos usar dicho fichero para recuperar la información generada a partir de una copia completa.

Así, si añadimos dicha opción en el fichero *my.cnf* o *my.ini* de MySQL y lo reiniciamos se creará un fichero de registro binario (con el nombre que hayamos indicado seguido de una numeración) que almacenara los comandos de modificación. Además, se crea un fichero de índice que registra los registros binarios existentes ya que cada vez que se reinicia, el servidor MySQL crea un nuevo archivo de registro binario utilizando el siguiente número en la secuencia.

Mientras el servidor se está ejecutando, podemos comunicarle manualmente que cierre el archivo de registro binario actual y comience otro nuevo, ejecutando la sentencia *SQL FLUSH LOGS* o con el comando *mysqladmin flush-logs*. *mysqldump* también tiene una opción para volcar los *logs*.

El registro binario de MySQL es importante para la restauración, porque son copias incrementales de datos. Si nos aseguramos de volcar los registros cuando hace su copia de seguridad completa, entonces cualquier registro binario creado tras esa copia contiene todos los cambios hechos desde entonces. También podemos modificar el comando *mysqldump* previo para que vuelque los registros binarios de MySQL en el momento de la copia de seguridad completa. Siguiendo con el ejemplo anterior quedaría:

```
#>mysqldump -uroot -proot --single-transaction --flush-logs --all-databases > copia.sql
```

Con este comando nos aseguramos de que todos los cambios posteriores a partir del momento de la copia quedarán registrados en un nuevo (o nuevos) registro(s) binario(s).

Los registros binarios de MySQL ocupan espacio de disco. Para aligerar espacio, debemos purgarlos de vez en cuando. Una manera de hacerlo es borrar los registros binarios que no se necesiten cuando hacemos una copia de seguridad completa. En nuestro ejemplo:

```
#> mysqldump -uroot -proot --single-transaction --flush-logs --all-databases --delete-master-logs > copia.sql
```

Los registros binarios no pueden editarse de manera normal, sino que necesitamos el programa *mysqlbinlog* según la siguiente sintaxis:

```
mysqlbinlog [opciones] fichero_de_log
```

Al aplicarlo sobre un fichero de *log* se vuelva por pantalla el contenido del mismo en formato ASCII.

Para conocer las opciones que soporta usaremos el comando:

```
#>mysqlbinlog --help
```

EJEMPLO 9.4

Configuramos nuestro servidor para hacer copias periódicas todas las semanas, los domingos a las 10:00 h de la mañana.

Además, queremos usar registros binarios (*log-bin=regbin*) para copias incrementales y queremos que se eliminen en cada copia de seguridad.

En el fichero *my.cnf*, en la sección *[mysqld]* agregamos la línea:

```
log-bin=regbin
```

Añadimos a *crontab* (*crontab -e*) la línea:

```
00 10 * * 7 /usr/bin/csegbases.sh
```

El fichero *csegbases.sh* es un *shell script* que contiene lo siguiente:

```
#/usr/bin/bash
mysqldump -uroot -proot --single-transaction --flush-logs --all-databases --delete-master-logs > copia`date +%d%m%y`.sql
```

(debemos darle permisos de ejecución para que funcione).

Supongamos que tenemos un fallo catastrófico el miércoles a las 8 AM que requiere restauración de las copias de seguridad. Para recuperarnos, primero restauramos la última copia de seguridad completa que tenemos (la del domingo a las 10:00 AM). El archivo de copia completo es tan solo una serie de sentencias SQL, así que restaurarlo es muy fácil:

```
#> mysql -uroot -proot < copiafecha.sql
```

En este punto, el estado de los datos ha sido restaurado hasta el domingo a las 10:00 AM. Para restaurar los datos generados desde entonces, debemos usar las copias incrementales, es decir los archivos de registro binario que tengamos en nuestro directorio de datos. Si no hemos generado otros por cualquier motivo tendremos un solo fichero llamado *regbin.000001* que recargaríamos con el siguiente comando:

```
#>mysqlbinlog regbin.000001 | mysql -uroot -proot
```

ACTIVIDADES 9.1

- Realice una copia de seguridad de la estructura de todas sus bases de datos, sin incluir los datos.
- Reinicie los *logs* binarios y cree tres nuevas bases de datos en su servidor. Compruebe usando dichos *logs* a qué hora y la posición del *log* en que se ha realizado cada operación.
- Cree una copia programada de la tabla noticias de la base *motorblog* que se ejecute todos los martes a las 9:00 de la mañana los meses de marzo y abril.
- Cree una nueva instancia de su servidor cambiando el puerto (3310) y el directorio de datos al directorio *C:\mysql2\data*. Utilice una copia física de los datos del servidor original.
- En Windows haga que se almacenen las copias incrementales de su servidor en un directorio remoto (unidad de red).

9.2.3 EXPORTACIÓN/IMPORTACIÓN DE DATOS

A veces nos interesará exportar datos a otras bases de datos o ficheros, o insertar grandes cantidades de registros procedentes de un fichero de datos o de un fichero que incluye sentencias *INSERT* o *REPLACE*. Para exportar disponemos del programa de copias de seguridad *mysqldump* y de la sentencia *SELECT* mientras que para la inserción de datos disponemos de la cláusula *LOAD DATA* y el comando *source*, que nos permite ejecutar ficheros de comandos o instrucciones SQL.

LOAD DATA

Es una cláusula SQL para insertar datos a gran velocidad a partir de un fichero con cierto formato.

Su sintaxis es:

```
LOAD DATA [LOW PRIORITY | CONCURRENT][LOCAL] INFILE 'fichero'
    [REPLACE | IGNORE]
    INTO TABLE tbl_name
    [PARTITION (partition_name,...)]
    [{FIELDS | COLUMNS}
        [TERMINATED BY 'string']
        [[OPTIONALLY] ENCLOSED BY 'char']
        [ESCAPED BY 'char']]
    [LINES
        [STARTING BY 'string']
        [TERMINATED BY 'string']
    [IGNORE number LINES]
```

Donde:

- *LOW PRIORITY*: indica que su ejecución se realizará cuando no haya clientes leyendo la tabla. Solo sirve para el caso de tablas *MyISAM*.
- *CONCURRENT*: permite que otros procesos o clientes accedan a la lectura de datos de la tabla en la que tienen lugar las inserciones.
- *LOCAL*: hace que el fichero especificado sea leído desde el cliente que realiza la conexión. En caso de no estar presente el servidor entiende que debe leer el fichero en el propio servidor. La ruta al fichero debe ser absoluta o relativa en cuyo caso se toma como directorio base el de la base de datos activa (para Windows debe usarse doble barra en la especificación de la ruta).
- *INFILE 'fichero'*: indica el fichero que contiene los datos.
- *REPLACE | IGNORE*: hacen que en caso de existir el valor de una clave ésta se actualice (*REPLACE*) o se omita continuando con el resto de inserciones (*IGNORE*).
- *LINES STARTING BY*: indica que las líneas del fichero que contiene los datos comienzan por cierta cadena.
- *LINES TERMINATED BY*: indica la cadena que hay al final de cada línea en el fichero. Sirve para delimitar cada registro de datos.
- *FIELDS | COLUMNS*: es lo mismo que *LINES*. Sirve para delimitar el final de cada campo de datos.
- *OPTIONALLY ENCLOSED BY*: indica que los campos pueden estar delimitados por un carácter como comillas dobles.
- *FIELDS ESCAPED BY*: indica el carácter que se usará para "escapar" los caracteres de manera que no se confundan con los usados para delimitar campos, indicar separador de campos y el carácter fin de línea.

  Por ejemplo, algunos campos pueden estar delimitados por comillas dobles y al mismo tiempo puede haber campos que contengan comillas como parte del valor del campo. Si no hubiese carácter de escape MySQL entendería las comillas como el final del campo cuando no es así.
- *IGNORE*: sirve para especificar el número de líneas a omitir al principio del fichero. Sirve para cuando hay cabeceras o datos que no corresponden con campos de las tablas.

Los valores por defecto, si omitimos las cláusulas *FIELDS* y *LINES* son equivalente a lo siguiente:

```
FIELDS TERMINATED BY '\t' ENCLOSED BY '' ESCAPED BY '\\'
LINES TERMINATED BY '\n' STARTING BY '';
```

EJEMPLO 9.5

Disponemos de un fichero con datos de partidos llamado *partidos.txt* y situado en la unidad *C* del servidor. En él cada fila o registro está separado por un salto de línea y cada campo por un punto y coma.

Indica el comando necesario para cargar los datos en la tabla de partidos omitiendo los errores en la repetición de claves, así como las dos primeras líneas:

```
LOAD DATA INFILE 'C:\\partidos.txt' IGNORE INTO TABLE partido FIELDS TERMINATED
BY ';' LINES TERMINATED BY '\n';
```

SOURCE

Podemos usar ficheros de comandos para ejecutar inserciones. Esto es habitual cuando hacemos copias de seguridad con *mysqldump* ya que el resultado se genera en forma de comandos *INSERT* para los datos de las tablas.

Para ello, creamos un fichero que contenga los comandos de inserción a ejecutar (aunque pueden incluir cualquier tipo de comandos SQL). Luego lo ejecutamos del siguiente modo:

```
C:\> mysql -uusuario -ppassword < ruta_fichero_de_comandos
```

De este modo redireccionamos los comandos del fichero al cliente usando las credenciales correspondientes. Para ello debemos asegurarnos de que haya un comando *USE* antes de procesar datos para una tabla para los casos en que creemos el fichero a mano.

Si estamos conectados como clientes podemos hacer lo mismo con el comando source de MySQL de este modo:

```
mysql> source ruta_fichero_de_comandos
```

O equivalentemente con \:

```
mysql> \. ruta_fichero_de_comandos
```

Si queremos ver el progreso de los comandos de forma paginada podemos usar:

```
C:\> mysql -uusuario -ppassword < ruta_fichero_de_comandos|more
```

O si preferimos almacenar la salida en otro fichero, como *myoutput*:

```
C:\> mysql -uusuario -ppassword < ruta_fichero_de_comandos > myoutput
```

LOAD XML

Este comando permite cargar datos procedentes de un fichero *xml* en una tabla. Es el complemento del programa MySQL con la opción *xml* que genera los datos de una tabla en formato *xml*. Para ello usaríamos lo siguiente:

```
C:\>mysql -xml -e "SELECT * FROM tabla" > fichero.xml
```

El proceso contrario requeriría el uso de *LOAD XML*.

La sintaxis es la siguiente:

```
LOAD XML [LOCAL] INFILE 'file_name' [REPLACE | IGNORE]
    INTO TABLE [db_name.]tbl_name
    [ROWS IDENTIFIED BY '<tagname>']
    [IGNORE number [LINES | ROWS]]
    [(column_or_user_var,...)]
    [SET col_name = expr,...]
```

Las opciones son las mismas que el resto de comandos comentados salvo *ROWS IDENTIFIED BY '<tagname>'*, que sirve para indicar la etiqueta que iniciará cada fila de la tabla.

Este comando soporta tres formatos XML:

- **Formato 1**

  El fichero *xml* se compone de filas que comienzan por *row*, cada columna y sus valores aparecen en forma de *atributo=valor*:

```
<row column1="value1" column2="value2" .../>
```

- **Formato 2**

  Las columnas aparecen como etiquetas y sus valores como el contenido de las mismas:

```
<row>
  <column1>value1</column1>
  <column2>value2</column2>
</row>
```

- **Formato 3**

  Los nombres de las columnas son los valores de los atributos de las etiquetas *field* y el contenido son los valores de dichas etiquetas:

```
<row>
  <field name='column1'>value1</field>
  <field name='column2'>value2</field>
</row>
```

EJEMPLO 9.6

Generar un fichero *xml* con los datos de los equipos:

```
C:\>mysql --xml -e "SELECT * FROM liga.equipos" > equipos.xml
```

Cargar los datos del fichero *equipo.xml* en la tabla *equipo*.

Si el fichero contiene lo siguiente:

```
<regequipo>
  <id_equipo>7</column1>
  <nombre>Unicaja</nombre>
  <ciudad>Málaga</ciudad>
  <web>Unicaja</web>
  <puntos>Unicaja</puntos>
</regequipo>
```

El comando sería:

```
LOAD XML INFILE 'equipo.xml' INTO TABLE equipo ROWS IDENTIFIED BY regequipo;
```

Exportar datos

Para la exportación de datos disponemos de la cláusula *SELECT* con la siguiente sintaxis:

```
SELECT...[INTO OUTFILE 'file_name' export_options
      | INTO DUMPFILE 'file_name'
```

Es decir, el resultado de la consulta se envía a un fichero llamado *filename* con las opciones de exportación correspondientes. Éstas son las mismas que para el caso de *LOAD DATA INFILE*. De hecho, son comandos complementarios.

Si queremos algo más elaborado y potente disponemos del ya explicado *mysqldump* programa que incorpora MySQL para copias de seguridad.

Recordemos sus tres usos básicos:

```
mysqldump [opciones] nombre_de_base_de_datos [tablas]
mysqldump [opciones] --databases DB1 [DB2 DB3...]
mysqldump [opciones] --all-databases
```

Admite muchas opciones pero en este momento solo nos interesa la *–t* que provoca el volcado de todos los datos de las tablas seleccionadas en forma de órdenes *INSERT*.

Así, para volcar por pantalla todos los datos de la base *liga* ejecutaríamos lo siguiente:

```
C:\>mysqldump -t liga
```

Si preferimos hacer el volcado a un fichero usaremos redirección:

```
C:\>mysqldump -t liga > C:\>liga.sql
```

ACTIVIDADES 9.2

- Haga una copia de seguridad de todos los datos de sus bases de datos usando *mysqldump*.
- Cree un fichero con registros de datos para tres nuevos equipos de la ACB. Separe los campos por guiones y las filas por espacios en blanco. Indique el comando necesario para cargar dicho fichero en la tabla *equipos*.
- Haga una copia de la base de datos *liga* en formato *xml*. Elimine los datos de equipo y recupérelos usando *LOAD XML*.
- Averigüe qué es un fichero de tipo CSV.
- Genere un CSV usando Libreoffice Calc con los datos de jugadores de la base *liga*.

9.2.4 USO DE MYSQL WORKBENCH PARA GESTIÓN DE COPIAS, RECUPERACIÓN Y EXPORTACIÓN E IMPORTACIÓN DE DATOS

Podemos aprovechar la parte de administración de la herramienta *MySQL Worbench* para programar y realizar nuestras copias de seguridad, así como para exportar o importar nuestros datos o diseños a otros gestores.

Para ello, una vez descargada de la página oficial de MySQL procedemos a instalarla. El proceso es muy simple y está bien documentado.

Para poder empezar a usarla debemos ir a **Inicio** → **Programas** y hacer doble clic en la carpeta de MySQL, donde encontraremos el *Workbench*.

Una vez iniciado veremos algo como esto:

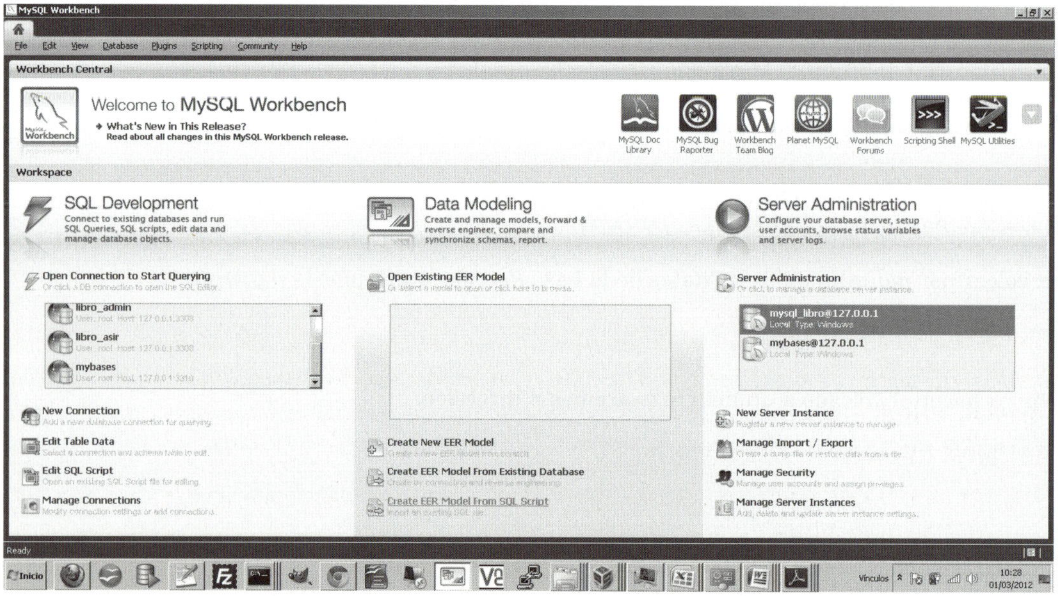

Figura 9.1. *Inicio de MySQL Workbench*

En el vemos las tres partes en que se divide el programa desde el punto de vista de su funcionalidad. Para lo que nos interesa en este momento usaremos la parte de *Server Administration*.

En ella distinguimos lo siguiente:

- ✓ *Server Administration*: para conectarnos a una instancia de servidor previamente configurada.
- ✓ *New Server Instance*: para crear una nueva instancia de servidor que queremos administrar.
- ✓ *Manage Import/Export*: desde aquí podemos hacer copias de seguridad y restauraciones de datos, así como migraciones a otros sistemas.
- ✓ *Manage Security*: para la gestión de cuentas de usuario y permisos.
- ✓ *Manage Server Instances*: para configurar las instancias de servidor creadas.

Veamos un ejemplo de cómo crear una copia de seguridad de todos nuestros datos usando Workbench.

1 Creamos una instancia de servidor (*New Server Instance*). Veremos una pantalla como la siguiente en la que se nos pide información sobre la ubicación (IP) del servidor.

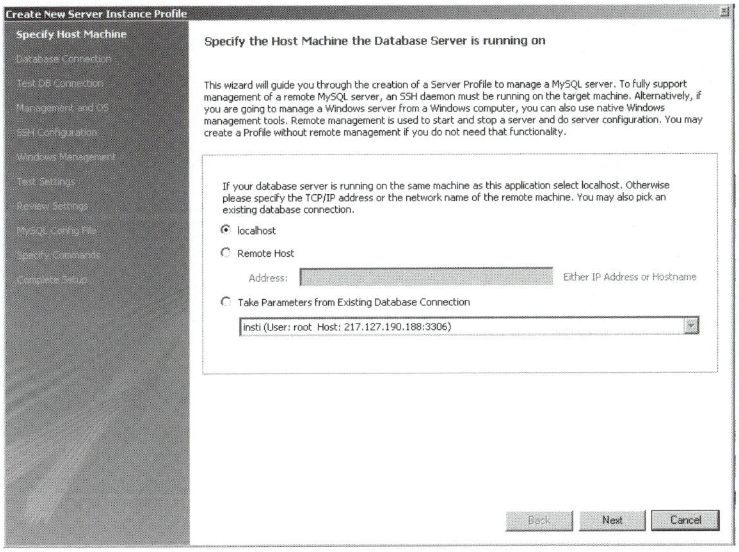

Figura 9.2. *Cuadro de diálogo para introducir los datos de la máquina*

2 A continuación, nos piden un nombre para la conexión, así como los parámetros de usuario, contraseña (pulsamos sobre **Store in vault** para que quede almacenada y no tener que insertarla en cada conexión) y puerto de conexión (en la pestaña *Advanced* podemos indicar parámetros de claves públicas y certificados).

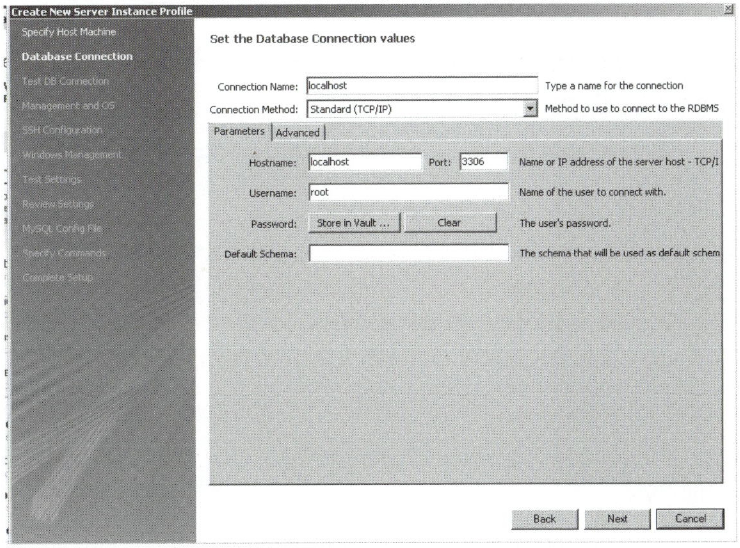

Figura 9.3. *Cuadro de diálogo para los datos de la conexión*

3 Se comprueba que todo es correcto y si es así se informa de la versión del servidor y su arquitectura.

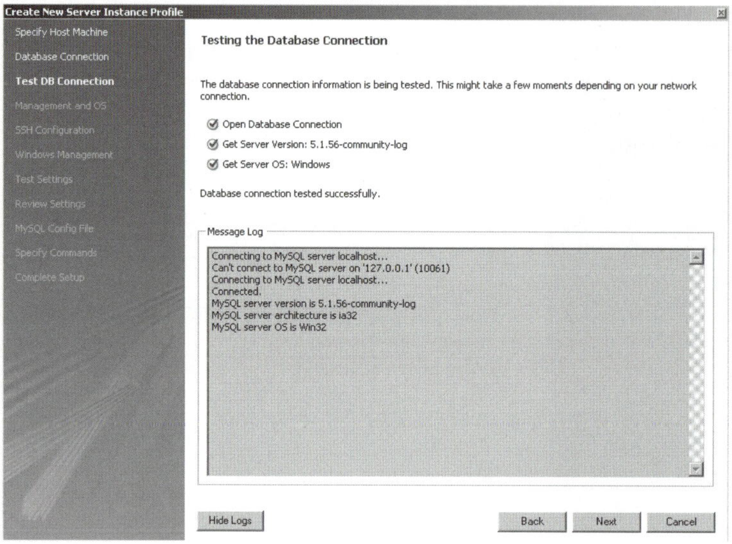

Figura 9.4. *Cuadro de diálogo para la comprobación de los parámetros*

4 Ahora debemos indicar el servicio de Windows que ejecuta nuestro servidor si es que lo instalamos con esa opción. En caso de no haberlo hecho podemos instalarlo como servicio consultando la sección correspondiente del manual. También es conveniente indicar el fichero de configuración que usa nuestro servicio.

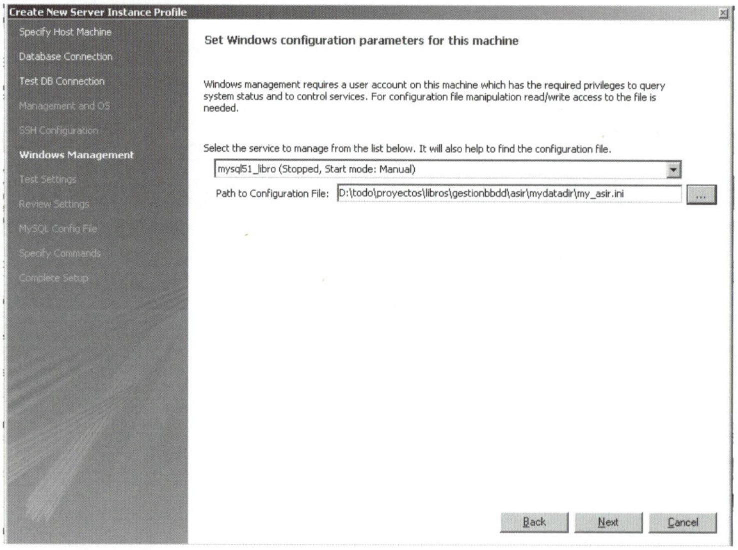

Figura 9.5. *Cuadro de diálogo para la configuración del servicio en Windows*

5 Una vez confirmado todo pulsamos **Next** y se hará una comprobación que terminará en la siguiente pantalla en la que se nos propone continuar o consultar todos los parámetros.

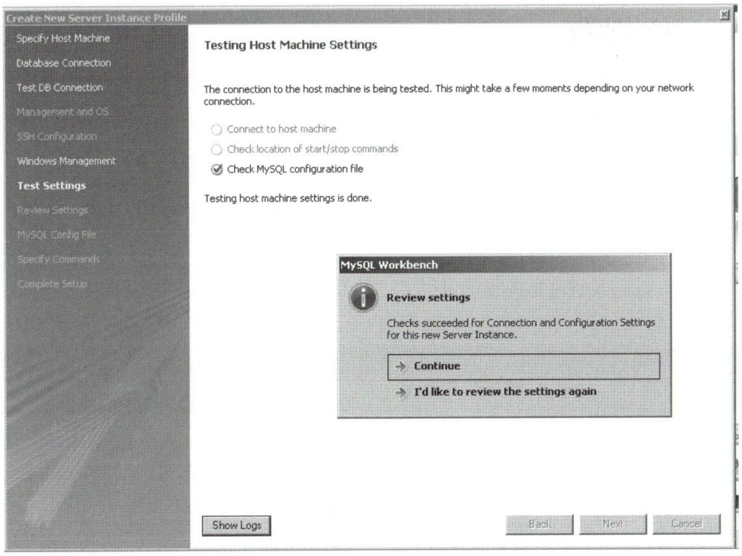

Figura 9.6. *Cuadro de diálogo para finalizar la configuración*

6 Por último, deberemos poner un nombre a la instancia de servidor y pulsar **Finish** (cualquier modificación ulterior podremos hacerla desde *Manage Server Instances*).

7 Ya estamos en condiciones de crear una copia de las bases asociadas a nuestra instancia de servidor. Para ello pulsamos en el botón **Manage Import/Export** seleccionando el nombre de nuestra instancia. Veremos algo similar a lo siguiente:

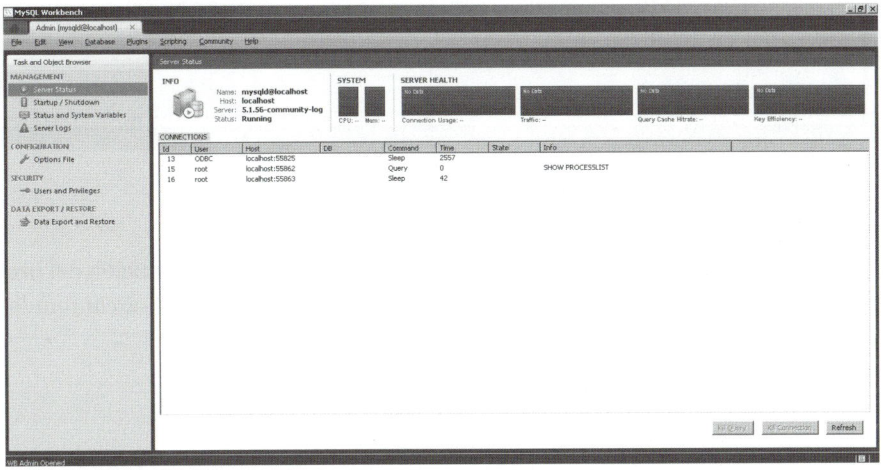

Figura 9.7. *Módulo de administración de Workbench*

Vemos que, desde esta pantalla podemos monitorizar el estado y gestionar nuestro servidor (*MANAGEMENT*), configurar opciones (*CONFIGURATION*), controlar la seguridad (*SECURITY*) y exportar/restaurar datos (*DATA EXPORT/RESTORE*).

8 Si pulsamos en la parte de exportar datos veremos una pantalla en la que podemos seleccionar las bases de datos que queremos exportar, así como si queremos hacerlo en un solo fichero (**Export to Self-Contained File**) o separar cada tabla en un fichero (**Export to Dump Project Folder**).

También podemos optar por añadir vistas y rutinas asociadas a las bases de datos.

La pestaña *Import from Disk* nos permitirá revertir el proceso partiendo de un fichero creado de copia de seguridad.

La pestaña *Advanced Export Options* nos permitirá seleccionar las opciones de volcado, que son las mismas que admite el comando *mysqldump* visto anteriormente.

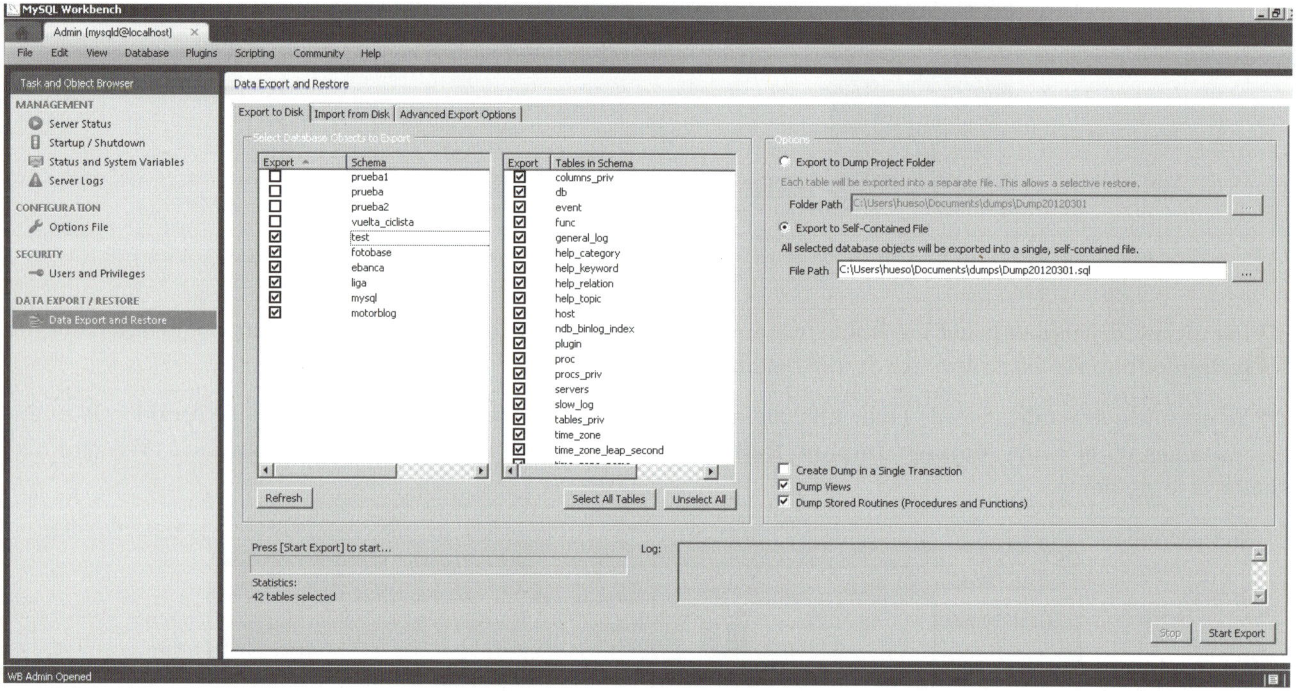

Figura 9.8. *Creación de copias de seguridad con Workbench*

Después de seleccionar las bases y tablas al presionar *Start Export* veremos la evolución del proceso que terminará generando el fichero correspondiente en el directorio elegido. Podemos comprobar su contenido editándolo con un editor como Notepad++.

RESUMEN DEL CAPÍTULO

En este capítulo se ha tratado el tema de las copias de seguridad. En primer lugar, se han abordado aspectos del diseño de copias como los tipos, frecuencia, tipo de aplicaciones, etc.

A continuación, hemos visto mediante ejemplos cada uno de los tipos de copias que podemos hacer mediante herramientas generales, como proporcionadas por el propio sistema gestor.

Después hemos visto comandos SQL relacionados con la exportación e importación de datos.

Por último, hemos tratado a través de un ejemplo la herramienta *Workbench* de MySQL que nos permite realizar lo visto mediante una interfaz gráfica más amigable.

EJERCICIOS PROPUESTOS

- **1.** Use el programa AT de Windows para programar una copia completa de sus datos a las 12:00 h de cada sábado.
- **2.** Utilice el programa *mysqlbinlog* para consultar las operaciones realizadas en su servidor entre dos fechas en las que haya habido modificaciones en las bases de datos.
- **3.** Haga una copia completa de todos sus datos en el archivo *ccomp.sql* con el registro binario activado. Elimine ahora todas las bases de datos. Restaure la copia con *mysqlbinlog*. ¿Qué problema tiene? ¿Cómo lo soluciona?
- **4.** Cree un *Shell script* que, desde un equipo remoto, cree una copia completa de la base de datos *motorblog* todos los días cada media hora usando *cron*.
- **5.** Solucione el ejercicio 3 usando la opción *stop-position* de *mysqlbinlog*.
- **6.** Elimine, tras hacer una copia completa, el contenido del directorio de datos de su servidor. ¿Cómo restaura la copia? (*Hint*: usa la variable *skip-grant-tables*).
- **7.** Averigüe cómo hacer, con *mysqldump*, una copia de las rutinas almacenadas en la base de datos *test* (si es necesario cree una de prueba).
- **8.** Crea un *shell script* para que haga una copia de seguridad diaria y la envíe por *ssh* a un equipo remoto.
- **9.** Comente la necesidad y la forma de hacer copias de seguridad en una base de datos de vídeos como Youtube.
- **10.** Investigue distintas tecnologías de replicación de datos tanto específicas, para MySQL, como generales.

TEST DE CONOCIMIENTOS

1 La frecuencia de las copias de seguridad:
a) Debe ser lo mayor posible.
b) Depende de la carga del sistema.
c) Depende del tipo de aplicación.
d) Debe ser siempre la misma.

2 El servidor MySQL:
a) No soporta copias en caliente.
b) Solo soporta copias en caliente para tablas *MyISAM*.
c) Solo soporta copias en caliente para tablas *InnoDB*.
d) Permite hacer copias con tablas *MyISAM* y *ARCHIVE*.

3 El comando *SQL FLUSH LOGS*:
a) Cierra y reabre todos los ficheros de *logs*.
b) Solamente reinicia los *logs* del registro binario.
c) Solamente reinicia los *logs* de error.
d) Elimina todos los ficheros de *log*.

4 El comando para programar tareas en Windows se llama:
a) *Cron*.
b) *ATT*.
c) *AT*.
d) Tareas programadas.

5 Las copias de seguridad incrementales en MySQL se hacen:
a) A todas horas.
b) Con el programa *mysqlhotcopy*.
c) Con *mysqldump*.
d) Mediante el registro binario.

6 Para hacer una copia de solamente los datos de una tabla con *mysqldump* usamos la opción:
a) *--no-data*.
b) *--start-time*.
c) *–struct*.
d) *–t*.

7 Las copias físicas:
a) Son las que hacemos con *mysqldump*.
b) Son las que consisten en copiar las tablas en otro servidor.
c) Sirven para pasar los datos a disco.
d) Se hacen copiando directamente los ficheros de cada tabla.

8 Para hacer copias en caliente de tablas *InnoDB* usamos:
a) *mysqldump*.
b) *mysqlhotcopy*.
c) *MySQL Workbench*.
d) Programas comerciales.

9 Para una migración de datos entre servidores MySQL:
a) Debemos recurrir a aplicaciones comerciales.
b) Podemos usar *mysqldump*.
c) Solo podemos usar *Workbench*.
d) Sirve cualquier copia de seguridad y de cualquier tipo que tengamos.

10 El formato de los datos en una copia de seguridad se establece mediante la opción:
a) *–tab*.
b) *–fields*.
c) *--lines-terminated*.
d) *–formato*.

10 Bases de datos distribuidas

OBJETIVOS DEL CAPÍTULO

- ✓ Conocer los conceptos de sistemas distribuidos: escalabilidad, balanceo de carga y alta disponibilidad.
- ✓ Entender la replicación y el sistema de *cluster* en MySQL.
- ✓ Implementar un sistema de replicación en MySQL.
- ✓ Diseñar e implementar un *cluster* usando servidores MySQL.

10.1 CONCEPTOS DE BASES DE DATOS DISTRIBUIDAS

En un sistema de bases de datos centralizado todos los componentes (software, datos y soportes físicos) residen en un único lugar físico. Los clientes (aplicaciones, funciones, programas cliente, usuarios) acceden al sistema a través de distintas interfaces que se conectan al servidor. Sin embargo, existe otra arquitectura cada vez más extendida en la que se opta por un esquema distribuido en el que los componentes se distribuyen en distintos computadores comunicados a través de una red de cómputo. Dichos sistemas se conocen con el nombre de Sistemas Gestores de Bases de Datos Distribuidas o DDMGS.

En este capítulo estudiaremos los conceptos más importantes relacionados con este tipo de arquitecturas, así como la forma en que MySQL las implementa.

10.1.1 INTRODUCCIÓN

Una base de datos distribuida es una colección de datos que pertenece lógicamente al mismo sistema pero que se almacenan en distintas máquinas conectadas por una red.

El surgimiento de las mismas se debe a varias razones entre las que destacan las siguientes:

- **Mejora de rendimiento**

  Cuando grandes bases de datos se distribuyen en varios sitios las consultas y transacciones que afectan a un solo sitio son más rápidas al ser más pequeña la base de datos local. Los sitios no se ven congestionados por muchas transacciones ya que estas se dispersan entre varios. Cuando una transacción requiera acceso a más de un sitio, estos pueden hacerse en paralelo de forma que se reduce el tiempo de respuesta.

  Además, si los datos están disponibles en varios sitios de forma replicada se puede balancear la carga distribuyendo las consultas o transacciones de manera coherente entre los sistemas.

- **Fiabilidad**

  Definida como la probabilidad de que un sistema esté activo en un tiempo dado. Al distribuirse los datos es más fácil asegurar la fiabilidad del sistema, ya que si falla algún sitio es poco probable que afecte a la mayoría de transacciones.

- **Disponibilidad**

  Probabilidad de que un sistema este activo de manera continuada durante un tiempo. Se ve mejorada por las mismas razones expuestas anteriormente. Además, replicar datos puede mejorar ambos aspectos ya que si falla un equipo o sistema otro puede suplantarle.

- **Tipos de aplicaciones**

  Muchas aplicaciones tienen un marcado carácter distribuido al estar sus componentes dispersos en distintos sitios. Por ejemplo, una cadena de supermercados puede tener distintas sedes en distintas ciudades de forma que los clientes puedan acceder solamente a sitios y datos de su ciudad.

- **Escalabilidad**

  Cada vez se maneja mayor cantidad de información para mayor cantidad de usuarios. Por lo tanto, es necesario que los sistemas sean fácilmente escalables y de un modo transparente a los usuarios y aplicaciones.

  Por el contrario, distribuir implica una mayor complejidad en el diseño, implementación y gestión de los datos para lo cual un buen SGBDD debe incorporar además de los componentes habituales en un SGBD centralizado lo siguientes:

- **Capacidad**

  Para tener acceso a sitios remotos e intercambiar información con los mismos para la ejecución de consultas y transacciones.

- **Diccionario**

  O catálogo o *metainformación* sobre cómo están distribuidos y replicados los datos del sistema distribuido.

- **Optimización**

  De consultas y transacciones sobre datos que estén en más de un sitio.

- **Integridad**

  Mantener la integridad en los permisos sobre datos replicados.

- **Consistencia**

  Mantener la consistencia de las copias de un elemento replicado.

- **Recuperación**

  Garantizar la recuperación del sistema en una caída.

Todo ello eleva enormemente la complejidad de tal SGBDD. Debemos añadir además la dificultad en el diseño óptimo de bases de datos distribuidas especialmente en cuanto a las dos decisiones importantes, a saber, qué datos distribuir y qué datos replicar.

10.1.2 ARQUITECTURA DE UN DDBMS

En general, en un sistema distribuido disponemos de varias formas o modelos para organizar el software. Se habla de la arquitectura cliente-servidor consistente en dividir el software (la funcionalidad) entre equipos que hacen de clientes y otros que hacen de servidores de manera que podemos tener desde una máquina ligera son disco que se conecta a un servidor hasta un equipo que ejecuta un servidor y cliente. A partir de aquí surgen numerosas posibilidades de organización que se caracterizan por tres parámetros:

- **Autonomía**

  Tiene que ver con quién tiene el control sobre que datos del SGBDD, es decir determina el nivel de independencia de los SGBD. Distinguimos entre:

  - **Integración fuerte**: un equipo hace de coordinador enviando las solicitudes de información a los equipos donde resida la información.
  - **Sistema semiautónomo**: los SGBD son independientes pero participan en el conjunto pudiendo compartir parte de sus datos.
  - **Sistema aislado**: el SGBD no tienen constancia de que existan otros gestores.

- **Distribución**

  Hace referencia a cómo se distribuyen los datos a lo largo del sistema.

  - **Distribución cero**: no hay distribución de datos.
  - **Cliente-servidor**: los datos residen en los servidores mientras los clientes proveen una interfaz de acceso a los mismos además de otras posibles funcionalidades como *caché* de consultas.
  - **Servidores colaborativos**: no se distingue entre servidores y clientes, cada máquina tiene toda la funcionalidad del SGBDD.

- **Heterogeneidad**

  Se refiere a la heterogeneidad de los componentes del sistema en distintos niveles:

  - Hardware.
  - Comunicaciones.
  - Sistema operativo.

  Cualquier combinación de estos parámetros determina un modelo arquitectónico distinto para nuestro SGBDD.

Por otra parte, un SGBDD debe proporcionar lo que se conoce como transparencia en la distribución lo que implica que cuando un usuario accede a la base todo lo que ocurre es transparente y queda al margen de cualquier detalle de cómo se ejecuta la transacción, es decir, al usuario se le presenta un esquema que no incluye información sobre la distribución de los datos. Es el software cliente quien consulta al catálogo del SGBDD para conocer la ubicación de los datos y poder así descomponer la consulta y distribuirla entre los distintos servidores. En particular, la transparencia debe serlo en cuanto a dónde están los datos (transparencia de red), qué datos están replicados (transparencia de replicación) y qué datos están fragmentados (transparencia de fragmentación).

10.1.3 FRAGMENTACIÓN, REPLICACIÓN Y DISTRIBUCIÓN DE DATOS

Diseñar bases de datos distribuidas implica decidir sobre cómo fragmentarlas, cómo replicarlas y cómo distribuirlas además del diseño previo de la base de datos en sí.

La información sobre cómo se hace este proceso se almacena en el catálogo global del sistema al que tiene acceso el cliente cuando quiere acceder a la información.

Veremos ahora distintas técnicas para hacer lo anterior.

Fragmentación

Consideraremos a nuestra base de datos formada por unidades lógicas que son las relaciones o tablas. Supongamos que en nuestro ejemplo de banca electrónica queremos separar a nuestros clientes por regiones de España para facilitar el acceso. Entonces necesitaríamos dividir la tabla de clientes en tres partes almacenando cada una en un computador, es lo que denominamos "fragmentación horizontal" que divide las *tuplas* según una o varias condiciones sobre distintos atributos, en este caso sobre el campo "región" en cliente.

En otra situación podríamos querer dividir la información de un empleado en sus campos más accedidos y ligeros como nombre, apellidos, dirección y almacenarla en un servidor más potente mientras que otros campos más pesados como currículum, foto, historial etc. podrían almacenarse en otro servidor con menos capacidad. Para ello dividiríamos la tabla cliente en dos tablas, por ejemplo *cliente_ligera*, con los campos de menor tamaño más el identificador (por ejemplo el DNI) y *cliente_pesada* con el resto de campos más el identificador. Gracias al identificador común podremos conocer todos los datos de un cliente aunque estén en distintas tablas. Es lo que denominamos fragmentación vertical y debe hacerse con cuidado ya que tenemos que incluir un atributo común, usualmente una clave, en ambos fragmentos para poder recuperar la información completa cuando sea necesario.

Por supuesto existe también la posibilidad de una fragmentación mixta que incluya los dos casos comentados.

Sin embargo, debemos ser conscientes de que fragmentar es un proceso complejo que solo debe hacerse cuando se considere necesario por motivos de eficiencia ya que al hacerlo hacemos también más complejo (más costoso en términos de CPU y consumo de recursos en general) el acceso a los datos por parte de los clientes.

La información sobre la fragmentación se guarda en lo que se denomina un esquema de fragmentación que es una definición de todos los atributos de la base de datos. Un esquema de reparto permite definir donde repartiremos los fragmentos. Si se da el caso de repartirlos en más de un sitio diremos que está replicado.

Fragmentar permite acercar los datos al consumidor, reducir el tráfico de red y mejorar la disponibilidad de los datos.

Replicación

Es fundamentalmente útil para mejorar la disponibilidad de los datos. El caso más extremo es la replicación en todos los sitios de la misma copia de la base de datos que también es el caso que ofrece mayor disponibilidad aunque puede reducir considerablemente la eficiencia en operaciones de actualización dado que cada operación debe realizarse en cada base de datos y esto puede traer problemas de integridad y consistencia de datos. En el extremo opuesto tenemos la no replicación en la que cada fragmento está en un sitio en cuyo caso son disjuntos salvo las claves en fragmentos verticales, es lo que se denomina reparto no redundante. Entre ambos extremos se da una amplia gama de posibilidades que queda descrita lo que se denomina esquema de replicación. Todo ello se describe en el catálogo de replicación, donde se indica qué objetos son replicados, dónde está la réplica y cómo se propagan las actualizaciones. El catálogo es un conjunto de tablas guardadas en cada sitio en el que hay réplicas. Las configuraciones posibles son variadas y veremos algún ejemplo en secciones posteriores en este capítulo.

La elección de un sitio para un fragmento depende de los objetivos de rendimiento y disponibilidad para el sistema y de los tipos y frecuencia de transacciones. También depende de si la base es más orientada a consultas o por el contrario hay un alto grado de operaciones de escritura.

La replicación como hemos señalado distribuye la carga, acelera consultas y mejora la disponibilidad pero sobre todo es óptima para sistemas con muchas lecturas sin embargo requiere *N* veces más actualización y consume *N* veces más almacenamiento.

10.1.4 TIPOS DE SISTEMAS DE BASES DISTRIBUIDAS

El término SGBDD engloba muchos tipos de sistemas que pueden ser muy distintos entre sí. Lo que los conecta a todos es el hecho de que en todos ellos los datos y el software gestor están repartidos en diferentes computadoras conectadas por una red de comunicaciones.

Para su clasificación tenemos en cuanta en primer lugar el grado de homogeneidad software que indica hasta que punto todos los equipos, servidores y clientes, comparten el mismo software con la misma funcionalidad diferenciando entre sistemas homogéneos y heterogéneos.

Otro factor relacionado es el grado de autonomía local que determina si tenemos que acceder a los datos a través de un único punto (autonomía cero) en cuyo caso se da la impresión al cliente de un sistema de base de datos centralizado, o por el contrario se permite que coexistan varios servidores independientes en el aspecto administrativo pero que a la vez comparten datos entre sí, es lo que se denomina sistema federado o sistema de *multibases* de datos. Este tipo de sistema es centralizado para usuarios locales y distribuido para usuarios globales.

Un tercer tipo de diferencia es el grado de transparencia o de integración de esquemas como ya se señalo en el apartado de arquitectura. Un alto grado de transparencia requiere que el usuario no sea consciente de la organización de los datos mientras que en sistemas poco transparentes el usuario debe conocer la información de cómo y dónde están los datos para poder acceder a los mismos.

En este último caso es vital tener un buen sistema de nombres para evitar ambigüedades e inconsistencias de datos. El problema es aún mayor en sistemas de multibases de datos donde cada servidor es administrado independientemente y pude contener hasta modelos de datos distintos.

En general es deseable un alto grado de transparencia para minimizar la complejidad desde el punto de vista del usuario y administrador.

10.2 REPLICACIÓN EN MYSQL

Una forma relativamente sencilla que tiene MySQL de lograr los objetivos expuestos en primer apartado del capítulo es el uso de replicación consistente en usar un equipo como maestro (*master*) y uno o más equipos como esclavos (*slave*). Todos los esclavos son servidores que mantienen en todo momento una copia exacta de los datos del servidor maestro.

Este sistema permite distribuir copias de las bases de datos en distintos sitios, balancear la carga entre varios servidores (esclavos) aunque solamente en operaciones de consulta, facilitar las copias de seguridad al evitar tener que hacerlas en el maestro y permitir alta disponibilidad y tolerancia a fallos permitiendo que si falla un maestro uno de los esclavos asuma su papel.

10.2.1 INTRODUCCIÓN A LA REPLICACIÓN EN MYSQL

MySQL soporta replicación asíncrona unidireccional, es decir un servidor actúa como maestro y uno o más actúan como esclavos. El servidor maestro escribe actualizaciones en el fichero de *log* binario, y mantiene un índice de los ficheros para rastrear las rotaciones de *logs*. Estos *logs* sirven como registros de actualizaciones para enviar a los servidores esclavos. Cuando un esclavo se conecta al maestro, informa al maestro de la posición hasta la que el esclavo ha leído los *logs* en la última actualización satisfactoria. El esclavo recibe cualquier actualización que ha tenido lugar desde entonces, y se bloquea y espera para que el master le envíe nuevas actualizaciones.

La replicación unidireccional tiene beneficios para la robustez, velocidad, y administración del sistema:

- ✓ La robustez se incrementa con un escenario maestro/esclavo. En caso de problemas con el maestro, puede sustituirlo con un esclavo.
- ✓ Puede conseguirse un mejor tiempo de respuesta dividiendo la carga de consultas de clientes a procesar entre los servidores maestro y esclavo. Se puede enviar consultas *SELECT* al esclavo para reducir la carga de proceso de consultas del maestro. Sin embargo, las sentencias que modifican datos deben enviarse siempre al maestro, de forma que el maestro y el esclavo no se desincronicen.

  Esta estrategia de balanceo de carga es efectiva si dominan consultas que no actualizan datos, aunque este es el caso más habitual.
- ✓ Se pueden realizar copias de seguridad usando un servidor esclavo sin molestar al maestro. El maestro continúa procesando actualizaciones mientras se realiza la copia de seguridad.

10.2.2 ARQUITECTURA Y CONFIGURACIÓN

Antes de entrar en detalles de implementación veremos algunas posibilidades que ofrece la replicación en cuanto a configuraciones y disposición del maestro y los esclavos. El esquema habitual es el consistente en un maestro y varios esclavos como en la siguiente figura:

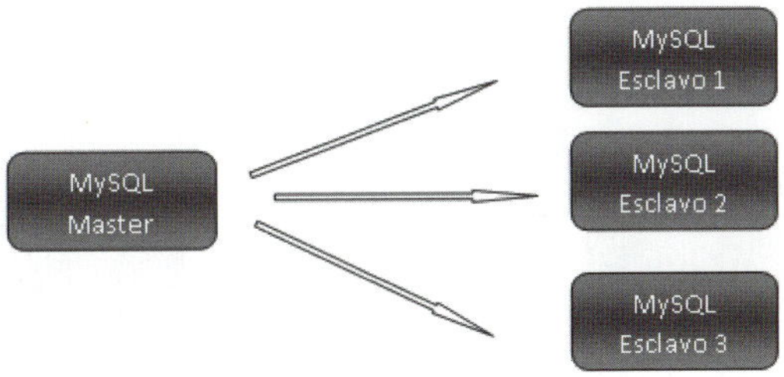

Figura 10.1. *Replicación con un maestro y varios esclavos*

Aunque hay otras variantes como las que indicamos a continuación.

Un maestro, un esclavo

Es el modo más básico, un maestro con uno o varios esclavos. Es la más útil cuando hay pocas escrituras respecto a lecturas. Además, el modelo es fácilmente escalable sin más que añadir más esclavos a medida que crezcan las necesidades. Hay que tener en cuenta, eso sí, el ancho de banda ya que si aumenta el ritmo de actualizaciones podemos llegar a saturarlo.

Figura 10.2. *Replicación con un maestro y un esclavo*

Maestro dual

No hay esclavos, solamente dos maestros sincronizados. Esto se da en situaciones en que ambos servidores necesitan acceso de escritura a la misma base de datos compartida. En este caso la latencia o tiempo entre operaciones es un factor crítico. Además, si la red mediadora es una WAN es mucho más probable que haya pequeños errores e interrupciones que dificulten las tareas de sincronización.

Una variante es la replicación con maestro dual y esclavos propios de cada maestro.

Anillo de replicación

La configuración anterior es en realidad un caso particular de anillo donde hay un conjunto de servidores de tal modo que cada uno es esclavo de un vecino y maestro del otro.

Las ventajas son sobre todo geográficas, cada sitio dispone de un maestro de forma que puede hacer sus propias actualizaciones sin incurrir en latencias de red. Sin embargo, es un sistema muy vulnerable ya que un fallo en un elemento cierra el sistema en el punto de ruptura. Esto puede aliviarse añadiendo esclavos a cada maestro.

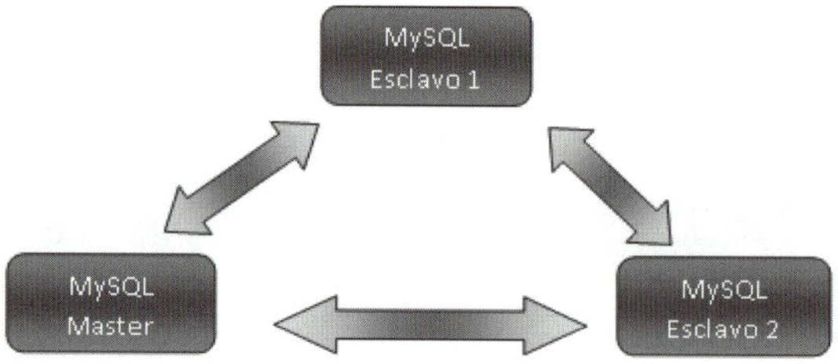

Figura 10.3. *Anillo de replicación*

Pirámide

Para organizaciones de gran tamaño y dispersas organizadas de forma piramidal puede haber un único maestro que replique a esclavos dispersos de forma similar a la organización. A su vez los esclavos pueden hacer de maestros para otros esclavos situados en regiones más pequeñas. En la figura representamos el caso más simple.

Aunque hemos visto algunos ejemplos, existen muchas posibilidades y prácticamente no hay límite en la flexibilidad de MySQL al respecto de la replicación aunque normalmente salvo para organizaciones muy grandes suele ser suficiente un esquema simple y escalable.

10.2.3 IMPLEMENTACIÓN DE LA REPLICACIÓN EN MYSQL

A continuación damos una descripción, en forma de pasos numerados, de cómo inicializar una replicación completa del servidor MySQL. Supondremos que queremos replicar todas las bases de datos en el maestro y no hay una replicación previamente configurada. Necesita parar el servidor maestro brevemente para completar los pasos descritos aquí.

Este procedimiento está escrito en términos de inicializar dos esclavos, pero es válido para inicializar múltiples esclavos.

Antes de comenzar supondremos que partimos de tres equipos con un servidor MySQL instalado y funcionando (si usamos máquinas virtuales podemos clonarlos).

Dado que suponemos que el equipo que hará de maestro ya incluye datos cargaremos en él el fichero sql con las bases de datos del libro.

Debemos asegurarnos que la sección *[mysqld]* del fichero *my.ini* o *my.cnf* en el maestro incluye una opción *log-bin*. Esta sección debe también tener la opción *server-id=master_id*, donde *master_id* debe ser un entero positivo. Por ejemplo:

```
[mysqld]
log-bin=mysql-bin
server-id=1
```

Si estas opciones no están presentes, las añadiremos y reiniciaremos el servidor.

Estos son los pasos que seguiremos:

1 Preparamos una cuenta en el maestro que puedan usar los esclavos para conectarse. Esta cuenta debe tener el privilegio *REPLICATION SLAVE*. Si la cuenta se usa solo para replicación (lo que se recomienda), no necesitamos dar ningún privilegio adicional.

Supondremos que nuestro dominio es *sierra.com* y que queremos crear una cuenta con un nombre de usuario de replicación que puedan usar los esclavos para acceder al maestro desde cualquier equipo en su dominio usando una contraseña que, por simplicidad, coincidirá con el nombre de usuario. Para crear la cuenta, usamos el comando *GRANT*:

```
mysql>GRANT REPLICATION SLAVE ON *.*
-> TO 'replicador'@'%.sierrra.com' IDENTIFIED BY 'replicador';
```

2 Si usamos solo tablas *MyISAM*, debemos volcar todas las tablas y bloquear los comandos de escritura ejecutando un comando *FLUSH TABLES WITH READ LOCK*:

```
mysql> FLUSH TABLES WITH READ LOCK;
```

Debemos dejar el cliente desde el que lanzamos el FLUSH en ejecución desde el que lanza el comando *FLUSH TABLES* para que se mantengan los efectos del bloqueo. Luego hacemos una copia de los datos del servidor maestro.

Para hacer dicha copia podemos recurrir a cualquiera de los sistemas explicados en el capítulo anterior.

Sin embargo, el método más apropiado es usar el programa *mysqldump* para generar un fichero de copia de seguridad que nos permita, más adelante, replicar los datos del maestro en todos los esclavos.

```
C:>mysqldump -uroot -proot -A > copia_master.sql
```

Mientras el bloqueo de *FLUSH TABLES WITH READ LOCK* está en efecto, leemos el valor del nombre y el desplazamiento del *log* binario actual en el maestro:

```
mysql > SHOW MASTER STATUS;
+---------------+----------+--------------+------------------+
| File | Position | Binlog_Do_DB | Binlog_Ignore_DB |
+---------------+----------+--------------+------------------+
| mysql-bin.003 | 73 | test | manual,mysql |
+---------------+----------+--------------+------------------+
```

La columna *File* muestra el nombre del *log*, mientras que *Position* muestra el desplazamiento. En este ejemplo, el valor del *log* binario es *mysql-bin.003* y el desplazamiento es 73. Estos representan las coordenadas de la replicación en que el esclavo debe comenzar a procesar nuevas actualizaciones del maestro. Apuntamos dichos valores ya que los necesitaremos más tarde cuando inicialicemos los esclavos.

3 Una vez que tenemos estos datos podemos reanudar la actividad de escritura en el maestro:

```
mysql> UNLOCK TABLES;
```

4 Detenemos los servidores que se vayan a usar como esclavos y añadiremos lo siguiente al fichero *my.cnf*:

```
[mysqld]
server-id=slave_id
```

El valor *slave_id*, como el valor *master_id*, debe ser un entero positivo de 1 a 2^32 - 1. Es necesario que el *ID* del esclavo sea diferente del *ID* del maestro y del de los otros esclavos. Por ejemplo:

```
[mysqld]
server-id=2
```

Si no especificamos un *server-id*, se usa 1 si no hemos definido un *master-host*, de otro modo se usa 2 o mayor. Debemos tener en cuenta que en caso de omisión de *server-id*, un maestro rechaza conexiones de todos los esclavos, y un esclavo rechaza conectarse a un maestro.

5 Si hemos hecho una copia de seguridad binara de los datos del maestro, lo copiamos en el directorio de datos del esclavo antes de arrancar el esclavo. Hay que asegurarse de que los privilegios en los ficheros y directorios son correctos. El usuario que ejecuta el servidor MySQL debe ser capaz de leer y escribir los ficheros, como en el maestro.

6 Arrancamos el esclavo con el comando SQL con la opción *–skip-slave-start* que evita que empiece a replicar inmediatamente. También podemos arrancar incluyendo la opción *--log-warnings* para obtener más mensajes en el *log* de errores acerca de problemas (por ejemplo, problemas de red o conexiones).

7 Si hicimos una copia de seguridad de los datos del maestro usando *mysqldump*, cargamos el fichero de volcado en el esclavo:

```
C:\> mysql -uroot -proot < copia_master.sql
```

8 Ejecutamos los siguientes comandos en el esclavo, reemplazando los valores de opciones con los valores correspondientes en nuestro sistema:

```
mysql> CHANGE MASTER TO
MASTER_HOST='nombre de equipo del master',
MASTER_USER='usuario de la cuenta del esclavo (replicador)',
MASTER_PASSWORD='contraseña de la cuenta del esclavo (replicador)',
MASTER_LOG_FILE='fichero de registro binario',
MASTER_LOG_POS=posicion en el registro binario;
```

9 Iniciamos la replicación en el servidor esclavo:

```
mysql> START SLAVE;
```

Una vez realizado este procedimiento, el esclavo debe conectar con el maestro y atrapar cualquier actualización que haya ocurrido desde que se obtuvieron los datos.

Cualquier posible mensaje de error en el *log* de errores del esclavo si no es capaz de replicar por ninguna otra razón. Una vez que un esclavo está replicando, puede encontrar en su directorio de datos un fichero llamado *master.info* y otro llamado *relay-log.info*. El esclavo usa estos dos ficheros para saber hasta que punto ha procesado el *log* binario del maestro. No debemos borrar o editar estos ficheros, a no ser que realmente sepamos lo que hacemos y entendamos las implicaciones. Incluso en tal caso, es mejor usar el comando *CHANGE MASTER TO*.

Una vez que tenemos una copia de los datos, podemos usarla para actualizar otros esclavos siguiendo el procedimiento descrito.

Para comprobar el correcto funcionamiento de este sistema podemos crear algunas bases de datos o tablas en nuestro *master* y consultar su existencia en los esclavos.

Para cualquier problema deberemos consultar los ficheros de registro.

10.2.4 ADMINISTRACIÓN Y MANTENIMIENTO

Una vez configurada la replicación lo más probable es que no haya que hacer mucho más. Sin embargo, como administradores es imprescindible conocer las herramientas que nos van a permitir controlar el estado de la replicación entre otras tareas administrativas. A continuación veremos algunas de ellas.

Monitorización

Una vez en funcionamiento podemos preguntarnos cosas como si están todos los esclavos replicando, si ha habido a algún error de sincronización o si alguno de los esclavos se está retrasando demasiado. Para conocer responder a estas cuestiones disponemos de varios comandos:

- **Estado del maestro**: el comando *SHOW MASTER STATUS* nos informa del estado de replicación del maestro.

  ```
  mysql> SHOW MASTER STATUS \G
  ```

  Cuya salida nos incluye el nombre del archivo y posición del registro binario actual en donde se escribirá la siguiente consulta.

  Con el comando *show master logs* (equivalente a *SHOW BINARY LOGS*) conoceremos que registros binarios existen en el disco.

  ```
  mysql> SHOW MASTER LOGS \G
  ```

  Aunque si queremos información más detallada tendremos que inspeccionar los archivos a mano.

- **Estado del esclavo**: en este caso disponemos de más posibilidades en cuanto a la información que nos producen los comandos, en concreto el comando *SHOW SLAVE STATUS.*

  ```
  mysql> SHOW SLAVE STATUS \G
  ```

  Nos muestra un resumen detallado del contenido de los archivos *master.info* y *log.info* además de otros metadatos como los campos *Last_errno* y *Last_error* que dan información de los errores en la replicación más reciente. Los campos más importantes son *Slave_IO_Running* y *Slave_SQL_Running* acerca de si los hilos de E/S y de SQL están funcionando.

  ```
  mysql> SHOW SLAVE HOSTS \G
  ```

  Muestra los *hosts* registrados con el maestro incluyendo su identificador, nombre de *host*, puerto e *id* del maestro.

Rotación del registro

Ya hemos visto como mostrar ficheros binarios. Sin embargo estos se van acumulando así que si queremos eliminarlos usaremos *PURGUE MASTER LOGS TO* "numero de registro".

```
mysql> PURGUE MASTER LOGS TO 'BIN003' \G
```

Lo que elimina todos los registros anteriores al 3.

Sin embargo, es necesario tener algún sistema de automatizar estas tareas haciendo cierta rotación de archivos de forma que siempre haya un máximo determinado y se vayan borrando automáticamente.

Cambio de maestro

Es posible cambiar de maestro usando el comando *change master to* “opciones”. Para ello debemos seguir los siguientes pasos:

1. Desconectar clientes.
2. Asegurarnos de que maestro y esclavos están bien sincronizados.
3. Ejecutar *STOP SLAVE* y *RESET MASTER* en el nuevo maestro.
4. Apagar el antiguo maestro.
5. Ejecutar, en los esclavos el comando *SQL CHANGE MASTER TO* con las opciones correspondientes tal y como vimos en la sección anterior.

Si el *Master* original se recupera podemos hacerlo esclavo usando el comando anterior igual que en los otros esclavos.

Si tenemos que cambiar de maestro por que se ha venido abajo deberemos usar como nuevo maestro el esclavo más actualizado (con *SHOW SLAVE STATUS*) para saber el nombre del registro y la posición y después ejecutar *CHANGE MASTER TO* en él y el resto de esclavos.

ACTIVIDADES 10.1

- Realice un esquema de replicación usando tres equipos, un maestro y dos esclavos (puede usar un solo equipo con varias instalaciones de MySQL, varios equipos del aula o varios equipos virtuales).
- Explique lo que debe hacerse para agregar un esclavo a un esquema de replicación con el máster en marcha.
- Suponga que, en un esquema de replicación, cae el *master*. Indique los pasos que considere necesarios para sustituirlo por uno de los esclavos, suponiendo que hay más de uno.
- Indique dos limitaciones y dos ventajas que observe en la replicación de bases de datos.
- Modifique el esquema anterior para organizar un esquema de dos niveles, haciendo que uno de los esclavos a su vez sea maestro de otro esclavo.

10.3 BALANCEO DE CARGA Y ALTA DISPONIBILIDAD

Una vez conocido el proceso de replicación pasamos al proceso de balanceo de carga y alta disponibilidad.

El primer concepto hace referencia a la necesidad de repartir la carga entre varios equipos o servidores cuando hay un gran volumen de accesos. En función del tipo de acceso puede variar el tipo de balanceo.

En cuanto a la alta disponibilidad se refiere al hecho de disponer en todo momento de todos los datos y de forma transparente desde el punto de vista del cliente. Es decir, el funcionamiento del *cluster* debe permanecer transparente al cliente con independencia del estado de los servidores internos.

10.3.1 FUNDAMENTOS

Nuestro objetivo es compartir la carga de un *cluster* de servidores entre ellos como se muestra en el siguiente esquema:

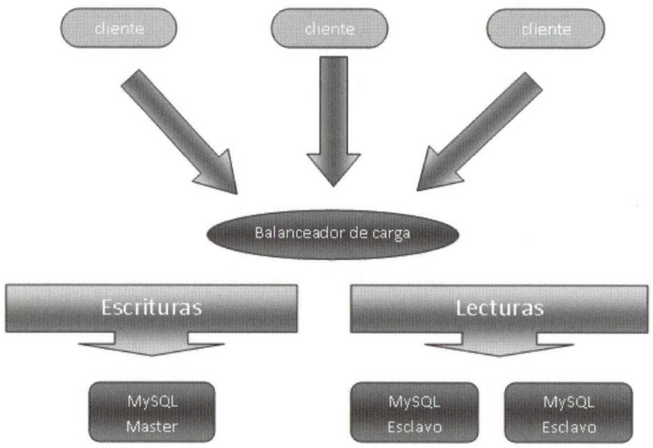

Figura 10.4. *Balanceo de carga con MySQL y replicación*

En este caso los accesos por parte de los servidores web (que a su vez requieren acceder a bases de datos) se reparten la carga de datos usando un balanceador de carga de MySQL en la parte de lectura y un master en la parte de escritura.

Los principales objetivos de un balanceador en general son:

- **Escalabilidad**

  El aumento de potencia se consigue simplemente añadiendo más elementos al *cluster* en un proceso lineal aunque en ocasiones dependerá de la aplicación.

- **Eficiencia**

  El *cluster* se encarga de gestionar las peticiones de forma que se compense la carga de cada máquina y estén equilibradas. Esto es especialmente importante cuando usamos máquinas de distinta potencia y características.

- **Disponibilidad**

  En éste tipo de *cluster* todos los datos están replicados entre los esclavos de forma que la pérdida de cualquiera de ellos es transparente a los clientes.

- **Transparencia**

  El hecho de que haya un *cluster* o un solo servidor es inapreciable desde el punto de vista de los clientes.

Existen numerosas soluciones comerciales y libres que satisfacen nuestros requerimientos. En este capítulo nos centraremos en *MySQL Cluster*. En el último aparado describiremos otras herramientas.

10.3.2 MYSQL CLUSTER

MySQL Cluster es una versión de MySQL que ofrece alta disponibilidad y balanceo de carga en un entorno de computación distribuida. Usa el motor de almacenamiento *NDB* (*Network Database*) *Cluster* para permitir la ejecución de varios servidores MySQL en un *cluster*. Integra un servidor MySQL estándar con el motor *ndb* que se carga completamente en memoria.

Un *cluster* es una serie de computadoras o *hosts* que ejecutan uno o más procesos llamados *nodos*, que pueden ser servidores MySQL (para acceder a datos), nodos de datos (con los datos) y servidores de coordinación. Adicionalmente otro software nos puede facilitar el acceso a los datos.

A continuación mostramos un esquema ilustrativo para el *cluster* de MySQL:

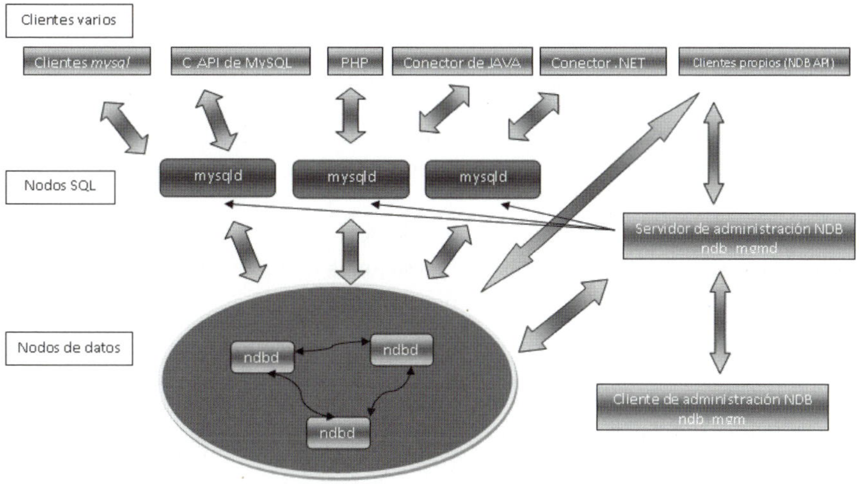

Figura 10.5. *Arquitectura de MySQL Cluster*

Todos los programas, que no tienen porque estar en distintos equipos, trabajan juntos y coordinados formando un *cluster* de bases de datos.

Los datos se guardan en los nodos de datos y son accedidos mediante los nodos de aplicación (nodos API) o servidores *mysqld* (distinto del habitual *mysqld*). Todos los cambios en los datos son percibidos inmediatamente por todos los nodos de acceso a datos.

Antes de pasar a la práctica describiremos brevemente estos y otros elementos importantes manejados por el *cluster*.

Nodos del *cluster*

- Nodo de administración (*Management node*).

  Es el nodo principal que permite controlar y gestionar al resto. Se lanza con el comando *ndb_mgmd*.

  Contiene la configuración global del *cluster* y cualquier evento ocurrido en el *cluster* se registra en él. Así mismo, el resto de nodos obtienen su configuración particular del nodo gestor.

- Nodo de datos (*Data node*).

  Se encarga de almacenar los datos. Su número es igual al número de réplicas multiplicado por el número de fragmentos. Hablaremos sobre este tema en la siguiente sección. Una réplica es suficiente para funcionar aunque se recomienda usar al menos dos si queremos redundancia y alta disponibilidad real.

  Se lanza con el comando *ndbd*.

- Nodos SQL (*SQL node*).

  Son los nodos que acceden a los datos del *cluster*, normalmente servidores MySQL que usan el motor *ndb*. Es decir, son servidores MySQL lanzados con las opciones *–ndbCluster* y *–ndb-connectstring* entre otras. Es una caso especial de *API node*. Otros válidos pueden ser *ndb-restore* para restaurar una copia de seguridad del *cluster* o aplicaciones escritas usando la API del *cluster*.

Aplicaciones cliente

- Clientes estándar.

  El *cluster* puede interactuar con aplicaciones escritas en lenguajes como *php* o *Java* igual que en el caso del servidor MySQL. Dicha interacción tiene lugar usando nodos *SQL* como intermediarios.

- Clientes del gestor.

  Son programas que acceden al nodo gestor para operaciones de mantenimiento y administración. Se escriben usando la MGM API o interfaz de gestión hecha para el lenguaje C.

- Registro de eventos.

  El *cluster* almacena los eventos clasificados por categoría. Se dan dos clases, los *logs* del *cluster* para eventos que afectan a todo el *cluster* y los *logs* de nodo para eventos particulares.

- Puntos de comprobación.

  Son registros de tiempo en que todas las transacciones han sido grabadas a disco por lo que no hay posibilidad de fallo. Se dividen en los globales que afectan al *cluster* y los locales que afectan a cada nodo.

10.3.3 ORGANIZACIÓN DE LOS DATOS

Los datos en un *cluster* se organizan particionados en diferentes *hosts* o equipos. Lo más importante es decidir cuantas réplicas de datos se quieren, lo que vendrá dado por el tipo de aplicación y el grado de importancia de los datos.

Una vez decidido el número de réplicas y según el número de *hosts* que queramos dedicar al *cluster* determinaremos el resto de parámetros que son:

- **Partición**
  Es cada porción de datos en que se dividen los datos de las bases de datos del *cluster*.
- **Réplica**
  Cada réplica es una copia de una partición de datos. Hay tantas como nodos en cada grupo.
- **Nodo de datos**
  Almacena un partición y réplicas de otras particiones de nodos de su grupo. Hay tantos nodos de datos como particiones aunque pueden albergar réplicas de otras particiones.
- **Grupo de nodo**
  Almacena una copia completa de una parte de los datos (divididos en particiones replicadas). Su número es igual al número de nodos del *cluster* dividido por el número de réplicas. El número de grupos es el número de nodos del *cluster* dividido entre el número de réplicas.

En resumen, si tengo n nodos y quiero m réplicas formare n/m grupos. En cada grupo tendré m nodos con una partición de datos originales más una copia o réplica de las particiones de cada nodo del grupo en cada uno.

Por ejemplo, si tengo 6 nodos y quiero 3 réplicas formaré dos grupos de tres nodos cada uno. En cada grupo tendré tres particiones originales (una en cada nodo) y tres réplicas de las mismas (una en cada nodo).

El esquema de fragmentación de datos lo hace el *cluster* automáticamente aunque se puede definir por el usuario con ciertas limitaciones.

Se puede ver el esquema general en el siguiente ejemplo con cuatro nodos y dos réplicas:

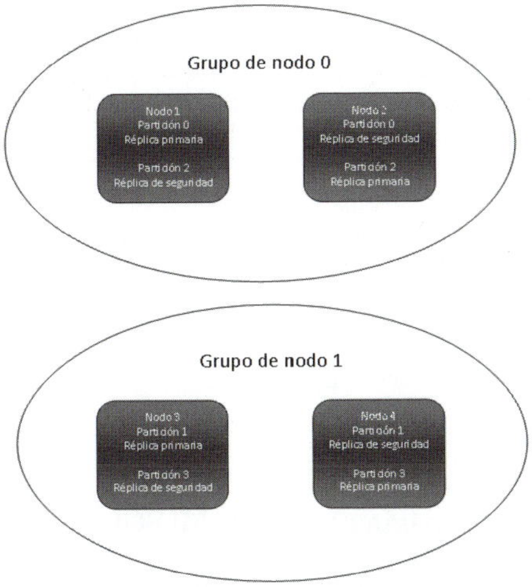

Figura 10.6. *Nodos de un cluster con 4 equipos y 2 réplicas*

Todos los datos se dividen en 4 particiones, la 0 y la 2 en el grupo de nodo 0 y la 1 y 3 en el grupo 1. El nodo 1 alberga la réplica primaria de la partición 0 y el 2 la de la partición 2 y una copia de la 0. Ocurre de manera similar en el grupo 1.

Con este esquema se consigue que siempre que al menos un nodo de cada grupo esté funcionando dispondremos de una copia completa de todos los datos.

10.3.4 INSTALACIÓN Y CONFIGURACIÓN

En este apartado veremos cómo poner en marcha un *cluster* con cuatro equipos (dos nodos de datos, un nodo API o SQL y un nodo de administración) abarcando desde la obtención del programa hasta su instalación y configuración.

Usaremos como guía un ejemplo disponible también en el manual de MySQL. Daremos por supuesto que usamos equipos estándar sin limitaciones especiales de memoria, CPU o hardware en general.

Supondremos un *cluster* básico de cuatro nodos en distintos equipos:

- Nodo *mgmd* 192.168.0.10
- Nodo SQL: 192.168.0.20
- Nodo de datos A 192.168.0.30
- Nodo de datos A 192.168.0.40

Visto esquemáticamente quedaría así:

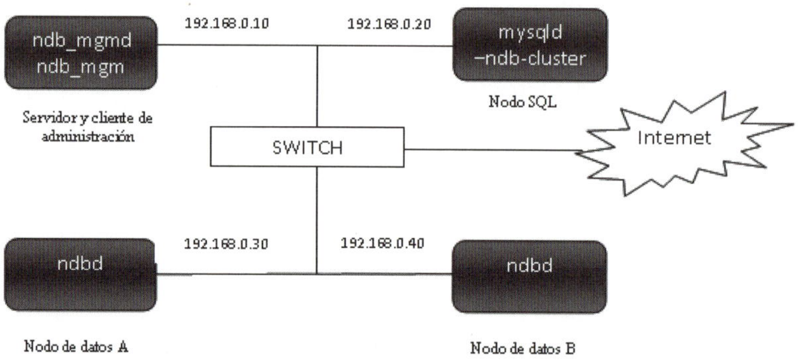

Figura 10.7. *Arquitectura de servicios en un cluster MySQL*

Hay que hacer notar que los nodos, aunque cada uno en este caso está en un equipo, no son equipos sino servicios y que, como tales, pueden ejecutarse en una o varias máquinas.

Instalación

Lo primero es descargar el software de la página oficial de MySQL. El nombre será algo similar a *mysql-Cluster-gpl-noinstall-ver-winarch.zip* donde *ver* hace referencia a la versión.

Una vez descargado lo descomprimimos en el directorio de instalación, por ejemplo *C:\mysql*.

Configuración

Salvo el nodo administrador cada nodo participante en un *cluster* tiene su propia configuración más una sección correspondiente en el fichero global de configuración (*config.ini*) del nodo administrador.

Igual que ocurría con un servidor *mysql* normal disponemos de variables de entorno que nos permiten establecer el comportamiento del servidor y así adaptarlo y optimizarlo según nuestras necesidades.

En general veremos las variables más importantes que afectan al funcionamiento del *cluster*. Para el resto de variables y otra información adicional debemos consultar el manual de referencia.

Para que las modificaciones de las variables tengan efecto tenemos tres opciones que indicaremos con una letra:

- N- *Rolling restart*. Debemos reiniciar cada nodo uno a uno de forma que el *cluster* esté siempre activo.
- S *system restart*. Todo el *cluster* debe apagarse y reiniciarse tras hacer los cambios correspondientes.
- I *initial restart*. En este caso los nodos de datos deben iniciarse con la opción *–initial*.

Una de las opciones de configuración común a todos los nodos salvo el administrador es *connectstring*. Ésta tiene la siguiente sintaxis:

```
[nodeid=node_id, ]
    [bind-address=host-definition, ]
    host-definition[; bind-address=host-definition]
    host-definition[; bind-address=host-definition]
    [, ...]]
host-definition:
    host_name[:port_number]
```

Que debe incluirse en los respectivos archivos de configuración de cada nodo.

nodeid hace referencia al identificador del nodo en el *cluster*, *bind-address* es la *ip* asignada que se quiere usar para la conexión al nodo de administración (para el caso de un *host* con varias *interfaces*) y *host-definition* es el nombre del *host* y opcionalmente su puerto.

Configuración para los nodos SQL

Estos nodos admiten una serie de opciones en las secciones *[SQL]* o *[api]* del fichero *config.ini* del equipo que contiene el nodo administrador.

Las más importantes son *HostName* para especificar la IP o nombre del equipo que hace de nodo (es equivalente a *ExecuteOnHostComputer* auque esta solo permite nombres) y el *id* o identificador del nodo dentro del *cluster*. Las primeras son de tipo *S* mientras que *id* es de tipo *N*.

En el otro lado, fichero *my.ini*, disponemos de numerosas opciones. Indicamos las más relevantes:

- *ndb_config_from_host* / *ndb_config_from_port*: especifica el *hostname* o ip/puerto del nodo administrador de donde obtiene su configuración.

- *ndb_log_bin:* registra actualizaciones en las bases de datos siempre y cuando el *cluster* tenga está opción activada. Por defecto está a *ON* ó 1.

En general para conocer las variables que afectan a servidores MySQL del *cluster* podemos ejecutar los comandos siguientes:

Para variables de estado:

```
mysql>SHOW STATUS VARIABLES LIKE 'ndb%'
```

Para variables de sistema:

```
mysql>SHOW VARIABLES LIKE 'ndb%'
```

En cuanto al fichero *my.ini* las opciones imprescindibles son *ndbCluster* y *ndb-connecstring*:

```
[mysqld]
#Opciones para mysqld:
ndbCluster
ndb-connectstring=192.168.0.10
```

Que hacen que el servidor se ejecute dentro del *cluster*, indicando además la dirección IP del nodo administrador. De este modo el nodo de datos podrá leer su configuración a partir del fichero *config.ini* del administrador.

Para los nodos de datos

En el fichero *config.ini* del nodo administrador configuramos los nodos de datos en la sección *[ndbd]* para valores específicos o *[ndbd default]* para valores compartidos por todos los nodos de datos.

Igual que los nodos SQL requiere el uso de las variables *ExecuteOnComputer* o *HostName*. Para el caso particular de nodos de datos también es obligatorio especificar el número de réplicas con *NoOfReplicas*.

- ✓ *Id*: es el identificador del nodo en el *cluster*.
- ✓ *ServerPort*: es el puerto de escucha aunque por defecto el *cluster* asigna puertos dinámicamente.
- ✓ *NodeGroup*: especifica el grupo al que pertenece un nodo. El *cluster* no obstante crea grupos automáticamente así que este parámetro es solo necesario cuando queremos añadir un nuevo nodo a un *cluster* en funcionamiento. Es de tipo *I* y *S*.
- ✓ *NoOfReplicas*: solo válido en la sección *ndb_default* establece el número de réplicas que debe ser un valor no superior a 4 y divisible por el número de nodos de datos. Este valor determina el número de nodos en cada grupo de nodos. Es de tipo *I* y *S*.
- ✓ *DataDir*: especifica el directorio de datos donde se almacenan ficheros de *log* y de error.
- ✓ *DataMemory*: establece la cantidad de espacio en *bytes* disponible para cada registro de datos y de índices. Es importante tener en cuenta que todos los datos se cargan en memoria cuando el *cluster* está activo. Su valor por defecto es 80 MB y el valor mínimo 1 MB. El máximo está condicionado por la RAM disponible. Es de tipo *N*.
- ✓ *IndexMemory*: determina el espacio que ocupan los índices tipo *hash* usados típicamente para claves primarias y secundarias. Su valor por defecto es 18 MB y el mínimo 1 MB. Es de tipo *N*.

Los nodos de datos requieren únicamente el programa *ndbd.exe* o *ndbmtd.exe*. usaremos el primero aunque lo mismo se aplica en el segundo.

En cada nodo de datos deberemos tener creados los directorios *C:\mysql*, *C:\mysql\bin* y *C:\mysql\cluster-data*. Copiaremos entonces los ficheros *ndbd.exe* del equipo donde descargamos el *zip* en cada directorio *C:\mysql\bin* de los nodos de datos y añadiremos lo siguiente en sus respectivos *C:\mysql\my.ini*.

```
[mysql_cluster]
# Opciones para nodos de datos:
ndb-connectstring=192.168.0.10
```

Para el nodo de administración

Las variables más relevantes son los ya vistos *DataDir*, *ExecuteOnComputer*, *Hostname* e *Id*.

Además, podemos indicar el tipo de *logging* con *LogDestination* cuyos valores pueden ser:

- *Console*: para consola.
- *Syslog*: para sistemas Linux.
- *File*: opción por defecto mediante la cual podemos especificar un fichero, su tamaño máximo (*maxsize*) y el número máximo de ficheros de *log* (*maxfiles*) como en el siguiente ejemplo:

```
FILE:filename=cluster.log,maxsize=1000000,maxfiles=6
```

Todas las variables salvo las *ExecuteOnComputer* y *HostName* son de tipo *N*.

Existen otras variables dispuestas en diferentes secciones (como [*tcp*] para variables relativas a la red o [*shm*] para memoria compartida) del fichero *config.ini*, sin embargo para una configuración media lo visto es más que suficiente. En todo caso en el manual oficial podemos consultar cualquier detalle adicional.

Para instalar el programa encargado de administrar el *cluster*, como en el caso anterior creamos los mismos directorios y copiamos los programas *ndb_mgmd.exe* (servidor de administración) y *ndb_mgm.exe* (cliente de administración) en el directorio *C:\mysql\bin* del equipo con la IP 192.168.0.10.

Necesitamos crear dos ficheros de configuración. El habitual *my.ini*:

```
[mysql_cluster]
# Opciones para el servidor de administración
config-file=C:/mysql/bin/config.ini
```

Y el fichero de configuración global *config.ini* con la información de la composición del *cluster* y sus nodos.

Se recomienda además incluir las IP de cada nodo, el valor de los parámetros *Datamemory* e *Indexmemory*, el número de réplicas y los directorios donde cada nodo de datos almacena datos y *logs* (*DataDir*). Veamos un ejemplo completo:

```
[ndbd default]
# Opciones que afectan a los nodos de datos:
NoOfReplicas=2 # Numero de réplicas
```

```
DataDir=C:/mysql/bin/cluster-data # Directorio de datos de cada nodo de datos
DataMemory=80M # Memoria requerida para almacenamiento de datos
IndexMemory=18M # Memoria requerida para almacenmaiento de índices
[ndb_mgmd]
# Opciones de nodos de administración:
HostName=192.168.0.10 # nombre de equipo o IP del nodo administrador
DataDir=C:/mysql/bin/Cluster-logs # Directorio de log del nodo administrador
[ndbd]
# Opciones de nodos de datos, nodo A:
HostName=192.168.0.30 # nombre de equipo o IP del nodo de datos
[ndbd]
# nodo B:
HostName=192.168.0.40
[mysqld]
# Opciones de nodo SQL:
HostName=192.168.0.20
```

El arranque inicial del *cluster* se reduce al arranque de todos los ejecutables mencionados en su máquina correspondiente. El primero en arrancar debe ser el nodo de administración seguido por los nodos de datos y finalmente los nodos SQL.

Para ello en el nodo de administración ejecutamos la siguiente orden:

```
C:\mysql\bin> ndb_mgmd
2010-06-23 07:53:34 [MgmtSrvr] INFO
-- NDB Cluster Management Server. mysql-5.1.51-ndb-7.1.10
2010-06-23 07:53:34 [MgmtSrvr] INFO
-- Reading Cluster configuration from 'config.ini'
```

Con algunas líneas más que se imprimen por pantalla. La opción *–f* o *–config-file* indica dónde se encuentra el fichero de configuración.

En los nodos de datos:

```
C:\mysql\bin> ndbd
2010-06-23 07:53:46 [ndbd] INFO
-- Configuration fetched from 'localhost:1186', generation: 1
```

No debemos arrancar el nodo SQL mientras no terminen los nodos de datos así que mientras podemos ir arrancando el nodo cliente de administración que nos permitirá administrar el *cluster* y sus nodos:

```
C:\mysql\bin> ndb_mgm
-- NDB Cluster -- Management Client --
ndb_mgm>
```

Como primera comprobación podemos ejecutar el comando *ALL STATUS*:

```
ndb_mgm> ALL STATUS
```

Que, si todo ha ido bien, nos devolverá algo similar a lo siguiente:

```
Connected to Management Server at: localhost:1186
Node 2: starting (Last completed phase 3) (mysql-5.1.51-ndb-7.1.10)
Node 3: starting (Last completed phase 3) (mysql-5.1.51-ndb-7.1.10)
Node 2: starting (Last completed phase 4) (mysql-5.1.51-ndb-7.1.10)
Node 3: starting (Last completed phase 4) (mysql-5.1.51-ndb-7.1.10)
Node 2: Started (version 7.1.10)
Node 3: Started (version 7.1.10)
ndb_mgm>
```

Por último, arrancamos el nodo o nodos SQL:

```
C:\mysql\bin> mysqld --console
```

Con la opción adicional *–console* por si hubiese errores iniciales.

Ahora ejecutamos en el cliente de administración el comando *SHOW*.

```
ndb_mgm> SHOW
Connected to Management Server at: localhost:1186
Cluster Configuration
---------------------
[ndbd(NDB)] 2 node(s)
id=2 @192.168.0.30 (Version: 5.1.51-ndb-7.1.10, Nodegroup: 0, Master)
id=3 @192.168.0.40 (Version: 5.1.51-ndb-7.1.10, Nodegroup: 0)
[ndb_mgmd(MGM)] 1 node(s)
id=1 @192.168.0.10 (Version: 5.1.51-ndb-7.1.10)
[mysqld(API)] 1 node(s)
id=4 @192.168.0.20 (Version: 5.1.51-ndb-7.1.10)
```

Y para comprobar que el nodo SQL está conectado podemos usar un cliente de MySQL con la orden *SHOW ENGINE NDB STATUS*.

Si queremos empezar a usar bases de datos en el *cluster* procederemos de la manera habitual siempre usando como interfaz el nodo SQL tal como si fuese un simple servidor normal y con la única salvedad de que debemos incluir la opción *ENGINE* cuando creamos las tablas (en otro caso las tablas se crearán en los nodos de datos como si fuesen servidores normales).

```
mysql>CREATE TABLE tbl_name (col_name column_definitions) ENGINE=NDBCLUSTER;
```

Para finalizar, para cerrar el *cluster* debemos acceder al cliente de administración y ejecutar:

```
C:\mysql\bin> ndb_mgm -e shutdown
```

Lo que finalizará el nodo servidor de administración y todos los nodos de datos. En el nodo SQL se detiene de la forma habitual con el comando *mysqladmin shutdown*. En el caso de que sean servicios de *Windows* usaremos *NET STOP nombreservicio*.

Otros comandos útiles para usar desde el cliente *ndb_mgm* son:

- *HELP*: para mostrar la ayuda.
- *SHOW*: para ver información del estado del *cluster*.
- *node_id START / STOP / RESTART*: para iniciar/detener/reiniciar un nodo según su *id*.
- *node_id STATUS*: para ver el estado de un nodo.
- *SHUTDOWN*: para detener todos los nodos de datos y administración.
- *CREATE / DROP NODE GROUP*: para crear/eliminar un grupo de nodos.

A partir de aquí podemos profundizar en otras tareas del *cluster* tales como agregar nuevos nodos, reiniciar los nodos o monitorizar su funcionamiento. Algunas de ellas se proponen como ejercicios y otras se pueden consultar en el manual oficial.

ACTIVIDADES 10.2

- Ponga en marcha un *cluster* como el descrito en la sección anterior. Elabore un manual en *pdf* indicando todos los pasos seguidos.
- Piense y exprese con sus palabras qué criterios usaría y cómo proporcionaría balanceo de carga a su sistema de manera automática usando MySQL *cluster*.
- ¿Cómo logra MySQL *cluster* la alta disponibilidad?
- Investigue cómo haría una copia de seguridad del los datos del *cluster*. ¿En qué ficheros se almacena? ¿Cómo se recupera en caso de pérdida de datos?
- Investigue el uso del programa *nsc_desc*.

RESUMEN DEL CAPÍTULO

En este capítulo hemos tratado los conceptos y diseño de sistemas de bases de datos distribuidas tanto en lo que se refiere a su arquitectura física como lógica.

Hemos revisado las técnicas de fragmentación de datos y de replicación y hemos aplicado los conceptos vistos a dos escenarios distintos en MySQL.

En el primero hemos implementado un esquema de replicación de datos entre varios equipos de manera que en todo momento un equipo sirva de maestro, soportando todas las escrituras en las bases de datos y el resto hagan de esclavos permitiendo tener una copia de seguridad en todo momento actualizada, así como poder balancear la carga de lectura de datos.

En el segundo escenario hemos implementado un *cluster* de servidores MySQL para poder implementar tanto la alta disponibilidad como el balanceo de carga mediante la distribución de datos entre varios equipos.

EJERCICIOS PROPUESTOS

- **1.** Explique los conceptos de partición, réplica, grupo y nodo.
- **2.** ¿Cuántos nodos de datos necesitamos en un *cluster* con tres réplicas y tres grupos de nodos?
- **3.** Es posible formar un *cluster* con 10 nodos y 3 réplicas. Justifique su respuesta indicando, en su caso, una configuración alternativa.
- **4.** Forme en clase un *cluster* con cuatro nodos de datos y dos grupos. Compruebe la alta disponibilidad, primero apagando un nodo de datos y, después, los nodos de uno de los grupos.
- **5.** Indique las variables del servidor relacionadas con el *cluster*.
- **6.** ¿Qué tipo de particionado se hace en *MySQL Cluster*?
- **7.** ¿Qué pasos debemos seguir para agregar un nuevo nodo al *cluster*? Realice un ejemplo siguiendo el manual de MySQL para agregar dos nodos formando dos grupos de dos nodos cada uno.
- **8.** Revise el artículo *Improving Database Performance with Partitioning* en la URL: *http://dev.mysql.com/tech-resources/articles/performance-partitioning.html*. Haga un resumen y comente las posibilidades de particionado de la tabla noticias en la base *motorblog*. ¿Cómo y en qué condiciones sería conveniente particionarla?
- **9.** ¿Soporta MySQL el particionado vertical?, ¿cómo haría un particionado vertical de la tabla noticias separando el campo contenido del resto?, ¿por qué sería bueno hacerlo?
- **10.** ¿Qué tipos de particiones soporta MySQL? Cree una partición basada en rangos de la tabla noticias de la base *motorblog*.

TEST DE CONOCIMIENTOS

1 ¿Qué es el balanceo de carga?

a) La gestión de clientes de una base de datos.
b) Repartir la carga entre varios servidores.
c) Distribuir bien los datos entre distintos servidores esclavos.
d) Usar el mismo software en todos los servidores de bases de datos.

2 Cuando fragmentamos datos:

a) Los dividimos en trozos.
b) Dividimos una tabla en varios grupos de columnas.
c) Dividimos una tabla en grupos de filas.
d) Las dos anteriores sirven.

3 La replicación de datos:

a) Favorece la disponibilidad.
b) No tiene sentido pues genera redundancia.
c) Puede ser inconveniente para sistemas de muchas modificaciones.
d) Es incompatible con la fragmentación.

4 La replicación en MySQL:

a) Requiere al menos dos servidores MySQL.
b) Requiere al menos un maestro y un esclavo.
c) Sirve para hacer copias de seguridad.
d) Permite optimizar las consultas.

5 ¿Qué privilegios se requieren para hacer una replicación?

a) *Super* y *process*.
b) *Process* y *load*.
c) *Super* y *load*.
d) *Super*, *load* y *select* sobre las tablas implicadas.

6 ¿Por qué debemos bloquear las tablas *MyISAM* para lectura en una replicación?

a) Para que no se corrompan.
b) Porque no son transaccionales.
c) Porque podría haber una escritura en el proceso.
d) Para que nadie acceda a las tablas mientras se configura.

7 ¿Qué entendemos por coordenadas de una replicación?

a) El desplazamiento del registro binario.
b) El desplazamiento y el último fichero de *log* binario.
c) La ubicación de los ficheros binarios.
d) La IP y directorio de datos de replicación.

8 Un *cluster* en el contexto de sistemas gestores de bases de datos es:

a) Un conjunto de servidores replicados trabajando coordinadamente.
b) Un conjunto de servidores que trabaja con una sola copia de datos.
c) Un método para balancear la carga del gestor de bases de datos.
d) Un conjunto de programas coordinados para proporcionar balanceo y alta disponibilidad.

9 Un *cluster* mínimo en MySQL incluye:

a) Un servidor de bases de datos y un nodo de datos.
b) Un servidor un nodo y un programa administrador.
c) Al menos dos nodos de datos y un administrador.
d) Un servidor replicado.

10 La opción *IndexMemory* de MySQL:

a) Establece la memoria mínima del *cluster*.
b) La memoria mínima del *cluster* para gestionar índices.
c) La memoria máxima para almacenar índices de las tablas *ndb-cluster*.
d) La *caché* de índices del *cluster*.

APÉNDICE

A

Instalación y primeros pasos con *MySQL Workbench* y Oracle Database Developer

En esta sección estudiaremos algunas herramientas gráficas útiles para el trabajo tanto con gestores MySQL como Oracle. En el primer caso veremos cómo instalar *MySQL Workbench* en un equipo Windows con un servidor MySQL funcionando. En el segundo veremos cómo empezar a usar la versión gratuita de Oracle versión 11g y las herramientas complementarias *SQL Developer* y *SQL*Plus*.

A.1 MYSQL WORKBENCH

Descargamos el paquete con extensión MSI, desde la página oficial, normalmente en:

http://www.mysql.com/downloads/workbench/

Una vez descargado procedemos a la instalación siguiendo las indicaciones del asistente.

Una vez instalado encontraremos, si teníamos ya el servidor MySQL instalado, en **Inicio → Programas** una carpeta con el servidor y el *Workbench*.

Haremos clic en este último y se iniciara la página principal del mismo que nos permitirá elegir entre tres tipos de tareas:

- **Modelado de datos** (*Data Modelling*): aquí podemos modelar nuestras bases de datos para la generación de las bases de datos físicas o ficheros sql que podremos cargar en nuestro gestor.
- **Administración del servidor** (*Server Administration*): este apartado nos permite realizar diversas tareas de administración mediante una interfaz gráfica más cómoda, aunque no siempre más útil.
- **Desarrollo** (SQL *Development*): en este apartado podemos crear conexiones (pulsando en la opción **New Connection**) a nuestro servidor especificando los parámetros necesarios, como son nombre de conexión, el nombre de *host*, usuario y contraseña. Detallaremos su uso a continuación:

Veríamos una pantalla como la siguiente:

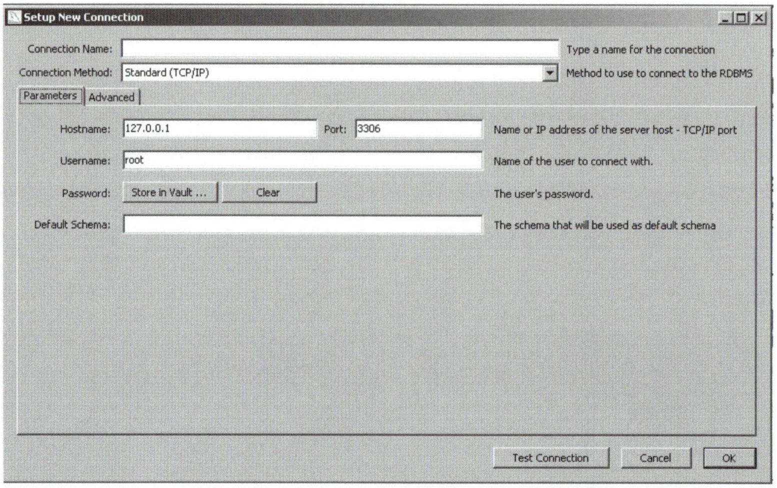

Figura A.1. *Configuración de una nueva conexión a una base MySQL desde MySQL Workbench*

Una vez completado el formulario dispondremos de una conexión, visible desde la opción **Open Conexión to Start Querying**, para comenzar a usar SQL.

Si pulsamos en dicha opción podremos iniciar una sesión desde la que ejecutar comandos SQL, como vemos en la siguiente figura:

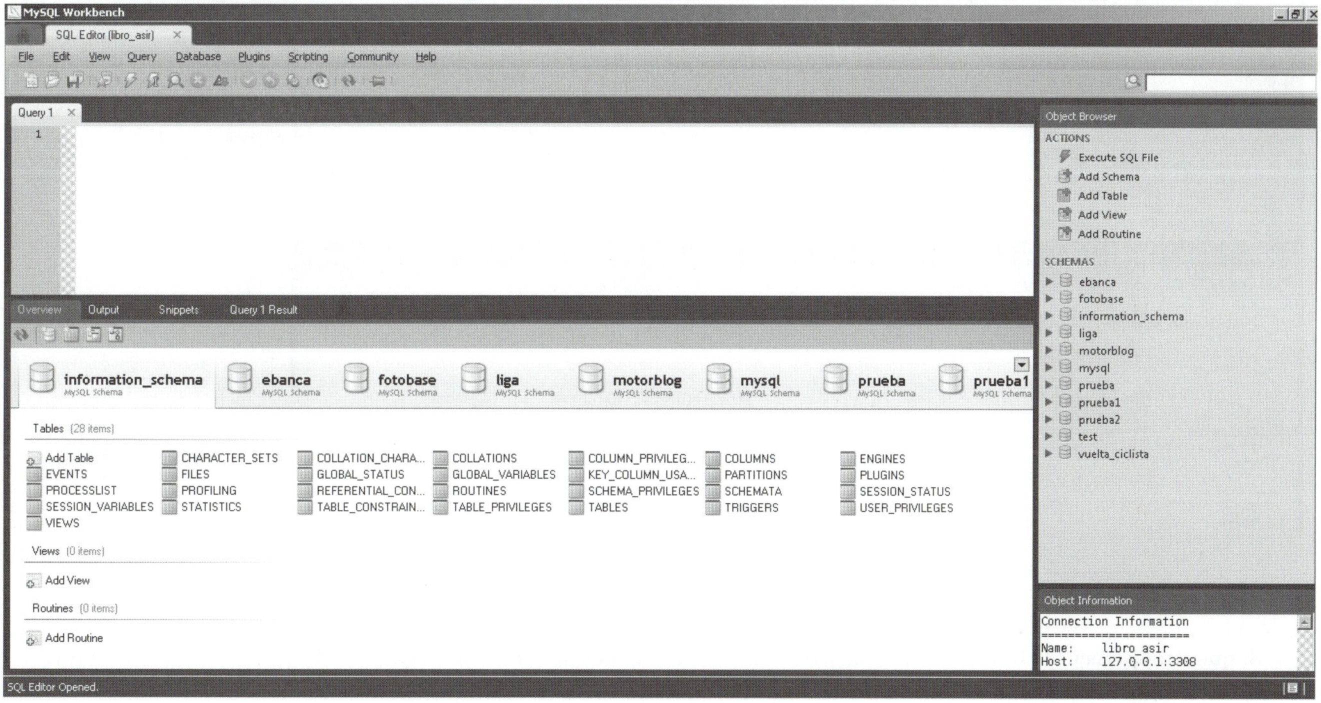

Figura A.2. *Aspecto general de la interfaz de MySQL Workbench*

Una vez dentro de la sesión podemos ver nuestras bases de datos, tablas, rutinas y otros objetos. Su uso es muy intuitivo y sencillo.

Si nos disponemos todavía de datos podemos cargar el *script* incluido en el libro pulsando en la pestaña **File → Open Sql Script** que nos dará la opción de cargar un fichero de comandos *sql* que creará todas las bases de datos y tablas necesarias para los ejercicios del libro.

Una vez seleccionado el fichero *sql* veremos algo similar a esto:

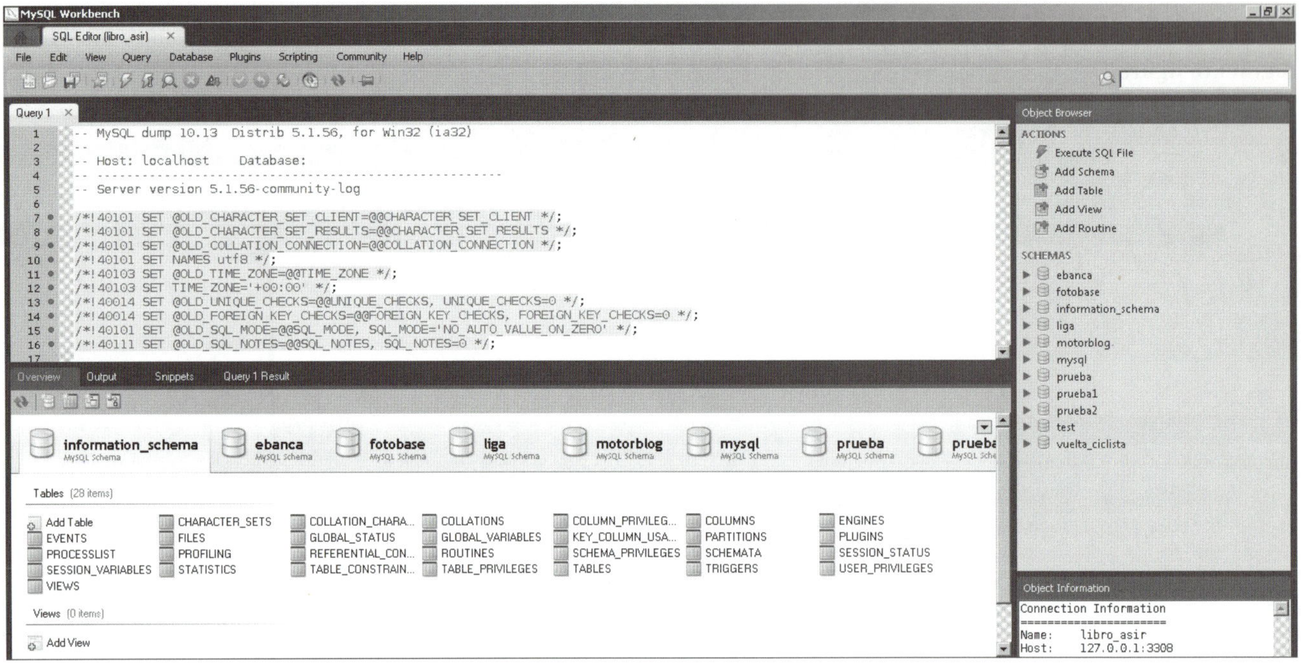

Figura A.3. *Carga del fichero de comandos SQL para cargar las bases de datos del libro*

Si queremos ejecutar todo el *script* pulsaremos en la pestaña **Query** o **Execute** o bien directamente en el símbolo de un rayo amarillo que aparece en la parte superior de la imagen.

Para poder ejecutar instrucciones SQL pondremos siempre un ";" al final de las mismas y nos situaremos con el cursor en el línea de la instrucción que queremos ejecutar. Después desde la pestaña *Query* pulsaremos **Execute Current Statement** o, como antes, sobre el icono del rayo.

A.2 INSTALACIÓN ORACLE EXPRESS EDITION 11G Y ORACLE DATABASE DEVELOPER

En primer lugar debemos descargar los paquetes necesarios desde la web oficial de *oracle*.

El gestor *Oracle Database 11g Express Edition* (con la herramienta *SQL*Plus* incluida):
http://www.oracle.com/technetwork/database/express-edition/downloads/index.html

Y el paquete SQL Developer 3.0:
http://www.oracle.com/technetwork/developer-tools/sql-developer/downloads/index.html

Una vez descargados debemos descomprimirlos en un directorio y comenzar la instalación que realizaremos siguiendo los siguientes pasos:

1 Entramos en Windows como usuarios administradores.

2 Entramos en la carpeta de *oracle* y hacemos doble clic en el fichero **setup.exe**.

3 Se inicia el instalador y hacemos doble clic en **Next**.

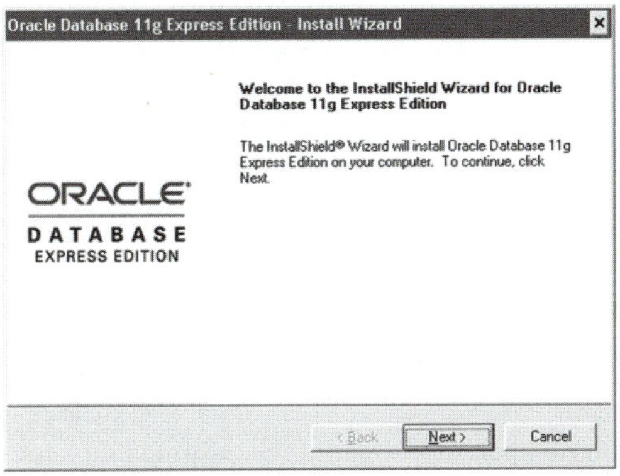

Figura A.4. *Inicio del asistente para la instalación de la versión 11g express de Oracle*

4 Aceptamos los términos de la licencia y de nuevo hacemos clic en **Next**.

5 Elegimos el directorio de instalación (que no tenga espacios en el nombre).

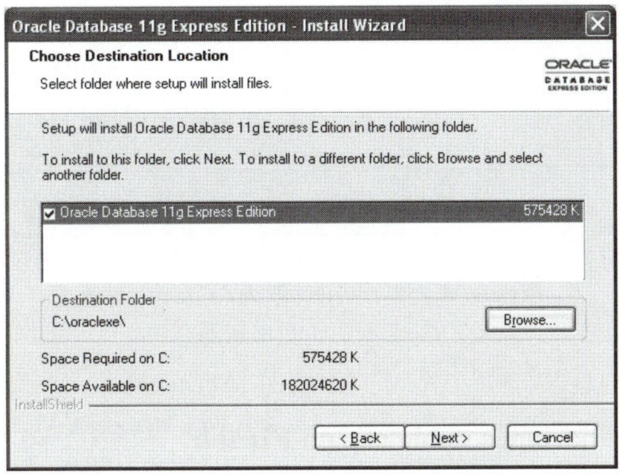

Figura A.5. *Selección de la ubicación de la instalación*

Si nos preguntan por un número de puerto especificamos uno. Los valores por defecto son:

- 1521: puerto de escucha de *Oracle* (*Oracle Listener*).
- 2030: Puerto del servidor de transacciones de *Oracle* (Oracle *Services for Microsoft Transaction Server*).
- 8080: Puerto HTTP para la interfaz gráfica de usuario.

6 Ahora introducimos una contraseña válida para las cuentas de usuario *SYS* y *SYSTEM* y hacemos doble clic en **Next**.

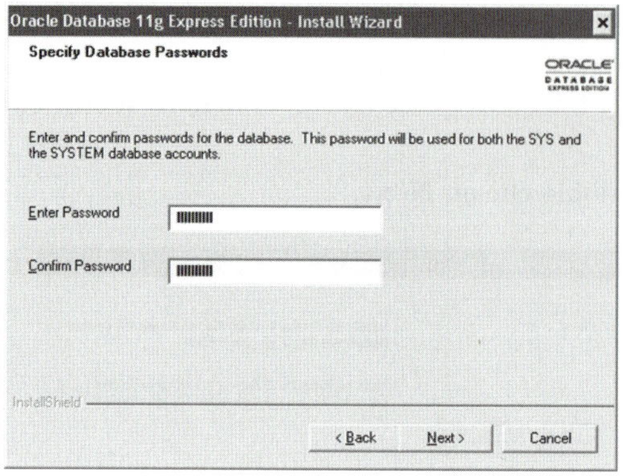

Figura A.6. *Introducción de contraseñas para las cuentas SYS y SYSTEM*

7 Aparece la ventana con el resumen de opciones elegidas. Si estamos de acuerdo hacemos doble clic en **Install**.

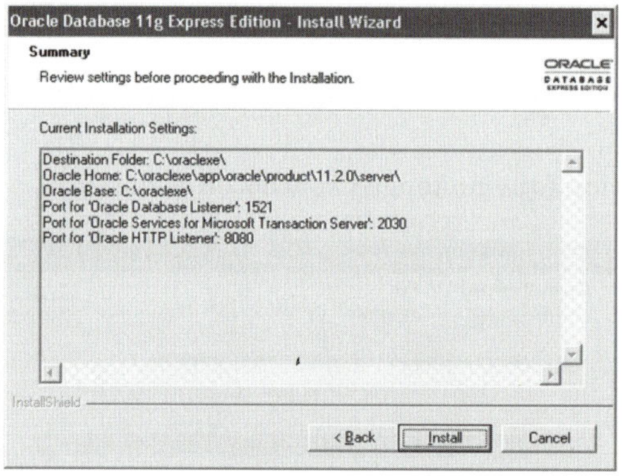

Figura A.7. *Terminación de la instalación*

8 Una vez terminada la instalación hacemos doble clic en **Finish**.

Para cualquier problema podemos consultar los *logs* situados en el fichero *OracleDatabaseXEServerInstall.log*, situado normalmente en el directorio *C:\WINDOWS*. Por su parte, los *logs* relacionados con la creación de bases de datos suelen estar en el directorio *install_directory\app\oracle\product\11.2.0\server\config\log*. Siendo el director *install_directory* típicamente *C:\oraclexe*.

A.3 ARRANQUE DE ORACLE

Una vez instalado nuestra servidor de bases de datos está activo y escuchando así que podemos comenzar a trabajar. Para ello haremos lo siguiente:

- Si la base está detenida la iniciamos desde **Inicio** → **Programas** → **Oracle Database 11g Express Edition** → **Start Database**.
- Ahora iniciamos nuestra primera conexión con *SQL*Plus* desde **Inicio** → **Programas** → **Oracle Database 11g Express Edition** → **Run SQL Command Line**.
- Desde la línea de comandos tecleamos *connect* e introducimos nuestro usuario y contraseña. Usaremos la cuenta por defecto *SYSTEM*, y el *password* que introdujimos en la instalación.
- A partir de este momento podemos empezar a usar instrucciones SQL o PL/SQL para la gestión de nuestras bases de datos.

Para saber más sobre Oracle podemos usar las siguientes referencias además de la ayuda instalada en **Inicio** → **Programas** → **Oracle Database 11g Express Edition** → **Get Help** → **Read Documentation**.

- *Oracle Database Express Edition Getting Started Guide*: introducción a la interfaz de usuario Oracle Database XE, así como al inicio en la creación de cuentas y objetos de bases de datos.
- Referencia del lenguaje SQL de Oracle:

  http://docs.oracle.com/cd/B28359_01/server.111/b28286/toc.htm
- Guía general de Oracle:

  http://www.oracle.com/pls/db112/portal.portal_db?selected=11

A.4 INSTALAR Y PRIMEROS PASOS CON SQL DEVELOPER

SQL Developer es una herramienta gráfica para la facilitar gestión de bases de datos Oracle.

Aunque con *SQL*Plus* podemos hacer todas las operaciones el uso de una herramienta más amigable facilita mucho el trabajo con bases de datos por lo cual es casi imprescindible el uso de esta herramienta.

Para su instalación solamente se requiere la descarga del paquete y se descompresión en el directorio deseado tal como explicamos en la sección anterior. Antes de empezar a usarlo conviene leer la guía de instalación (*Oracle SQL Developer Installation Guide*) provista en la web.

Para arrancar *SQL Developer* hacemos doble clic en el fichero **sqldeveloper.exe** situado en el directorio en el que lo hemos descomprimido previamente.

Si nos pide la ruta del fichero *java.exe* lo buscaremos normalmente en el directorio correspondiente, normalmente similar a *"C:\Program Files\Java\jdk1.6.0_06\bin\java.exe"*.

Si no lo tenemos deberemos instalar el JDK de java desde la página:

http://www.oracle.com/technetwork/java/javase/downloads/jdk-6u25-download-346242.html

A partir de ahí ya podemos crear nuestra primera conexión para lo que deberemos completar los campos del cuadro de diálogo correspondiente.

Una vez conectados podemos usar hojas de trabajo SQL para ejecutar y probar nuestros *scripts* y comandos SQL, PL/SQL.

Para probar podemos usar el tutorial de la web para crear distintos tipos de objetos de bases de datos.

http://docs.oracle.com/cd/E18464_01/doc.30/e17472/tut_library.htm#CBAHDFAF

APÉNDICE

B

Lenguaje de programación PL/SQL en Oracle

Al igual que en MySQL en Oracle existe la posibilidad de ampliar la funcionalidad usando un lenguaje específico de Oracle llamado PL/SQL y que incluye los elementos característicos de los lenguajes de programación es decir variables, sentencias de control de flujo, bucles, etc.

PL/SQL es un lenguaje estructurado. Su unidad básica es el bloque. Un bloque PL/SQL tiene 3 partes: zona de declaraciones, zona ejecutable y zona de tratamiento de excepciones. La sintaxis de un bloque es la siguiente:

```
[ DECLARE
  -- declaraciones ]
BEGIN
  -- sentencias
[ EXCEPTION
  -- tratamiento de excepciones ]
END;
```

Mediante bloques pueden construirse procedimientos, funciones y disparadores. Es posible el anidamiento de bloques.

En esta sección resumimos brevemente la sintaxis del lenguaje, especialmente la referida a aspectos de administración, incluyendo algunos ejemplos.

Elementos básicos del lenguaje

Una línea en PL/SQL contiene grupos de caracteres conocidos como unidades léxicas, que pueden ser clasificadas como:

- **Delimitadores**

  Son símbolos que tiene un significado especial en PL/SQL. Entre ellos están los operadores aritméticos, lógicos o relacionales

- **Identificadores**

  Son empleados para nombrar objetos de programas en PL/SQL, así como a unidades dentro del mismo, estas unidades y objetos incluyen constantes, cursores, variables, subprogramas, excepciones y paquetes.

- **Literales**

  Son un valor de tipo numérico, carácter, cadena o lógico no representado por un identificador (es un valor explícito).

- **Comentarios**

  Son una aclaración que el programador incluye en el código. Son soportados 2 estilos de comentarios, el de línea simple y de multilínea, para lo cual son empleados ciertos caracteres especiales como son:

  ```
  -- Linea simple
  /*
  Conjunto de Lineas
  */
  ```

Declaraciones

Todo bloque, subprograma o paquete PL/SQL consta de una parte declarativa en la que incluimos la declaración de variables y constantes con sus valores respectivos.

Tipos de datos

Además de los habituales tipos numéricos, de carácter, etc. PL dispone de tipos más complejos como son los tipos registro, tabla y *array*.

Registros PL/SQL

Declaración de un registro.

Un registro es una estructura de datos en PL/SQL, almacenados en campos, cada uno de los cuales tiene su propio nombre y tipo y que se tratan como una sola unidad lógica.

La sintaxis general es la siguiente:

```
TYPE <nombre> IS RECORD
(
campo <tipo_datos> [NULL | NOT NULL]
[,<tipo_datos>...]
);
```

El siguiente ejemplo crea un tipo PAIS, que tiene como campos el código, el nombre y el continente.

```
TYPE PAIS IS RECORD
(
CO_PAIS     NUMBER  ,
DESCRIPCION VARCHAR2(50),
CONTINENTE  VARCHAR2(20));
```

Los registros son un tipo de datos, por lo que podremos declarar variables de dicho tipo de datos.

Pueden asignarse todos los campos de un registro utilizando una sentencia *SELECT*. En este caso hay que tener cuidado en especificar las columnas en el orden conveniente según la declaración de los campos del registro.

Se puede declarar un registro basándose en una colección de columnas de una tabla, vista o cursor de la base de datos mediante el atributo *%ROWTYPE*.

Por ejemplo, puedo declarar una variable de tipo registro como *PAISES%ROWTYPE;*

```
DECLARE
  miPAIS PAISES%ROWTYPE;
BEGIN
  /* Sentencias ... */
END;
```

Lo cual significa que el registro *miPAIS* tendrá la siguiente estructura: *CO_PAIS NUMBER*, *DESCRIPCION VARCHAR2(50)*, *CONTINENTE VARCHAR2(20)*.

Tablas PL/SQL

Las tablas de PL/SQL son tipos de datos que nos permiten almacenar varios valores del mismo tipo de datos. Es similar a un *array*, tiene dos componentes: Un índice que permite acceder a los elementos en la tabla PL/SQL y una columna de escalares o registros que contiene los valores de la tabla PL/SQL. Puede incrementar su tamaño dinámicamente.

La sintaxis general para declarar una tabla de PL es la siguiente:

```
TYPE <nombre_tipo_tabla> IS TABLE OF
<tipo_datos> [NOT NULL]
INDEX BY BINARY_INTEGER ;
```

Una vez que hemos definido el tipo, podemos declarar variables y asignarle valores:

```
DECLARE
   /* Definimos el tipo operacion como tabla PL/SQL */
   TYPE operacion IS TABLE OF NUMBER INDEX BY BINARY_INTEGER ;
   /* Declaramos una variable del tipo operacion */
   op operacion;
BEGIN
   op(1) := 1;
   op(2) := 2;
   op(3) := 3;
END;
```

Tablas PL/SQL de registros

Es posible declarar elementos de una tabla PL/SQL como de tipo registro.

```
DECLARE

  TYPE PAIS IS RECORD
  (
    CO_PAIS     NUMBER NOT NULL ,
    DESCRIPCION VARCHAR2(50),
    CONTINENTE  VARCHAR2(20)
  );
  TYPE PAISES IS TABLE OF PAIS INDEX BY BINARY_INTEGER ;
  tPAISES PAISES;
BEGIN
  tPAISES(1).CO_PAIS := 27;
  tPAISES(1).DESCRIPCION := 'ITALIA';
  tPAISES(1).CONTINENTE  := 'EUROPA';
END;
```

Estructuras de control de flujo en PL/SQL

En PL/SQL solo disponemos de la estructura condicional *IF*. Su sintaxis se muestra a continuación:

- **Sentencia *IF-THEN***

Similar al caso de MySQL permite asociar una condición con una secuencia de instrucciones tal y como se observa en la sintaxis:

```
IF condition THEN
   secuencia de instrucciones
END IF;
```

- **Sentencia *IF-THEN-ELSE***

Es el caso anterior con dos posibles alternativas para la condición:

```
IF condition THEN
   secuencia de instrucciones
ELSE
   secuencia de instrucciones
END IF;
```

- **Sentencia *IF-THEN-ELSEIF***

Para casos en que debemos seleccionar una acción de entre varias alternativas posibles que a su vez son excluyentes.

```
IF condicion1 THEN
   secuencia de instrucciones
ELSIF condition2 THEN
   secuencia de instrucciones
ELSE
   secuencia de instrucciones
END IF;
```

- **Sentencia *CASE***

De manera similar a la anterior caso podemos usar *CASE* mejorando la legibilidad del programa.

```
CASE selector
   WHEN expresion1 THEN   secuencia de instrucciones 1;
   WHEN expresion2 THEN   secuencia de instrucciones 2;
   ...
   WHEN expresionN THEN   secuencia de instrucciones N;
  [ELSE   secuencia de instrucciones N+1;]
END CASE;
```

Donde la palabra *selector* indica una expresión que suele ser una variable usada en las expresiones asociadas a *WHEN*.

Estructuras de control iterativas en PL/SQL

En PL/SQL tenemos a nuestra disposición los iteradores *LOOP WHILE* y *FOR*.

Todos ellos admiten el uso de etiquetas o *labels* que permiten identificarlos a ellos y a sus variables, algo especialmente útil cuando usamos varios de ellos anidados. Para etiquetarlos usamos la sintaxis:

```
<<nombre loop>>
Definición del bucle
END nombre loop
```

Iterador *LOOP*

El bucle *LOOP*, se repite tantas veces como sea necesario hasta que se fuerza su salida con la instrucción *EXIT*. Su sintaxis es la siguiente:

```
LOOP
   instrucciones
      IF (expresion) THEN
         instrucciones
        EXIT;
      END IF;
END LOOP;
```

En este caso hemos añadido un *IF* para ilustrar el uso de *EXIT* que fuerza al bucle a terminar de forma inmediata e incondicional. Esta instrucción solo puede incluirse dentro de bucles *LOOP*. También podemos condicionar la salida usando *EXIT-WHEN* condición.

Podemos usar etiquetas del siguiente modo:

```
<<etiqueta_externa>>
LOOP
   ...
   LOOP
      ...
      EXIT etiqueta_externa WHEN condicion  --salimos de ambos bucles
   END LOOP;
   ...
END LOOP etiqueta_externa;
```

En este caso hemos incluido dos bucles anidados para ilustrar el hecho de que un *EXIT* nos sacaría del bucle indicado, en este caso el más externo.

Iterador *WHILE-LOOP*

El bucle *WHILE*, se repite mientras que se cumpla expresión.

```
WHILE (expresion) LOOP
     -- instrucciones
END LOOP;
```

En este caso se repiten las sentencias mientras se cumpla la condición. Otros lenguajes disponen de iteradores que se repiten al menos una vez como ya vimos en el propio MySQL. En Oracle no existe esta posibilidad pero podemos implementarla usando el iterador anterior *LOOP* con *EXIT*.

```
LOOP
   secuencia de instrucciones
   EXIT WHEN Expression booleana;
END LOOP;
```

Otra forma de hacer lo mismo con *WHILE* y una expresión *booleana* (que devuelve verdadero, *TRUE* o falso, *FALSE*).

```
done := FALSE;
WHILE NOT done LOOP
   secuencia de instrucciones
   done := Expression booleana;
END LOOP;
```

Iterador *FOR*

El bucle *FOR*, se repite tanta veces como le indiquemos en los identificadores numéricos inicio y final.

```
FOR contador IN [REVERSE] inicio..final LOOP
    -- Instrucciones

END LOOP;
```

En el caso de especificar *REVERSE* el bucle se recorre en sentido inverso.

Los contadores son considerados variables locales al bloque al que pertenecen (son declaradas implícitamente) de manera que para hacer referencia a variables con el mismo nombre dentro de otros bloques debemos anteponer la etiqueta identificadora del bloque.

Cursores en PL/SQL

PL/SQL utiliza cursores para gestionar las instrucciones *SELECT*. Un cursor es un conjunto de registros devuelto por una instrucción SQL. Técnicamente los cursores son fragmentos de memoria que reservados para procesar los resultados de una consulta *SELECT*.

```
CURSOR cursor_name [(parameter[, parameter]...)]
   [RETURN return_type] IS select_statement;
```

PL/SQL distingue entre cursos implícitos que devuelven cero o una sola fila y los explícitos que pueden devolver varias.

Para trabajar con un cursor necesitamos realizar las siguientes tareas:

- **Declarar el cursor**

```
DECLARE CURSOR cursor_name [(parameter[, parameter]...)]
   [RETURN return_type] IS select_statement;
```

Donde el tipo devuelto representa una fila de una tabla:

```
cursor_parameter_name [IN] datatype [{:= | DEFAULT} Expression]
```

- **Abrir el cursor**

Usamos la instrucción *OPEN*:

```
OPEN nombre_cursor;
```

O bien, en el caso de un cursor con parámetros:

```
OPEN nombre_cursor(valor1, valor2, ..., valorN);
```

- **Leer los datos del cursor**

Con la instrucción *FETCH*:

```
FETCH nombre_cursor INTO lista_variables;
```

o bien si usamos el tipo registro:

```
FETCH nombre_cursor INTO registro_PL/SQL;
```

Y lo procesamos con un *loop*:

```
LOOP
   FETCH nombre_cursos INTO registro;
   EXIT WHEN nombre_cursor%NOTFOUND;
   -- procesamos datos
END LOOP;
```

- **Cerrar el cursor**

Para liberar los recursos y cerrar el cursor usamos la instrucción *CLOSE*:

```
CLOSE nombre_cursor;
```

PL/SQL dispone de un tipo especial de cursores llamado cursores de actualización que permiten actualizar datos de las filas devueltas por el cursor. Para declararlos la sintaxis es similar.

- **Declaración y utilización de cursores de actualización**

```
CURSOR nombre_cursor IS
     instrucción_SELECT
    FOR UPDATE
```

Para actualizar los datos del cursor hay que ejecutar una sentencia *UPDATE* especificando la cláusula *WHERE CURRENT OF <nombre_cursor>*:

```
UPDATE <nombre_tabla> SET
<campo_1> = <valor_1>
[,<campo_2> = <valor_2>]
WHERE CURRENT OF <nombre_cursor>
```

Manejo de errores en PL/SQL

En PL/SQL una advertencia o error es considera una excepción. Pueden ser propias del lenguaje (como divisiones por cero o ausencia de datos en un cursor) o definidas por el programador en la parte declarativa de cualquier bloque, subprograma o paquete.

Las excepciones se controlan dentro de su propio bloque. La estructura de bloque de una excepción se muestra a continuación:

```
DECLARE
-- Declaraciones
BEGIN
-- Ejecucion
EXCEPTION
-- Excepcion
END;
```

Cuando ocurre un error, se ejecuta la porción del programa marcada por el bloque *EXCEPTION*, transfiriéndose el control a ese bloque de sentencias.

El siguiente ejemplo muestra un bloque de excepciones que captura las excepciones *NO_DATA_FOUND* y *ZERO_DIVIDE*. Cualquier otra excepción será capturada en el bloque *WHEN OTHERS THEN*.

```
DECLARE
-- Declaraciones
BEGIN
 -- Ejecucion
EXCEPTION
WHEN NO_DATA_FOUND THEN
-- Se ejecuta cuando ocurre una excepcion de tipo NO_DATA_FOUND
WHEN ZERO_DIVIDE THEN
-- Se ejecuta cuando ocurre una excepcion de tipo ZERO_DIVIDE
WHEN OTHERS THEN
-- Se ejecuta cuando ocurre una excepcion de un tipo no tratado
  -- en los bloques anteriores
END;
```

Como ya hemos dicho cuando ocurre un error, se ejecuta el bloque *EXCEPTION*, transfiriéndose el control a las sentencias del bloque. Una vez finalizada la ejecución del bloque de *EXCEPTION* no se continúa ejecutando el bloque anterior.

Si existe un bloque de excepción apropiado para el tipo de excepción se ejecuta dicho bloque. Si no existe un bloque de control de excepciones adecuado al tipo de excepción se ejecutará el bloque de excepción *WHEN OTHERS THEN* (si existe). *WHEN OTHERS* debe ser el último manejador de excepciones.

PL/SQL proporciona un gran número de excepciones predefinidas que permiten controlar las condiciones de error más habituales.

Las excepciones predefinidas no necesitan ser declaradas. Simplemente se utilizan cuando estas son lanzadas por algún error determinado.

PL/SQL permite al usuario definir sus propias excepciones, las que deberán ser declaradas y lanzadas explícitamente utilizando la sentencia *RAISE*.

La sentencia *RAISE* permite lanzar una excepción en forma explícita. Es posible utilizar esta sentencia en cualquier lugar que se encuentre dentro del alcance de la excepción.

Las excepciones deben ser declaradas en el segmento *DECLARE* de un bloque, subprograma o paquete. Se declara una excepción como cualquier otra variable, asignándole el tipo *EXCEPTION*. Las mismas reglas de alcance aplican tanto sobre variables como sobre las excepciones. Veamos un ejemplo completo y comentado de todo lo explicado:

```
DECLARE
-- Declaraciones
    MyExcepcion EXCEPTION;
BEGIN
-- Ejecucion
EXCEPTION
-- Excepcion
END;
DECLARE
-- Declaramos una excepcion identificada por VALOR_NEGATIVO
    VALOR_NEGATIVO EXCEPTION;
    valor NUMBER;
BEGIN
-- Ejecucion
valor := -1;
    IF valor < 0 THEN
           RAISE VALOR_NEGATIVO;
    END IF;
EXCEPTION
-- Excepcion
WHEN VALOR_NEGATIVO THEN
    dbms_output.put_line('El valor no puede ser negativo');
END;
DECLARE
err_num NUMBER;
err_msg VARCHAR2(255);
  result  NUMBER;
BEGIN
SELECT 1/0 INTO result
  FROM DUAL;
EXCEPTION
WHEN OTHERS THEN
err_num := SQLCODE;
```

```
err_msg := SQLERRM;
DBMS_OUTPUT.put_line('Error:'||TO_CHAR(err_num));
DBMS_OUTPUT.put_line(err_msg);
END;
```

En ocasiones queremos enviar un mensaje de error personalizado al producirse una excepción PL/SQL. Para ello es necesario utilizar la instrucción *RAISE_APPLICATION_ERROR*.

La sintaxis general es la siguiente:

```
RAISE_APPLICATION_ERROR(<error_num>,<mensaje>);
```

Siendo *error_num* un entero negativo comprendido entre -20.001 y -20.999 y mensaje la descripción del error.

```
DECLARE
   v_div NUMBER;
BEGIN
   SELECT 1/0 INTO v_div FROM DUAL;
EXCEPTION
   WHEN OTHERS THEN
   RAISE_APPLICATION_ERROR(-20001,'No se puede dividir por cero');
END;
```

Bloques PL/SQL

Como ya mencionamos un programa de PL/SQL está compuesto por bloques que pueden ser anónimos (sin nombre) o subprogramas (procedimientos, funciones o disparadores).

Los bloques PL/SQL presentan una estructura específica compuesta de tres partes bien diferenciadas:

La sección declarativa en donde se declaran todas las constantes y variables que se van a utilizar en la ejecución del bloque.

La sección de ejecución que incluye las instrucciones a ejecutar en el bloque PL/SQL.

La sección de excepciones en donde se definen los manejadores de errores que soportará el bloque PL/SQL.

Cada una de las partes anteriores se delimita por una palabra reservada, de modo que un bloque PL/SQL se puede representar como sigue:

```
     [ declare | is | as ]
    /*Parte declarativa*/
begin
    /*Parte de ejecucion*/
[ exception ]
    /*Parte de excepciones*/
end;
```

De las anteriores partes, únicamente la sección de ejecución es obligatoria, que quedaría delimitada entre las cláusulas *BEGIN* y *END*. Los bloques anónimos identifican su parte declarativa con la palabra reservada *DECLARE*.

Sección de declaración de variables

En esta parte se declaran las variables que va a necesitar nuestro programa. Una variable se declara asignándole un nombre o "identificador" seguido del tipo de valor que puede contener. También se declaran cursores, de gran utilidad para la consulta de datos, y excepciones definidas por el usuario. También podemos especificar si se trata de una constante, si puede contener valor nulo y asignar un valor inicial.

La sintaxis genérica para la declaración de constantes y variables es:

```
nombre_variable [CONSTANT] <tipo_dato> [NOT NULL][:=valor_inicial]
```

Donde *tipo_dato*: es el tipo de dato que va a poder almacenar la variable, la cláusula *CONSTANT* indica la definición de una constante.

La cláusula *NOT NULL* impide que a una variable se le asigne el valor nulo, y por tanto debe inicializarse a un valor diferente de *NULL*.

Como hemos visto anteriormente los bloques de PL/SQL pueden ser bloques anónimos (*scripts*) y subprogramas.

Los subprogramas son bloques de PL/SQL a los que asignamos un nombre identificativo y que normalmente almacenamos en la propia base de datos para su posterior ejecución. Entre ellos distinguimos **procedimientos**, **funciones** y disparadores o *triggers* y **subprogramas** sin nombre o anónimos.

Procedimientos

Como en el caso de MySQL son bloques PL/SQL que no pueden devolver ningún valor. Un procedimiento tiene un nombre, un conjunto de parámetros (opcional) y un bloque de código.

Su sintaxis es:

```
CREATE [OR REPLACE]
PROCEDURE <procedure_name> [(<param1> [IN|OUT|IN OUT] <type>,
                             <param2> [IN|OUT|IN OUT] <type>, ...)]
IS
  -- Declaracion de variables locales
BEGIN
 -- Sentencias
[EXCEPTION]
 -- Sentencias control de excepcion
END [<procedure_name>];
```

Los parámetros pueden ser de entrada (*IN*), de salida (*OUT*) o de entrada salida (*IN OUT*). El valor por defecto es *IN*, y se toma ese valor en caso de que no especifiquemos nada.

En el siguiente ejemplo se actualiza el saldo de una cuenta.

```
CREATE OR REPLACE
PROCEDURE Actualiza_Saldo(cuenta NUMBER,
                          new_saldo NUMBER DEFAULT 10 )
IS
  -- Declaracion de variables locales
```

```
BEGIN
 -- Sentencias
  UPDATE SALDOS_CUENTAS
 SET SALDO = new_saldo,
            FX_ACTUALIZACION = SYSDATE
  WHERE CO_CUENTA = cuenta;
END Actualiza_Saldo;
```

Funciones

Una función es un subprograma que devuelve un valor.

La sintaxis para construir funciones es la siguiente:

```
CREATE [OR REPLACE]
FUNCTION <nombre funcion>[(<param1> IN <tipo>, <param2> IN <tipo>, ...)]
RETURN <return_type>
IS
result <return_type>;
BEGIN

return(result);
[EXCEPTION]
-- Sentencias control de excepcion
END [<fn_name>];
```

En el siguiente ejemplo obtenemos el precio de un producto:

```
CREATE OR REPLACE
FUNCTION fn_Obtener_Precio(p_producto VARCHAR2)
RETURN NUMBER
IS
result NUMBER;
BEGIN
SELECT PRECIO INTO result
  FROM PRECIOS_PRODUCTOS
  WHERE CO_PRODUCTO = p_producto;
return(result);
EXCEPTION
WHEN NO_DATA_FOUND THEN
  return 0;
END ;
```

Las funciones pueden utilizarse en bloques PL/SQL, así como en sentencias SQL de manipulación de datos (*SELECT*, *UPDATE*, *INSERT* y *DELETE*):

Triggers

Un *trigger* es un bloque PL/SQL asociado a una tabla, que se ejecuta como consecuencia de una determinada instrucción SQL (una operación DML: *INSERT*, *UPDATE* o *DELETE*) sobre dicha tabla.

La sintaxis para crear un *trigger* es la siguiente:

```
CREATE [OR REPLACE] TRIGGER <nombre_trigger>
{BEFORE|AFTER}
                {DELETE|INSERT|UPDATE [OF col1, col2, ..., colN]
            [OR {DELETE|INSERT|UPDATE [OF col1, col2, ..., colN]...]}
ON <nombre_tabla>
[FOR EACH ROW [WHEN (<condicion>)]]
DECLARE
-- variables locales
BEGIN
-- Sentencias
[EXCEPTION]
-- Sentencias control de excepcion
END <nombre_trigger>;
```

Los *triggers* pueden definirse para las operaciones *INSERT*, *UPDATE* o *DELETE*, y pueden ejecutarse antes o después de la operación. El modificador *BEFORE AFTER* indica que el *trigger* se ejecutará antes o despues de ejecutarse la sentencia SQL definida por *DELETE INSERT UPDATE*. Si incluimos el modificador *OF* el *trigger* solo se ejecutará cuando la sentencia SQL afecte a los campos incluidos en la lista.

El alcance de los disparadores puede ser la fila o de orden. El modificador *FOR EACH ROW* indica que el *trigger* se disparará cada vez que se realizan operaciones sobre una fila de la tabla. Si se acompaña del modificador *WHEN*, se establece una restricción; el *trigger* solo actuará, sobre las filas que satisfagan la restricción.

Dentro del ámbito de un *trigger* disponemos de las variables *OLD* y *NEW*. Estas variables se utilizan del mismo modo que cualquier otra variable PL/SQL, con la salvedad de que no es necesario declararlas, son de tipo *%ROWTYPE* y contienen una copia del registro antes (*OLD*) y después (*NEW*) de la acción SQL (*INSERT*, *UPDATE*, *DELETE*) que ha ejecutado el *trigger*. Utilizando esta variable podemos acceder a los datos que se están insertando, actualizando o borrando.

ACTIVIDADES B.1

- Instale e inicie *Oracle Express* mediante su navegador web y cree una nueva cuenta administrativa y otra para un usuario de bases de datos vía web.
- Cargue el *script ebanca.sql* de la base de datos *ebanca* (con las correcciones necesarias para adaptarlo a *Oracle*) en el servidor *Oracle* usando la interfaz web.
- Cree un *trigger* que impida a los usuarios hacer operaciones de modificación de datos en horas de trabajo. En caso de que se den dichas operaciones se levantará un error informando al usuario (*RAISE ERROR*).
- Cree un *trigger* que registre en una nueva tabla el usuario, la fecha y hora en que se ha modificado el saldo anterior y nuevo de una cuenta.
- Cree un procedimiento que incremente el saldo de una cuenta de inversión un porcentaje dado para aquellas cuentas que superen un cierto saldo.
- Cree una función que devuelva el saldo neto de un cliente en todas sus cuentas.
- Añada al ejercicio anterior la posibilidad de que el cliente no tenga ninguna de modo que se genere un error que sea manejado informando directamente al usuario.
- Compruebe, desde el panel de administración las opciones relativas a las bases de datos, memoria, *tablespaces* y usuarios. Relaciónelo con lo visto en teoría.
- Cree un usuario con privilegios de lectura sobre las tablas de ebanca y de modificación sobre el campo *saldo* de la tabla *cuentas*.
- Cree un rol con permisos de lectura sobre las tablas de ebanca y asígnelo al usuario invitado.
- Observe las estadísticas del servidor *Oracle* usando los botones de sesiones, estadísticas de sistema, *top sql* y operaciones largas.
- Repita los ejercicios anteriores usando el programa *SQL*Plus* para conectarse al servidor *Oracle*.

Material adicional

El material adicional de este libro puede descargarlo en nuestro portal Web: *http://www.ra-ma.es*.

Debe dirigirse a la ficha correspondiente a esta obra, dentro de la ficha encontrará el enlace para poder realizar la descarga. Dicha descarga consiste en un fichero ZIP con una contraseña de este tipo: XXX-XX-XXXX-XXX-X la cual se corresponde con el ISBN de este libro.

Podrá localizar el número de ISBN en la página 2 (página de créditos). Para su correcta descompresión deberá introducir los dígitos y los guiones.

Cuando descomprima el fichero obtendrá los archivos que complementan al libro para que pueda continuar con su aprendizaje.

INFORMACIÓN ADICIONAL Y GARANTÍA

- RA-MA EDITORIAL garantiza que estos contenidos han sido sometidos a un riguroso control de calidad.
- Los archivos están libres de virus, para comprobarlo se han utilizado las últimas versiones de los antivirus líderes en el mercado.
- RA-MA EDITORIAL no se hace responsable de cualquier pérdida, daño o costes provocados por el uso incorrecto del contenido descargable.
- Este material es gratuito y se distribuye como contenido complementario al libro que ha adquirido, por lo que queda terminantemente prohibida su venta o distribución.

Índice Alfabético

A

ACID, 152
Agregación, 86
Alias, 115
Almacenamiento, 12
Almacenamiento intermedio, 12
Almacenamiento primario, 12
Almacenamiento secundario, 12
Analyze, 189, 192
Arboles b y b+, 20
Archivos, 13
Arquitectura, 23
Asociación, 87
Atributo, 42, 43, 59

B

Balanceo de carga, 275
Bases de datos, 21
Bases de datos distribuidas, 262
Bases de datos orientadas a objetos, 26
Begin, 215
Bloque, 12
btree, 186
Buffer, 12
Búsqueda binaria, 15

C

Cache, 189
Cardinalidad, 48
CASE, 223
Catálogo, 22, 29
Clave ajena, 61
Clave alternativa, 60
Clave candidata, 60
Clave primaria, 60
Cluster, 275
Colisiones, 15
Comandos, 213
Concurrentes, 160
Condicionales, 222
Consultas, 31
Consultas correlacionadas, 133
Correspondencia, 48
Cursores, 227

D

DCL, 31, 92
DDBMS, 263
DDL, 30, 92
DECLARE, 219
Dependencia, 51
Dependencias funcionales, 72
Diccionario de datos, 31
Diseño lógico, 32
Disparadores, 31
Dispersión, 15
Disponibilidad, 262
Distribución, 264
DML, 31, 92
Dominio, 31, 59

E

Entidades, 42
Entidad/interrelación, 41
Error, 234
Especialización, 54
Explain, 192

F

Formas normales, 73
Fragmentacion, 264
Fragmentación vertical, 265
Full-text, 184
Funciones, 213, 214

G

Generalización, 54
Grado, 46

H

Handler, 230
Hashing, 15
Heap, 186
Herencia, 83

I

Independencia física, 23
Independencia lógica, 23
Índice de agrupamiento, 16
Índices, 15, 182
Índices cluster, 186
Índices de agrupamiento, 17
Índices hash, 20
Índices lógicos, 20
Índices primarios, 16
Índices secundarios, 18
InnoDB, 186
INOUT, 220
Instrucciones, 227
Integridad, 29
Integridad referencial, 61
Interfaz, 82
Interrelaciones, 46

J

Jerarquías, 54
Jerárquico, 25

L

Loops, 225

M

Manejador, 236
MDL, 110
Metadatos, 22
Método de acceso, 15
Modelo entidad-relación, 24
Modelos conceptuales, 24
Modelos de datos, 24
Modelos lógicos, 25
Monitorización, 272
MyISAM, 185

N

Nivel externo, 23
Nivel global, 23
Nivel interno, 23
Normalización, 71
NoSQL, 34

O

ODL, 83
ODMG, 80, 81
Optimización, 190
OQL, 83
Organización de ficheros, 14
OUT, 220

P

Parámetro, 218, 219
Parseo, 190
Procedimiento, 214
Programación, 212

R

Red, 25
Reflexivas, 49
Registros, 13
Reglas de transformación, 67
Relacional, 25, 34
Relativa, 15
Replicación, 264, 265, 269
Restricciones, 30, 32, 60
Rutinas, 213

S

Secuencial, 14
SET, 219
SGBD, 12, 28, 29, 31, 32, 33, 38
Sistemas gestores de bases de datos, 27
SQL, 31, 34
Subconsultas, 131

T

Ternarias, 50
Tipo de correspondencia, 46
Transacción, 29

V

Variables, 218, 221

W

While, 226